ADEUS, DEDO PODRE

MATTHEW HUSSEY

ADEUS, DEDO PODRE

Como parar de se iludir, encarar a realidade e ser feliz no amor (aconteça o que acontecer)

TRADUÇÃO
Kícila Ferreguetti

TÍTULO ORIGINAL *Love Life: How to Raise Your Standards, Find Your Person, and Live Happily (No Matter What)*

© 2024 by 320 Media LLC.
Publicado por acordo com a Harper, uma marca da HarperCollins Publishers.
Todos os direitos reservados.
© 2024 VR Editora S.A.

Latitude é o selo de aperfeiçoamento pessoal da VR Editora

GERENTE EDITORIAL Tamires von Atzingen
EDITORA Silvia Tocci Masini
ASSISTENTE EDITORIAL Michelle Oshiro
PREPARAÇÃO Ligia Alves
REVISÃO Paula Queiroz e Laila Guilherme
DESIGN DE CAPA Joane O'Neil
ADAPTAÇÃO DE CAPA Pamella Destefi
DESIGN DE MIOLO Bonni Leon-Berman
DIAGRAMAÇÃO Pamella Destefi e P.H. Carbone
PRODUÇÃO GRÁFICA Alexandre Magno

Dados Internacionais de Catalogação na Publicação (CIP)
(Câmara Brasileira do Livro, SP, Brasil)

Hussey, Matthew
Adeus dedo podre: Como parar de se iludir, encarar a realidade e ser feliz no amor (aconteça o que aconteça) / Matthew Hussey; tradução Kícila Ferreguetti — São Paulo : Latitude, 2024.

Título original: Love life: how to raise your standards, find your person, and live happily (no matter what).
ISBN 978-65-89275-65-7

1. Autoajuda (Psicologia) 2.Desenvolvimento pessoal 3. Emoções 4. Relacionamento interpessoal I. Título

24-227542   CDD-158.2

Índices para catálogo sistemático:

1. Autoajuda: Relações interpessoais: Psicologia aplicada   813
Eliane de Freitas Leite - Bibliotecária - CRB-8/8415

Todos os direitos desta edição reservados à
VR Editora S.A.
Av. Paulista, 1337 – Conj. 11 | Bela Vista
CEP 01311-200 | São Paulo | SP
vreditoras.com.br | editoras@vreditoras.com.br

Para Audrey Hussey, a mulher no elevador.

Para mamãe, por ter mantido a chama acesa.

E para todos os que não só estão em busca do amor como são corajosos o bastante para amar.

Este livro é para vocês.

SUMÁRIO

Introdução: O karma não perdoa	9
1 — Estar solteiro é difícil	23
2 — Como contar histórias de amor	34
3 — Controle seus instintos	52
4 — Cuidado com quem se esquiva demais	63
5 — Não entre para um culto com dois membros	74
6 — Sinais de alerta	82
7 — Tenha conversas difíceis	101
8 — Atenção não é intenção	122
9 — Aquele que nunca está satisfeito	135
10 — Como reprogramar seu cérebro	153
11 — A dúvida sobre ter ou não filhos	179
12 — Como terminar quando isso parece impossível para você	200
13 — Identidade de confiança	225
14 — Sobrevivendo aos rompimentos	245
15 — Confiança interior	269
16 — Feliz o suficiente	303
Agradecimentos	337
Recursos para a sua jornada	341
Entre para o Love Life Club	342
Venha me ver ao vivo	343

INTRODUÇÃO

O KARMA NÃO PERDOA

Tenho uma confissão a fazer. Durante boa parte da minha vida, fui um péssimo namorado. Era até eficiente como palestrante e *coach*, mas também era um homem de vinte e poucos anos — ainda que estivesse vivendo a experiência surreal de ler comentários deixados nos meus vídeos dizendo: "Ele deve ser o cara perfeito para namorar". Muitos presumiam que alguém com a minha inteligência emocional deveria ser uma pessoa incrível para se relacionar.

Eles estavam errados.

Posso dizer com 100% de certeza que nunca fui, nem de longe, o cara perfeito para namorar. E, embora eu sempre tenha tido autoconhecimento suficiente para me sentir desconfortável lendo aqueles comentários, com vinte e poucos anos — e ouso dizer até mesmo com trinta e poucos — eu não tinha noção do quanto estavam longe de serem verdadeiros.

Desde o início da minha carreira como *coach* de relacionamentos, sendo um rapaz de dezenove anos que dava conselhos para mulheres, eu estava fadado ao fracasso como parceiro. Talvez esse seja o destino de todos os *coaches*, terapeutas, conselheiros de qualquer tipo que não adquirem sabedoria antes de sair distribuindo conselhos em larga escala por aí, ou seja, todos nós. Com exceção talvez de Eckhart Tolle, o autor de *O poder do agora*... a sabedoria dele parece ser bem legítima. O resto de nós deixa a desejar mais do que gostaria de admitir. E a maior peça que a vida nos prega é que, a partir do momento em que começamos a falar com veemência sobre qualquer assunto, ela começa a conspirar para nos fazer meter os pés pelas mãos naquele assunto em questão.

Mas o que fazia de mim um namorado tão ruim?

Eu saía com várias pessoas ao mesmo tempo, sem deixar isso claro para elas. Na maioria das vezes eu não mentia, só não falava abertamente porque era conveniente para mim não falar. Às vezes eu me enganava, justificando para mim mesmo que era a coisa certa a fazer porque eu estava "protegendo os sentimentos" da pessoa (uma espécie de relacionamento fluido com a verdade que me esforcei bastante para mudar desde então). Outras vezes eu sumia sem dar explicações (isto é, fazia *ghosting*). Saía com a pessoa e depois deixava o relacionamento esfriar, sem nunca reconhecer, ou ao menos perceber, que sentimentos estavam sendo feridos. Em algumas situações eu insistia em buscar a atenção de pessoas que demonstravam querer ter algo mais sério comigo; mesmo quando, se eu fosse honesto comigo mesmo, já tinha decidido que não queria ter nada mais sério com elas. Eu agia assim porque receber atenção dessas pessoas me fazia sentir bem, e a vida era solitária sem isso. Nos momentos de tranquilidade e silêncio, quando eu precisava desesperadamente me recolher com meus sentimentos, resolver meus problemas e aprender a ficar sozinho, eu pegava o telefone e ligava para outra pessoa.

Esse é um dos motivos pelos quais meu conteúdo se tornou tão contundente. Quando alerto mulheres sobre os sinais aos quais devem estar atentas, geralmente estou falando de uma versão mais jovem e inconsequente de mim mesmo.

Não estou dizendo que eu não era um cavalheiro. O meu comportamento era cavalheiresco? Com certeza. Era gentil? Na maioria das vezes, sim. Eu queria tratar todo mundo bem. Odiava a ideia de um dia magoar uma pessoa. Eu me importava com os sentimentos dos outros? Profundamente. Mas, no fim das contas, era com os meus sentimentos que eu mais me preocupava.

Introdução

O modo como eu agia durante um namoro casual sempre acabava magoando as pessoas. Ainda assim, as maiores dores que causei não vinham quando os relacionamentos não davam certo, mas sim nas vezes em que eles davam.

Por quê? Porque, mesmo quando achava que estava pronto, eu não estava. Eu não estava pronto para um compromisso de verdade, aliás para nenhum tipo de compromisso, muito menos para fazer qualquer tipo de plano para o futuro. Eu ainda pensava nos relacionamentos como sacrifício. Contudo, estava pronto para desfrutar da sensação de estar apaixonado; e isso, eu aprenderia mais tarde, não é a mesma coisa de estar pronto para um relacionamento.

Não que eu tivesse consciência disso. Se você tivesse me perguntado lá atrás, eu teria respondido com toda a sinceridade que eu era uma ótima pessoa para se relacionar. Eu tinha sentimentos profundos, amava intensamente, me dedicava muito ao relacionamento, era respeitoso, sensível às necessidades da outra pessoa e bom de papo. Tudo isso possivelmente me fazia ser o pior tipo de homem para você: a pessoa que você não antecipa nem enxerga logo de cara. Quando o homem que está ao seu lado é obviamente um idiota, você sabe onde está se metendo pelo menos. Pode ser que embarque na dele, pela empolgação do momento ou pela história, mas com certeza você não espera que a coisa tenha um futuro.

Assim como a maioria das pessoas que acredita estar sendo inofensiva aos vinte e poucos anos, eu achava que a minha missão era me apaixonar por alguém e criar amarras. Mas isso não é um relacionamento. É como um brinquedo em um parque de diversões: existe para o nosso divertimento. Quando andar no brinquedo deixa de ser divertido, nós descemos. Qualquer que seja o aviso de "altura mínima para andar neste brinquedo" da montanha-russa do romance, a altura exigida para um relacionamento sério é muito, muito maior.

ADEUS, DEDO PODRE

FLASHBACK: TENHO 24 ANOS E já acho, ou pelo menos desejo desesperadamente que o mundo acredite, que eu sei tudo.

Estou parado diante do letreiro de Beverly Hills, com um contrato importante para publicar o meu primeiro livro, *Mulheres poderosas não esperam pela sorte*, milhões de visualizações nos meus vídeos do YouTube e um programa novo no horário nobre da rede de televisão NBC chamado *Ready for Love* [Pronto para amar, em tradução livre].

Até este momento, fazia seis anos que eu ajudava pessoas em todos os estágios do namoro; trabalhava como *coach* para milhares de homens e mulheres pessoalmente, no palco, em atendimentos individuais, em pequenos ou grandes grupos, percorrendo todos os passos do envolvimento amoroso e atravessando todo tipo de desilusão sentimental.

No entanto, tudo isso tinha acontecido em Londres, e eu estava em Los Angeles agora, minha nova casa pelos próximos três meses de gravação. Eu me sentia empolgado, confiante. Queria participar de tudo. Por isso, aqui no Beverly Gardens Park, novo demais na cidade para saber ou me importar com o quanto estava sendo clichê, comecei a filmar meu primeiro vídeo para o YouTube gravado em solo estadunidense: *3 Tips for Getting Over Heartbreak* [3 dicas para superar uma desilusão amorosa, em tradução livre].

Durante todo o tempo que passei dando as minhas valiosas dicas, havia um senhor mais velho em pé ali perto. Ele não me atrapalhava, mas era difícil não ficar inseguro sabendo que eu tinha plateia. É um fenômeno curioso: me sentir confortável com a ideia de publicar um vídeo que seria assistido por centenas de milhares, talvez até milhões, de pessoas e ao mesmo tempo ter vergonha do único ser humano que está me assistindo enquanto gravo o vídeo. De sua parte, ele parecia estar achando graça do meu exército de câmeras para fazer uma filmagem naquele dia ensolarado; e, quando estávamos guardando o equipamento depois que terminamos, aquele estranho se aproximou e me perguntou: "Você nunca teve uma desilusão amorosa, né?". Ele não estava me confrontando, mas havia um tom em sua voz que era

Introdução

fácil de identificar. Era o tipo de tom que ouvimos uma pessoa que viveu o suficiente para já ter apanhado da vida — talvez algumas vezes, talvez muitas — usar com alguém que simplesmente não entende (ou, mais precisamente, *ainda* não entende).

Eu me senti menosprezado e fiquei irritado. Quem era aquele cara, afinal? *Eu não pedi para você ficar parado aí me assistindo*, pensei. *E ainda por cima quer me julgar?* No entanto, por mais que eu não quisesse admitir, ele tinha tocado no meu ponto fraco. A questão não era que as "dicas" que eu tinha dado não faziam sentido. Para todos os efeitos, elas faziam sentido. O que causava surpresa nos conselhos que eu estava dando aos 22, 23 e 24 anos de idade era quão certeiros alguns deles — não todos, mas a maioria deles — eram de fato. Porém, no fundo, como meu amigo logo percebeu, a carapuça não me servia tão bem.

Alguém com mais anos de vida e que tivesse passado por uma desilusão amorosa de verdade saberia que dar "dicas" de um jeito bem-humorado talvez não fosse a melhor maneira de falar com quem está tentando achar uma saída do inferno que é uma desilusão amorosa.

Nunca mais vi o meu primeiro crítico americano, mas, se tivesse cruzado com ele de novo, teria dito que desde o nosso primeiro encontro eu tinha resolvido aquela falha no meu currículo. A minha versão dessa experiência de vida formadora foi por si só um clichê. Cometi os mesmos erros que dizia para as pessoas evitarem: mudei minha vida para encaixar na da pessoa; ignorei os sinais de alerta; fingi querer coisas que não desejava só para estar junto; baseei meu amor-próprio no fato de estar em um relacionamento, a ponto de pausar a carreira e deixar de lado as minhas necessidades mais profundas; me permiti ficar infeliz por meses, passando todo o tempo ansioso e preocupado em estar apaixonado em vez de *curtindo* o fato de estar apaixonado. Acho que é suficiente dizer que eu não estava, talvez pela primeira vez na vida, no meu lugar favorito: no controle da situação.

Sempre tive o hábito de anotar as coisas. Tudo o que tende a ocupar espaço demais nos meus pensamentos costuma ir parar em escritos nos meus cadernos, no celular ou qualquer lugar onde eu possa rabiscar minhas reflexões em tempo real. Entretanto, meus cadernos não estão cheios de textos no estilo "Querido Diário". E sim de coisas que digo para mim mesmo tentando me ajudar a sobreviver ao dia. Nesse sentido, ler essas anotações pinta uma imagem bem vívida de qualquer que fosse a dor com a qual eu estivesse tentando lidar naquele momento. Relendo o que eu escrevia sobre aquele relacionamento, o que mais me assusta não é a ansiedade palpável que eu tentava combater, mas as mensagens de "incentivo" que eu escrevia para me convencer a ser persistente.

Basta rolar a tela para ver diálogos internos gentis e amorosos do tipo "Se tem alguém que consegue, esse alguém sou eu"; "Estou num treinamento de guerra. Se eu conseguir sobreviver a isso, sobrevivo a qualquer coisa"; "Não tenho que desejar que a vida seja mais fácil. Tenho que trabalhar para ser mais forte, mais resiliente. Esta é uma oportunidade de crescimento importante para mim".

Qualquer um que lesse aquilo acharia que se tratava de alguém incentivando a si mesmo durante um treinamento das Forças Especiais do Exército. Mas era eu escrevendo sobre o meu relacionamento. É a prova do quanto eu estava infeliz. Fico arrepiado com a falta de compaixão que eu tinha por mim mesmo e com o quanto a minha determinação e tolerância ao sofrimento se mostraram perigosas quando direcionadas para o objetivo errado — nesse caso, para o martírio de um relacionamento no qual a maioria das minhas necessidades básicas não estava sendo suprida.

Nem tive trabalho para encontrar essas anotações. Havia muitas, várias delas constrangedoras demais para serem reproduzidas neste livro. Uma frase particularmente triste que encontrei no meio de várias listas de afazeres relacionados ao trabalho dizia:

"São as minhas expectativas que estão acabando comigo. Antes eu era grato pelo que quer que fosse, mas acabei trocando a gratidão pela expectativa".

Introdução

Aqui, temos a preocupante justificativa para o meu comportamento masoquista bem cultivado na época: "O problema não é as minhas necessidades não estarem sendo supridas; o problema é *ter* essas necessidades. Eu só preciso voltar a ser grato por ter essa pessoa ao meu lado, em vez de ter qualquer expectativa com relação a ela. Esqueça a necessidade de se sentir seguro e amado. Você tem sorte de estar nessa posição!".

Depois da dor inicial da desilusão amorosa, ficou bastante claro que aquele relacionamento não era o certo para mim. Ler o que eu escrevia na época ainda me deixa com pena do Matthew que estava naquele relacionamento. Apesar disso, sou grato por ter essas anotações, porque funcionam como um lembrete do nível de energia assustador que você pode gastar na direção errada.

Toda vez que me ouvir dizer que você precisa reavaliar o comportamento que está te deixando infeliz, não pense que estou me colocando em algum tipo de pedestal. Eu já caí nas mesmas armadilhas. E não ligue para as pessoas em sua vida que reviram os olhos para as coisas que você faz. Pode acreditar: é bem provável que elas tenham cometido as suas loucuras também.

Quando as nossas próprias loucuras nos levam para o caminho errado, ou até mesmo quando fazemos tudo certo e mesmo assim alguém nos destrói, é bom ter um lar para onde voltar: um lugar repleto de amor, verdade e restauração. No meu caso, quando eu estava na pior, meus primeiros portos seguros eram meus pais, meus irmãos, meu treinador de boxe e meus amigos mais próximos. Eu tinha sorte de ter acesso à combinação de experiência e sabedoria deles naqueles momentos. Ainda assim, apesar de ter todas essas figuras amorosas em minha vida me oferecendo positividade e soluções, eu ainda acho que o melhor antídoto para a dor é mais dor. Não mais da minha própria dor, mas da dor dos outros; a necessidade de comunhão com aqueles que estão passando pela mesma dor.

Nos meus momentos mais difíceis, sempre houve um lugar muito especial onde eu encontrava esse tipo de comunhão, aonde eu sempre podia ir para me sentir menos sozinho, mais como a minha melhor versão, onde os meus problemas desapareciam. Esse lugar era o palco, ou então nos atendimentos, ouvindo as pessoas, escutando o que elas tinham a dizer, conversando sobre qualquer problema que elas compartilhassem, traçando planos para que elas pudessem lidar com os problema imediatos e, quando conseguíamos respirar um pouco e ter perspectiva, ajudando-as a encontrar a confiança de que precisavam — confiança que, em quase todos os casos, elas só precisavam que eu as lembrasse de que já tinham. Contar com essa comunidade sempre foi um dos aspectos mais bonitos dessa carreira e me deixou muito confortável para abrir espaço para as dores dos outros.

Se você me colocar em um congresso de físicos nucleares, vou começar a suar. (*A não ser que sejam físicos nucleares sofrendo com desilusões amorosas. Nesse caso, eu posso ajudar.*) Mas, se me colocar em um palco diante de pessoas que estão sofrendo, vou me sentir em casa na mesma hora.

Na última turnê do livro, antes que o país entrasse em quarentena e os eventos presenciais ficassem suspensos por dois anos, eu estava no palco, durante a parte de perguntas e respostas, quando avistei um homem com a mão levantada no fundo do auditório. Preciso esclarecer que nos anos anteriores não era comum aparecerem muitos homens nos meus eventos. Quando surgia um, principalmente um texano rústico e parrudo, chamava a atenção.

— Qual o seu nome?

— Roy — ele respondeu.

Roy tinha um tipo de beleza desgastada pelo tempo, e quem olhava pela primeira vez não o achava tão desolado assim. Mas é preciso coragem para ficar de pé e articular nossa dor, preocupação ou confusão, por isso perguntei:

— Oi, Roy, como você está?

— Estou bem, Matthew, obrigado. Eu tive uma ex que falava muito de você, então fiquei com vontade de vir te conhecer. — Essa resposta arrancou gargalhadas da plateia, seguidas por uma salva de palmas, e Roy visivelmente relaxou.

Introdução

— Bom, obrigado por vir.

— Sim, sim. Eu valorizo tudo que você tem para dizer, mas sou homem. — A voz de Roy ficou mais grave quando ele disse a palavra "homem", do seu jeito simples. — Por isso, estou tentando ver o que consigo aprender a partir de uma perspectiva masculina. — Ele falava devagar, não porque parecia estar nervoso, mas sim emocionado. — Eu sou muito... *reservado*, eu acho. E fico remoendo minhas mágoas, porque... nós somos humanos. Mas eu estou com um problema — disse ele, emendando: — a minha ex superou a nossa separação bem rápido. E isso dói, cara. Ficamos juntos por cinco ou seis anos, e quando a outra pessoa refaz a vida tão rápido a gente se sente por baixo. E eu só queria saber: como eu posso mudar a minha perspectiva para não ficar preso a esses sentimentos? Porque é isso que eu preciso fazer. Preciso parar de ficar preso a esses sentimentos, senão vou ser infeliz pelo resto da vida.

Quando ele chegou ao final de sua pergunta, o auditório inteiro aplaudiu, reconhecendo a honestidade de Roy. Em seguida houve um longo silêncio, enquanto eu pensava no quanto me identificava com o que Roy tinha dito; não só quanto à dor da desilusão amorosa, mas também quanto à desorientação vertiginosa que sentimos quando vemos alguém de quem ainda não estamos prontos para abrir mão seguir em frente sem olhar para trás. O silêncio foi quebrado por uma voz do outro lado do auditório:

— Tem vinte mulheres aqui querendo te dar o telefone. — O auditório inteiro, incluindo o Roy, caiu na risada.

— Roy, você está enfrentando um grande sofrimento. Quando foi que isso aconteceu? Quando ela virou a página?

Ele explicou que tudo era bem recente; questão de meses.

— Entendo — disse. — Isso tudo é muito doloroso. E uma parte dessa dor é causada pelo fato de você continuar tentando se convencer de que ela, de alguma forma, era a *pessoa certa* para você. E que a pessoa certa para você agora está com outro. Bom, eu não creio nisso.

Acredito que a pessoa certa só é certa quando temos duas pessoas se escolhendo. Por mais que você tenha amado essa pessoa e por mais incrível que ela tenha sido, se ela não te escolheu, esse não pode ser o seu relacionamento dos sonhos.

E eu continuei:

— Você está de luto porque acha que perdeu a pessoa com quem deveria estar. Mas garanto que você não perdeu. Porque, se a pessoa não te escolheu, não é com ela que você devia estar. Você pode ficar chateado por ela não ser a pessoa certa, mas não pode ficar de luto como se ela fosse mesmo a pessoa certa, porque ela não é. A gente pode demorar um pouco para se recuperar de uma desilusão, mas é mais fácil superar esse golpe do que ter que aceitar a ideia de que o amor da nossa vida foi embora. Você não perdeu o amor da sua vida. Ele ainda vai aparecer. Uma coisa melhor vai aparecer, isso eu posso te prometer, irmão.

Quero reforçar para você o que eu disse ao Roy, para o caso de você também estar sofrendo para superar alguém que não te escolheu:

Ficar desiludido quando alguém não é a pessoa certa faz parte. Mas não fique de luto como se ela fosse a pessoa certa. Se ela não te escolheu, ela não é a pessoa certa.

Por falar nisso, quando chegarmos ao final deste livro eu *quero* que a sua confiança esteja em um nível em que o fato de "não ser escolhido" por uma pessoa faça você perder o interesse por ela na mesma hora. O problema é — e talvez seja nessa fase que você se encontre agora — que, se a sua confiança não está na melhor forma, quando alguém não te escolhe você volta para o padrão de questionar fundamentalmente o seu valor.

Foi por isso que avancei na conversa com Roy:

— O ego também desempenha um papel importante: "Se ela escolheu alguém, por que não me escolheu? O que o outro tem que eu não tenho? Por que eu não era bom o suficiente?". Um dos melhores conselhos que eu já recebi na vida foi: "Mate o seu ego". Essa parte de você precisa morrer. Neste momento você está vivendo um inferno. Está sendo muito difícil. Alguém arrancou o seu coração. Isso é um inferno. Mas eu quero a sua versão que sobreviveu a esse inferno e tem alguma coisa para nos contar sobre isso. Será que eu gostaria da versão do Roy que não passou por tudo isso? Essa versão não teria nenhuma graça. Eu não quero esse Roy. Eu quero o Roy com as marcas, o Roy com as cicatrizes. O que dá errado em nossa vida nos fortalece muito mais do que o que dá certo. Tudo pelo que você está passando é parecido com fazer um caldo e ir temperando aos poucos. Isso vai tornar você mais complexo e te trazer mais compaixão. Vai te fazer ser mais gentil e empático com os outros. Vai permitir que você tenha mais a acrescentar no seu próximo relacionamento. Vai fazer de você uma pessoa mais forte. E depois que você passar por tudo isso? Será que alguma coisa ainda vai conseguir te assustar? Você vai poder dizer: "Eu já morri uma vez! Isso não me assusta!".

Com certeza você deve ter percebido que, depois de também ter passado pelo que o Roy passou, não abordei a desilusão amorosa dele dizendo que tinha três dicas para ajudá-lo a superar aquela situação. Para sorte do Roy, era um Matthew mais experiente e preparado que estava ali naquela noite. Da mesma forma que acredito que isso vai funcionar para o Roy, também acredito que o meu valor para todos naquele auditório e em tudo na minha vida aumentou por causa da minha dor. Eu me tornei um parceiro melhor para o meu público, assim como o Roy agora tinha a capacidade de se tornar um parceiro melhor para a pessoa que estava esperando por *ele* no futuro.

Um relacionamento verdadeiro exige coragem de ambos os lados. Exige que sejamos vulneráveis o bastante para permitir que o outro nos veja. Exige curiosidade e visão para enxergar quem a outra pessoa é. Enxergá-la de verdade. Aceitar quem ela é diante das câmeras, e aceitar toda a bagunça que ela esconde nos bastidores. Enxergar seus piores defeitos com aceitação e generosidade e não com desprezo. E ter fé e força suficientes para confiar que a outra pessoa fará o mesmo com o nosso lado sombrio. Acima de tudo, um relacionamento verdadeiro exige duas pessoas que realmente tenham uma visão da direção que gostariam que o seu relacionamento tomasse e que se movimentem diariamente naquela direção. Nós não encontramos relacionamentos excepcionais. Nós os construímos.

Nas próximas páginas, vou compartilhar com você as lições e histórias que mudaram a minha vida e as vidas de milhões de pessoas que seguem o meu trabalho, de quem busco ganhar a confiança todos os dias, tanto em público quanto em particular.

Quem seriam esses milhões de pessoas, afinal? Há quinze anos, comecei fazendo vídeos para mulheres heterossexuais, e, embora elas ainda sejam a maior parte do meu público, hoje ele é mais diverso. Existem muito mais Roys. E pessoas da comunidade LGBTQIAP+ também foram ajudadas pelo meu trabalho. O amor é universal e flui em todas as direções. Os conselhos que ofereço têm como base a natureza humana. Sou grato a todos que relevaram a variedade limitada de pronomes que eu costumava usar nas introduções dos meus vídeos, pronomes que podiam fazer vocês sentirem que a mensagem não era para vocês também. Neste livro, tentei remover essas barreiras e usar uma linguagem mais inclusiva. Independentemente do gênero ou da preferência sexual das pessoas descritas aqui, todos nós podemos enfrentar as mesmas dificuldades, e é por isso que, independentemente de quem você seja, acredito que vai se enxergar em algum lugar destas páginas. Quando isso acontecer, espero que você se sinta representado, independentemente de quem você ame, da forma que ame ou de como se identifique.

Ainda estou aprendendo a melhorar nos conceitos que abordo neste livro, mas já me considero muito melhor do que era. Todos nós vamos precisar de conselhos sobre a nossa vida amorosa um dia. Eu descobri que o assunto namoro e relacionamento é uma ótima *porta de entrada*. É uma porta de entrada para os nossos demônios, inseguranças, traumas, esperanças e sonhos, bem como para as causas dos nossos tropeços em outras áreas da vida.

Introdução

A minha experiência me diz que uma pessoa não pode falar sobre o amor sem falar sobre a vida também. E ninguém é capaz de ter um relacionamento excelente com o amor se não tiver um ótimo relacionamento com a própria vida. Para que possamos ter uma vida amorosa excepcional, também precisamos cultivar o amor *pela* vida. Qualquer que seja o estágio onde você se encontra agora, quero convidá-lo a descobrir nas páginas seguintes as ferramentas necessárias para que possamos ter as duas coisas.

1

ESTAR SOLTEIRO É DIFÍCIL

Comecei a dar conselhos amorosos há mais de quinze anos, na maioria dos casos para pequenos grupos de homens. Algumas mulheres perceberam que os conselhos ajudavam e quiseram marcar sessões para elas também. À medida que o número de mulheres interessadas nos meus conselhos passou a ser maior que o de homens, de vez em quando eu tinha crises de consciência: quem sou eu para ficar vendendo conselhos sobre o que uma mulher deveria fazer ou sentir? O que eu sei sobre ser mulher? No entanto, essas crises quase sempre apareciam no luxo do retrospecto; depois de uma sessão, quando eu tinha a oportunidade de repassar as situações na minha cabeça; ou depois que comecei a gravar os eventos e podia ouvir o áudio ou assistir ao vídeo. Nunca aconteceu ao vivo, no palco, quando uma mulher estava me contando sobre uma crise em sua vida, na esperança de obter alívio, perspectiva ou algum tipo de plano de ação. Naquela situação, eu só podia confiar na minha experiência, enquanto tentava passar adiante tudo o que tinha aprendido respondendo a perguntas como as dela anteriormente.

Até este momento já passei, literalmente, milhares de horas em situações como essa. Não importa quem é a pessoa, nem o histórico que ela tem, nem a maneira como se identifica... a resposta certa é aquela que ajuda essa pessoa a sair do seu problema imediato e, com sorte, a direciona para uma estratégia de longo prazo. Prefiro conselhos práticos a um pensamento positivo insosso. Quero que as pessoas saiam pelo mundo sabendo que existem passos reais que elas podem dar; coisas que elas podem fazer e coisas que deveriam parar de fazer.

Uma coisa pequena que me deu um lampejo de compreensão sobre o tipo de pressão constante que as mulheres sofrem por parte de suas famílias e amigas casadas — e que muitas vezes parece vir de todos os lados — é a pressão que senti sendo um homem falando sobre namoro e relacionamentos. Quando um jornalista ou alguém na plateia me perguntava se eu estava solteiro, eu sempre experimentava um misto de tédio, por ter que ouvir essa pergunta pela milésima vez, e irritação com toda aquela farsa. Se eu respondesse que estava namorando, eles diziam "Ah, que legal", e mudavam de assunto. Se eu dissesse que estava solteiro, eles questionavam: "Como pode? Você não é o guru dos relacionamentos?".

Posso falar? Isso começou a me incomodar. Não o tempo todo, mas a cada vinte vezes que eu respondia a essa pergunta eu começava a duvidar de mim mesmo a ponto de se tornar impossível deixar que aquela parte da minha vida se resolvesse organicamente. Me vi entrando em uma situação que desaconselho: colocar tanta pressão em mim mesmo para conhecer alguém especial que sempre precisava resistir à tentação de tomar decisões ruins só porque queria cumprir a tarefa de estar em um relacionamento — algo de que eu precisava me lembrar que não era tão importante assim, para começo de conversa.

Me deixe responder a essa pergunta de uma vez por todas. Em primeiro lugar, eu não sou o "guru dos relacionamentos". O que importa para mim não é o fato de alguém estar em um relacionamento, e sim que essa pessoa esteja feliz com qualquer que seja o seu estado civil atual. Nunca defendi que as pessoas *deveriam* estar em relacionamentos; apenas as ajudei a encontrar um, quando era o que elas queriam. Em segundo lugar, não acho que o fato de eu estar em um relacionamento é o que mais me qualifica para fazer o que faço. Fiquei noivo enquanto escrevia este capítulo, o que é um acontecimento feliz para mim, mas esse rótulo sozinho não deveria ser uma medalha de honra. Estar em um relacionamento por si só não faz de mim ou de ninguém uma pessoa bem-sucedida — muitas das pessoas com as quais trabalhei teriam orgulho de se considerar mais bem-sucedidas no dia em que terminaram seus relacionamentos. Todos nós conhecemos pelo menos um casal cujo relacionamento preenche todos os requisitos das redes sociais de uma união feliz, mas por trás das câmeras está prestes a implodir.

Vou colocar de forma mais clara:

- Se você encontrar o amor como resultado do meu trabalho, vou ficar feliz.
- Se você terminar com alguém com quem não deveria estar e ficar solteiro por conta do meu trabalho, vou ficar feliz do mesmo jeito.
- E se você decidir que não está com pressa para começar um relacionamento depois de ler este livro, porque está amando a vida e amando ser você, e não está tentando preencher um vazio buscando alguém que possa te fazer sentir bem o bastante, essa vai ser a minha maior recompensa.

Nada disso facilita as coisas quando estamos solteiros. Mesmo que deixemos de lado as pressões sociais para encontrar alguém, ainda precisamos lidar com os nossos próprios sentimentos sobre a necessidade de conexão. Durante esses quinze anos de profissão como *coach*, trabalhei com inúmeras mulheres que sentiam que suas vidas amorosas não estavam indo para lugar nenhum. O desencanto e a desesperança sucedem à rejeição e à desilusão até que a pessoa começa a acreditar que aquele velho ideal de que existe uma pessoa certa para todo mundo se aplica a todos menos a ela. Você para de ver razões para namorar, pois ou nunca sente aquela faísca, ou todo mundo com quem sente essa faísca acaba traindo a sua confiança ou querendo coisas diferentes de você. Você diz para si mesmo: "Talvez eu devesse aceitar o fato de que nunca vou ter alguém". Em seguida, todos com quem você saía começam a formar casais e a desaparecer da sua vida, e essa desilusão se transforma em uma convicção: "Já que sou eu que ainda estou sozinho, deve ter alguma coisa errada comigo".

Esses pensamentos se tornam cada vez mais fortes a cada conexão errada. E, mesmo que tentemos permanecer confiantes, carregamos aquele medo persistente e profundo de que, bom, talvez o mundo esteja muito diferente mesmo. Talvez não existam mais relacionamentos verdadeiros. Ou, o que é ainda pior, talvez eles não existam para mim.

É muito triste quando um relacionamento no qual investimos meses ou anos dá errado e nos vemos de volta à estaca zero. Não existe uma conta onde podemos acumular riquezas em nossas vidas amorosas. Sempre que alguém vai embora, temos que começar de novo com uma nova pessoa; o relógio do relacionamento é zerado. Só que não há um botão para zerar o relógio da nossa vida, nem o do nosso corpo. Esses continuam rodando. Se a nossa vida amorosa fosse um jogo de tabuleiro, não seria o Banco Imobiliário, com sua acumulação constante de casas e hotéis. Seria o Cobras e Escadas. Cada novo relacionamento é uma escada a subir, e cada novo término é o como uma cobra deslizando, que parece nos levar imediatamente de volta para a solidão em que vivíamos antes. Mas isso não é necessariamente ruim. Nós temos a chance de começar de novo!

Quando começamos a sentir que estamos ficando para trás, quando nossos amigos formam casais, é importante nos lembrarmos de que qualquer um pode se ver de volta à vida de solteiro a qualquer momento. Casais que estão juntos há muito tempo se separam. Será que é pior para eles depois de 26 anos de casamento ou de união do que é para alguém que está na sexta ou décima sexta decepção amorosa? Não existe uma resposta certa. Algumas pessoas saem de um término com um sentimento de realização e de serenidade sobre a sua recém-descoberta independência. Outras se sentem completamente abandonadas, sem o conforto, ou os amigos, ou a certeza que depositavam na vida que acabou de chegar ao fim.

Qualquer que seja o estágio em que você se encontre — namorando, abandonado, divorciado, desafiando os padrões —, todo mundo precisa encarar as emoções que acompanham a solteirice.

Comparados ao trauma da desilusão amorosa ou ao apocalipse do divórcio, os desafios do dia a dia e o estresse de estar solteiro podem não ser tão óbvios. Como lidar com o problema quando o problema é um vazio no âmago da nossa existência? Mesmo assim, pode ser doloroso não ter alguém; e, enquanto você começa a somar todas as pequenas dores, acaba desenvolvendo uma condição crônica. Nos dias agitados e você se sente confiante ou só está levemente preocupado com a vida, o estresse é administrável. Mas há dias em que parece que você está enfrentando uma batalha constante contra um adversário que só você consegue enxergar. Às vezes a dor de estar solteiro aparece no melhor dia de todos, quando você é arrebatado pelo clímax de uma experiência boa, e é exatamente esse sentimento excepcional de alegria que faz você se lembrar de que não tem ninguém com quem dividi-la, ninguém para ouvir quando você está fazendo uma coisa que o deixa empolgado; ninguém do seu lado se você quiser simplesmente processar tudo em silêncio.

Algumas pessoas sentem essa ausência como se fosse uma ausência física; como se cada ano que passam sozinhas representasse um ano a menos com aquela pessoa que ainda não conheceram. Essa ideia de que existe um parceiro predestinado se assemelha perigosamente a uma coisa que vamos desmentir no próximo capítulo. No entanto, esse sentimento de perda também é uma realidade da vida. O escritor Christopher Hitchens escreveu que "uma lição melancólica do passar dos anos é a compreensão de que você não consegue fazer velhos amigos". Isso também se aplica aos relacionamentos: você não pode voltar no tempo e se casar com o namorado da escola que nunca teve. E algumas pessoas, principalmente aquelas que costumam se comparar com seus amigos casados, sentem isso bem lá no fundo. Se alguém que você conhece há muito tempo tem um relacionamento de dez anos, é fácil se comparar à situação dessa pessoa, olhar para a sua solteirice atual e dizer: "Mesmo que eu encontre alguém hoje, ainda assim nunca teria aqueles dez anos de história".

ADEUS, DEDO PODRE

Eu acredito que existem motivos para ter esperança. À medida que envelhecemos e temos mais consciência do que gostamos de fazer, dos tipos de pessoas pelas quais nos sentimos atraídos, nós entramos rapidamente em sintonia com nossos novos parceiros. Não estou dizendo que é como se repassássemos com eles uma lista de sinais de alerta baseada em todas as nossas experiências amorosas catastróficas, embora, certamente, não devêssemos ignorar esses sinais. Mas existem pessoas que conhecemos mais tarde na vida com as quais temos uma conexão de almas instantânea. Eu sou alérgico a falas como essa, mas acho que não chega a ser um mistério. As duas pessoas estavam sozinhas em seus próprios caminhos, conscientes dos ensinamentos da vida, e, após toda essa experiência, se tornaram mais capazes de reconhecer e apreciar as cicatrizes uma da outra.

Quer vivamos a quilômetros de distância da nossa primeira casa ou na esquina do lugar onde crescemos, saímos pelo mundo com a esperança de nos tornarmos algo diferente do que éramos quando partimos pela primeira vez. E em algum momento vamos encontrar alguém que nos lembrará disso. Mesmo que esse alguém venha de um lugar completamente diferente, ele nutria essa mesma esperança. Geralmente as pessoas são definidas por aquilo que querem, pelos objetivos que têm e por tudo aquilo que estão determinadas a conquistar, mas também são moldadas pelas coisas que rejeitam, por tudo aquilo a que dizem "não" para que possam chegar aonde desejam estar. É preciso viver muito para descobrir as coisas que você não tolerará. Cada vez que você deixa uma delas para trás, isso o afasta da pessoa que costumava ser e das escolhas que talvez fizesse. E de repente aparece na sua frente alguém que chegou àquele mesmo lugar, e vocês reconhecem um no outro a distância que percorreram desde que saíram de casa. Isso não é mágica; se for, não é uma mágica que você conseguiria fazer quando tinha dezenove anos.

ESTAR SOLTEIRO É DIFÍCIL; é como uma dor que nunca passa. Um dos propósitos principais deste livro é dar às pessoas um conjunto de ferramentas que as ajude a atrair exponencialmente mais oportunidades para sua vida amorosa. Mas outro importante objetivo é ajudá-las a viverem o presente, a aproveitar a beleza da vida que têm enquanto permanecem abertas às oportunidades. Só que isso pode ser complicado. Às vezes, "estar aberto às oportunidades" pode se transformar em "alimentar a esperança" ou "esperar enquanto sentimos que o resto da vida não vale a pena ser vivido até que aquilo que definitivamente não vai acontecer hoje (ou talvez nunca aconteça) finalmente aconteça".

Na mitologia grega, Pandora não conseguiu resistir e abriu a caixa que lhe disseram para não abrir. Assim que abriu a caixa — e como ela poderia resistir? —, Pandora percebeu que ela continha todo tipo de doenças e males desconhecidos, que agora estavam livres para atormentar a humanidade para sempre. Pandora rapidamente reconheceu o seu erro — vamos ignorar por enquanto o fato de que esse mito, assim como a história de Eva, parece uma justificativa para culpar as mulheres donas de uma curiosidade saudável por tudo o que há de errado no mundo — e correu para fechar a tampa antes que a esperança escapasse. Esse é um detalhe curioso. Pode ser que você questione: "Qual o problema de a esperança escapar? Como ela poderia ser tão devastadora e perniciosa como uma doença?".

Durante anos, sofri com uma dor crônica. O diagnóstico que recebi foi de *tinnitus*, ou zumbido, uma espécie de chiado no ouvido que às vezes — na maioria das vezes, na verdade — vinha acompanhado de toda a variedade de dores de cabeça incapacitantes que você conseguir imaginar: dor, tonteira, pontadas na cabeça e ouvidos. Resolver esse problema se tornou uma obsessão minha durante muitos anos. Se você acha que eu não estava alimentando a esperança, está enganado. Fui atrás de praticamente toda possibilidade de cura da qual ouvia falar, e, morando na Califórnia, ouvi falar de muitas. Eu me consultei com um osteopata que estalou meu pescoço e minha coluna de um jeito que a sensação era a de que ele estava separando minha cabeça do corpo. Eu me inscrevi em algo chamado "terapia de banho de som", na qual eu ficava sentado em uma sala com uma pessoa que fazia "um concerto para um" em sinos tibetanos enquanto a outra tocava um *didjeridu*, um instrumento de sopro utilizado por aborígenes australianos, levando as vibrações "para dentro do meu coração", segundo me explicaram. Procurei um médico especializado em enxaqueca que me receitou uma lista de medicamentos que incluíam injeções mensais. Passei por vários otorrinolaringologistas, um atrás do outro. Um deles me mandou cortar o café, bebida alcoólica, o açúcar, o sal e comidas apimentadas, e outro me disse que o próximo passo seria tomar antidepressivos. Eu já sentia que precisaria de antidepressivos se realmente tivesse que cortar tudo o que eles queriam que eu cortasse.

Fiz ioga. Tomei suco de aipo todas as manhãs. Fui ao dentista e gastei seiscentos dólares com uma placa de bruxismo. Fui a um acupunturista que fez uma massagem nos meus ouvidos internos e mandíbulas, para a qual ele colocava os dedos, ao mesmo tempo, dentro da minha boca e ouvidos e manipulava a área inteira por dentro. Outro acupunturista que procurei, dessa vez um chinês, prescreveu uma mistura complicada de sachês de chá de ervas que tinham um cheiro incrivelmente ruim e gosto de lama misturado com água quente. Tomei essa mistura por um mês, o que foi praticamente a definição do triunfo da esperança sobre a experiência.

Viajei para Munique, no meio da pandemia, para fazer um tratamento no qual extraíam litros do meu sangue (bom, era o que parecia), que eram colocados em uma centrífuga para separar as proteínas anti-inflamatórias, e o sérum resultante era reinjetado nas minhas mandíbulas, atrás do meu pescoço e nos meus ombros vinte vezes por dia durante quatro dias seguidos. Isso foi perto do Natal, quando tudo o que eu mais queria era estar com a minha família. Em vez disso, eu era um dos poucos hóspedes de um hotel enorme, cada um de nós com uma espécie de invalidez ou coisa parecida, vagando por aquele mausoléu alemão como se fôssemos fantasmas. Gastei uma quantidade obscena de dinheiro para me sentir sozinho e infeliz e no fim das contas só consegui desenvolver uma tolerância vitalícia a agulhas.

Pode-se dizer que fui atormentado pela esperança por anos. Toda vez que ouvia falar de um novo medicamento, eu criava expectativas. Era invadido por um sentimento de alívio de saber que a cura estava a caminho — de que esse novo tratamento finalmente faria a diferença. O meu sistema nervoso se acalmava porque eu deixava de estar no modo de catastrofização. Eu já imaginava — podia quase sentir — o fim daquela condição, que agora tinha até uma data específica para chegar ao fim: também conhecida como o dia em que eu começaria o tratamento. Eu falava com meus amigos sobre essa nova cura milagrosa com um sentimento de empolgação que beirava a alegria. Ainda que continuasse sentindo dor, a mera possibilidade do alívio parecia causar um efeito no meu cérebro. Estou contando tudo isso para dizer que compreendo o estado emocional de alguém que não está em um relacionamento longo e se empolga quando começa a contar aos amigos sobre o encontro que teve e que acabou sendo realmente interessante. Eu entendo completamente. Essa pessoa está começando a considerar a possibilidade de que a trajetória depressiva em que estava, pelo que parece ser desde sempre, esteja chegando ao fim.

Eu gosto de fazer essa correlação com a dor crônica porque os cientistas descobriram que a dor crônica reprograma o cérebro — a persistência da dor faz os receptores de dor perderem a sensibilidade e entrarem em um modo de resposta gatilho, no qual são ativados mais rápido do que seriam em pessoas que não estão expostas ao mesmo tipo de dor. Isso significa que, nesses casos, não é possível tratar somente a dor; é preciso reprogramar o cérebro. No entanto, mesmo quando eu estava nesse estado sempre parecia haver uma válvula de escape: todo dia havia um momento, logo quando eu acabava de acordar, antes de sair completamente do sonho que estava tendo e de lembrar exatamente quem eu era, no qual eu tinha um breve lampejo de como era não sentir dor.

Todo mundo que viaja conhece esse momento: você acorda e se pergunta: onde é que eu estou mesmo? Austin? Singapura? Estou em um quarto de hotel próximo ao aeroporto ou na casa de um amigo? É um sentimento familiar para qualquer um que já tenha vivido uma desilusão amorosa: você é presenteado com dez ou quinze segundos livres da infelicidade, bem na hora em que acorda, antes de juntar todas as pistas e se lembrar de como se sente, um breve alívio antes de ver as manchetes do dia, as mesmas de ontem, lhe dizendo que o seu coração está partido. Assim que se dá conta disso, você diz: "Certo, estou pronto para começar o dia agora. Já me lembrei do quanto me sinto destruído".

Você também experimenta lampejos desse sentimento de alívio durante o dia. Geralmente eu estava completamente absorto com alguma coisa que fazia quando alguém próximo perguntava: "E a cabeça, está doendo hoje?". E eu precisava admitir: "Ah, é mesmo, está doendo um pouco. Mas até dez minutos atrás estava tudo bem". Todas as pessoas que insistiam em me dizer "Pode acreditar, vai passar" também não estavam me ajudando, porque aquela esperança corrosiva me desconectava da minha vida. Esperar pelo dia em que tudo estaria melhor tornava impossível para mim aproveitar a vida como ela era. Eu criava as condições perfeitas para me decepcionar todas as vezes que não melhorava.

Finalmente aprendi a mudar a minha relação com a dor, que eu percebia que era diferente dependendo do dia. Comecei a ficar curioso com isso. Passei a monitorar o que estava acontecendo naqueles dias nos quais, em uma escala de dor de 0 a 10, a dor estava em 7 ou 8 e o que o acontecia de diferente nos dias em que a dor estava em 4 ou 5 na escala de dor. Quando se trata do dia a dia de uma dor crônica, qualquer pequena variação na intensidade faz toda a diferença. Essa mesma escala e cálculos ajudam com as dificuldades de estar solteiro também: é possível cultivar a curiosidade sobre as experiências que diferem em alguns níveis daquelas que costumávamos ter. É como aquele momento ao acordar: quanto mais eu conseguia permanecer curioso, mais tempo a dor levava para se fazer presente.

Esse tipo de curiosidade, sobre o qual vamos falar ao longo deste livro, permite que você adote uma perspectiva de experimentação social em sua vida. Digamos que você normalmente entre em pânico quando alguém com quem está saindo não responde às suas mensagens com a mesma rapidez do início e que você comece a pensar que vai se magoar porque provavelmente gosta mais dessa pessoa do que ela de você. Talvez isso seja suficiente para fazer você agir com frieza na próxima vez que se encontrarem, ou adotar um tom agressivo. Mas, se você tentar ter uma reação diferente — admitir que ficou um pouco triste porque gosta de ter notícias da pessoa —, talvez essa vulnerabilidade, essa honestidade que não é o que você normalmente faz, obtenha um bom resultado.

Também é possível que isso não aconteça, e tudo bem, porque o resultado não é o objetivo. Agora você vai começar a testar a variedade de reações disponíveis a partir de uma leve mudança de marchas. Nós podemos ficar tão acomodados em nosso próprio mundinho que não compreendemos o quanto o espectro de experiências possíveis é vasto. No entanto, quando nos permitimos testar diferentes formas de pensar, é como se estivéssemos nos libertando de uma prisão. Desse modo, a curiosidade o ajuda a se libertar do medo, e ao fazer isso você tira daquilo que teme o poder que isso tem sobre você. Essa atitude — de transformar a sua vida num experimento social — pode levar a resultados que você nunca teria previsto. Mesmo quando os resultados parecem pequenos — como a diferença entre 7 e 5 numa escala de dor —, ainda assim eles representam uma vantagem que você pode usar para mudar a sua vida. Por fora, essa pequena mudança de comportamento pode nem chegar a fazer a diferença, mas por dentro o resultado pode ser surpreendente. Esse resultado não é o fato de obter uma reação levemente diferente, e sim o de que uma reação diferente é possível devido ao seu esforço e à sua curiosidade. Isso pode gerar um alívio imenso. É um sinal de que você está reprogramando o seu cérebro.

2

COMO CONTAR HISTÓRIAS DE AMOR

Uma amiga minha terminou seu relacionamento recentemente. Desde o início ela dava indiretas de que queria se casar. Depois de um tempo, ela passou a dizer isso abertamente. Mesmo assim, nenhum pedido foi feito até que eles completaram sete anos juntos e fizeram uma viagem romântica para Cabo San Lucas, no México. Naquele cenário perfeito para um pedido de casamento, o que você acha que o namorado dela fez? Passou duas semanas inteiras mergulhando e tomando sol tranquilamente. Foi a gota d'água. Ela pôs um ponto-final no relacionamento.

Um mês depois ela surpreendeu os amigos ao começar uma nova relação que, desta vez, terminou rapidamente. Nos meses seguintes ela repetiu o mesmo processo diversas vezes: conhecia um rapaz poucas semanas depois de um término, começava a reclamar dele com os amigos quase imediatamente e em seguida terminava o namoro. O comportamento era desconcertante, não só porque ela pulava de relacionamento em relacionamento sem nenhuma dificuldade, mas também porque os caras com quem saía não tinham nada em comum. Não existia um tipo ou padrão no que a atraía neles. Eram apenas homens com os quais o relacionamento não durava. O que cada um deles oferecia a ela era uma nova história de amor para contar. Ela era uma mulher extremamente competente, com um cargo importante na indústria financeira de Nova York, mas ser amigo dela era como ter ingressos de primeira fila para um filme da Kate Hudson ou da Drew Barrymore, consideradas rainhas das comédias românticas.

Cada homem oferecia a ela o papel principal em uma nova história de amor, que ela poderia contar para seus amigos e para si mesma. Mesmo que acabassem se tornando mais tragicômicas, com essas histórias ela se sentia envolvida e não deixada de escanteio. Esse tipo de história, mesmo quando não dá certo, pode nos dar a sensação de que não estamos sozinhos no mundo. Quando estamos na pior, qualquer história pode parecer melhor do que não ter nenhuma.

Contar essas novas e empolgantes histórias, no entanto, funcionava para essa minha amiga como uma forma de desmentir uma verdade mais dolorosa — enquanto na superfície seu comportamento poderia ser visto pelos amigos como uma compulsão por ser protagonista e produtora da própria série de histórias de amor, havia um sentimento de medo e desespero por trás disso tudo. Depois de anos sendo apontada como uma das mais inclinadas a ter um casamento feliz, ela havia de repente sido empurrada para o fim da fila, enquanto uma amiga ou outra tomava rapidamente a dianteira, conquistando o próprio relacionamento bem-sucedido; ao mesmo tempo, sua busca por um substituto a qualquer custo evidenciava um dos grandes paradoxos quando se trata de histórias de amor: às vezes, o passo mais importante no caminho para encontrar a sua própria história de amor é aprender a ser feliz fora dela; e era esse passo que a assustava.

EXISTE UM CERTO PERIGO EM HISTÓRIAS DE AMOR que são mais divertidas de contar devido a sua intensidade, dramaticidade ou improbabilidade. O cantor Barry Manilow tem uma música, "Somewhere Down the Road" [Em algum lugar no fim da estrada, em tradução livre], na qual, no início da letra, parece que ele está tendo a atitude madura de alguém que, quando o relacionamento acaba, ressignifica o término para fazer os dois se sentirem menos mal. Ele fala sobre não ser o momento certo, sobre os sonhos dela que a levaram para longe, quase soando como um adulto saudável. Mas então começa o refrão, a melodia cresce, ele imagina o caminho dos dois se cruzando novamente e canta com toda a convicção que um dia ela vai perceber que o seu lugar é ao lado dele.

Ignorando o quanto seria assustador receber uma mensagem assim de uma ex, toda vez que essa música toca, geralmente em alguma sala de espera, o bom e velho Barry sempre consegue evocar o romântico que existe em mim — justamente pelo jeito como ele conta a história. Quem não suspende o radar da racionalidade durante uma história de amor bem contada? Perdi as contas de quantas vezes assisti a *Titanic* e chorei, apesar do fato de que Rose, com quase cem anos, parece não ter superado o rapaz com quem conviveu por quatro dias quando ela tinha dezessete.

Eu gostaria de nunca perder esse meu lado capaz de ser envolvido pelo drama das histórias que fazem meu coração doer. Porém, se eu promovesse esse mesmo lado a diretor executivo das decisões sobre a minha vida, estaria perdido. Precisamos separar os sentimentos que experimentamos durante uma canção de amor ou um filme triste da realidade sóbria da nossa vida real. É um ajuste essencial, importante não só para a nossa felicidade, mas também para a nossa sobrevivência.

Às vezes, quando queremos voltar a viver, precisamos abrir mão da história que contamos (ou da forma como a contamos) para nós mesmos e para o resto do mundo. Não é fácil. Muitos de nós já estamos familiarizados com aquela pontada de arrependimento, anos depois do término, por um relacionamento que sabemos que chegou ao fim por um bom motivo. Deus me livre de qualquer um desses devaneios se tornar realidade e minha namorada da escola e eu irmos parar juntos no teleférico de uma estação de esqui na Suíça, ou em um cruzeiro para ver baleias na Patagônia. É importante contrabalançar esses sentimentos com uma boa dose de realidade. Abrir mão dessas antigas histórias de amor começa por redefinir o que realmente valorizamos na vida. E, para fazer isso, precisamos definir como seria a história de amor que valeria a pena ser vivida. Só depois disso seríamos capazes de contar a nós mesmos histórias diferentes e mais saudáveis.

Seria aquela pessoa que deixamos para trás — ou, no caso do Jack e da Rose, a pessoa que congelou até a morte e afundou no norte do oceano Atlântico — realmente a "pessoa certa"? Será que aquela pessoa com quem uma vez sentimos uma ótima conexão poderia ser a certa para nós pelo resto da vida? Se isso fosse mesmo verdade, o ecstasy seria a substância mais valiosa do mundo por causa do poderoso sentimento de amor que ele produz por algumas poucas horas. Só que isso é uma experiência e não um relacionamento, que é, por definição, algo contínuo. Você não descobre o padrão de um relacionamento que vale a pena em uma breve conexão que produz uma explosão de sensações de prazer que desaparecem logo depois. Seria absurdo acordar no dia seguinte e contar aos seus amigos que o seu companheiro de ecstasy é o seu destino. Mas geralmente essa costuma ser a história que queremos contar.

O que nos leva à pergunta: Onde podemos procurar por alguém que realmente mereça nosso tempo e energia emocional?

As limitações da tática de deixar o lenço cair

No meu primeiro livro, tentei resolver um problema que via acontecer com frequência: mulheres com namorados que não as empolgavam, homens que as tratavam mal, que preenchiam todos os pré-requisitos de um péssimo parceiro, mulheres que não movimentavam suas vidas amorosas. Eu queria que elas tivessem mais escolhas. Escolhas melhores. Considerando que muitas delas tinham dificuldade para encontrar caras bacanas e acabavam namorando os ruins, eu achava que o problema poderia ser resolvido se simplesmente as ajudasse a ter mais oportunidades com caras bacanas.

O problema de não conhecer muitos caras bacanas parecia ser causado pelo fato de que elas inicialmente estavam adotando uma postura passiva durante a primeira troca. Muitas mulheres foram ensinadas de que é obrigação do homem dar o primeiro passo. Isso já mudou, e os aplicativos de relacionamento tornam mais fácil para qualquer um dar o primeiro passo; mas o nosso condicionamento ainda nos atrapalha, então, em uma situação desconfortável, as mulheres voltam ao seu comportamento-padrão de simplesmente esperar que alguém as aborde.

Qual o tipo de pessoa que aborda a outra quando ela está sozinha em um ambiente cheio de outras pessoas? Geralmente é alguém que faz isso o tempo todo, o que por si só não é um sinal de alerta, embora com certeza pudesse ser. Na pior das hipóteses, usar a estratégia de esperar geralmente nos faz perder a oportunidade de conhecer alguém que não tem esse hábito ou não se sente confortável para fazer isso naquele dia. Perdi as contas das mulheres do passado com quem eu gostaria de ter conversado mas não consegui criar coragem para, de um jeito não muito desengonçado, andar na direção delas e dizer alguma coisa. Não sou o único que se sente assim. A nossa hesitação não nos torna parceiros ruins, apenas instigadores envergonhados.

É aqui que entra a tática de deixar o lenço cair: qualquer mulher que já se achou antiquada por não ter coragem de abordar um homem esqueceu do que as "antiquadas-raiz" faziam. Cem anos atrás, no tempo dos cartões de visita e das apresentações formais, uma mulher passava por um homem e, quando avistava um de quem gostava, distraidamente deixava cair seu lenço (bem em frente a ele) e continuava andando. O homem, vislumbrando uma oportunidade de ser útil, pegava o lenço e dizia, em tom galante:

Ele: Madame, com licença, acho que você deixou isto cair.
Ela (mais para si mesma do que para ele): Nossa, deixei?

E, do nada, surgia uma oportunidade para conversar, que ele acreditava ter criado — embora saibamos que não criou, uma vez que ela deu o pontapé inicial escolhendo exatamente o homem que queria quando deixou o lenço cair.

Era essa a lição: muitas pessoas (nem todas elas eram mulheres) passaram a vida esperando ser escolhidas, e agora era a hora delas de escolher. Embora essa tática específica tenha sido criada pelas mulheres, todos podemos aprender um pouco com ela. Eu sempre ficava esperando que a pessoa me desse permissão para me dirigir a ela antes de testar a minha sorte. Mas a tática do lenço altera essa sequência de eventos e oferece um jeito sutil de dar a alguém a permissão para se aproximar de nós; alguém que nós escolhemos. Fazer isso diminui o risco de dar o primeiro passo, e ainda por cima sem a outra pessoa perceber que aquele encontro não foi ideia dela desde o começo.

No meu outro livro, eu falo um pouco sobre maneiras de deixar o lenço cair nos dias de hoje. E eu não estava errado sobre o poder dessa tática. Muitas mulheres já me procuraram para contar que hoje estão casadas porque seguiram esse conselho para poderem conhecer alguém que, do contrário, não teriam conhecido. Entretanto, cometi um grande erro de cálculo: subestimei a capacidade das pessoas de tomar decisões ruins em suas vidas amorosas mesmo quando têm uma infinidade de escolhas.

Por exemplo, a mulher cujo rapaz que ela inicialmente queria que apanhasse o lenço se mostra um verdadeiro babaca: por que ela continuou dando tanta atenção a ele? Por que não pegar o lenço de volta e deixá-lo cair perto de outra pessoa? Havia mulheres que perdiam meses, até mesmo anos, com o homem errado quando tinham uma variedade de escolhas possíveis. A tática do lenço não resolvera o problema. Quase não parecia importar quem tinha o poder da escolha: algo na programação das pessoas as estava levando a fazer escolhas ruins, supervalorizando as qualidades erradas em alguém e subvalorizando as qualidades certas em outras pessoas. Se esses instintos não fossem corrigidos, essas mulheres continuariam voltando para o padrão de decisão que só lhes causa dor e infelicidade.

Na verdade, as pessoas estavam ficando obcecadas por alguém que mal apanhava o lenço, para começo de conversa (se é que apanhava mesmo!). Em 2018, durante a turnê de lançamento do livro, eu estava diante da plateia, convidando os ouvintes a me fazerem perguntas sobre o que mais os preocupava com relação a seus relacionamentos naquele momento. A vida inteira eu fiz isso, e sempre era uma estratégia arriscada para aqueles na minha equipe que valorizavam a previsibilidade. Mas sempre aparece uma pergunta que deixa claro para mim o valor do inesperado. Aquele momento em Dublin não foi exceção. Uma mulher vestida de preto, de cabelo preto e com um sorriso no rosto, se levantou e perguntou:

— Como a gente faz para esquecer alguém com quem nunca namorou?

A risada instantânea da plateia deixou claro que ela tinha sido precisa na pergunta. Parecia o exemplo perfeito para ilustrar a necessidade de mudarmos a história que contamos para nós mesmos. E eu respondi:

— Tudo depende do que você quer romantizar… se você quer romantizar alguém a distância, ou se quer se apaixonar pela realidade da vida. Já foi o tempo em que eu me empolgava com pessoas que não se empolgavam comigo. Não tenho mais energia para me animar com alguém que não me quer. Se alguém não me quer, essa informação é o suficiente, porque assim eu tenho certeza de que essa pessoa vai me fazer muito infeliz.

Depois disso, outra mulher no fundo do auditório se levantou. Ela falou com confiança no microfone, com um leve sotaque do Leste Europeu, e sua voz viajou pela plateia assim que ela começou a contar sua história:

— Quando a gente conhece um rapaz, e a coisa está bem no começo, e ele quer mostrar todos os ângulos bonitos da personalidade dele, dos seus valores e da sua vida, aquele cara perfeito e incrível, e não tem nada de errado nele, nesse momento a gente se apaixona. Que. Vacilo.

Ela bateu na testa em um movimento como quem diz "Não acredito que aconteceu de novo", enquanto o público, já interessado na história, ria junto.

— E então, três ou quatro meses depois, esse cara mostra o lado sombrio dele e tudo cai por terra: ele muda completamente, começa a te tratar mal e as coisas só pioram, mais e mais. Só que nós já estamos lá, já estamos apaixonadas. Eu tenho duas perguntas. Primeiro, eu gostaria de saber como a gente faz para reconhecer as armadilhas. Qual é a verdadeira personalidade dele? E a segunda pergunta é: como se livrar desse cara quando a gente já está apaixonada?

Quando ela terminou de fazer a segunda pergunta, o público praticamente a aplaudiu de pé.

Entrei na conversa:

— Provavelmente vou dizer no fim do meu breve discurso: "É melhor terminar com ele".

Mas ela nem me deixou concluir.

— Sim, eu terminei com ele. Nós terminamos hoje de manhã — ela disse, em um tom que era um misto de orgulho e indiferença.

A plateia começou a rir e a aplaudir aquela reviravolta inesperada; pelo jeito ela já havia feito exatamente o que estava me pedindo para lhe aconselhar a fazer.

— Ah, entendi. Muito bom. Vocês ficaram juntos por quanto tempo?

— Um ano e três meses.

— Quanto tempo... seja sincera: quanto tempo você levou pra perceber que não era o relacionamento certo?

— Sinceramente... falando sério mesmo? — A mão voltou para a testa, um movimento que havia se tornado indicativo de um sentimento de constrangimento ou de vergonha por ter ignorado coisas que não deveria.

— Falando sério mesmo.

— Falando sério mesmo? Desde o início.

— E você continuou nesse relacionamento por um ano e três meses. Por quê?

— Porque eu não queria ficar sozinha.

— Obrigado por sua maravilhosa sinceridade. "Eu não queria ficar sozinha." Por falar nisso, que ótima manhã para terminar com alguém!

— Foi o que eu pensei!

Eu amei a confiança daquela mulher, o jeito como ela planejou o término, levando em conta a possibilidade de se levantar durante o evento e contar uma versão da sua própria história de amor que mal tinha terminado. Aquele momento serviu como um lembrete não só do quanto as nossas histórias podem ser poderosas, mas também do quanto o impacto delas pode ser diferente dependendo do lugar onde as contamos. Com certeza, para ela, havia uma grande diferença entre contar a sua história de amor para um estranho que ela nunca mais veria e para uma sala cheia de pessoas que não a esqueceriam facilmente e, provavelmente, se lembrariam dela se a vissem em outro lugar. Não estou exagerando quando digo que a história dela parecia ser a sua própria Declaração de Independência.

A pergunta dividida em duas que ela fez resume muito do motivo de eu ter decidido escrever este livro: "Como reconhecer as armadilhas?" foi a primeira pergunta, e na primeira parte deste livro vamos nos concentrar nos sinais nos quais devemos prestar atenção tanto nos namoros quanto nos relacionamentos. Depois que aprendê-los, você não vai conseguir desaprendê-los. Assim, quando alguém começar a fazer uma coisa que o transforme em um investimento ruim, você vai estar completamente ciente disso.

A segunda pergunta daquela moça sintetiza um dos temas centrais da segunda metade deste livro: "Como nos livramos dele quando já estamos apaixonadas?". Isso se resume àquela velha pergunta: Como me convenço a fazer aquilo que eu sei que deveria fazer? É quase como perguntar: Como faço para me convencer a ir à academia? Eu sei que deveria ir, que seria bom para mim, me faria viver mais, eu me sentiria melhor e teria melhor qualidade de vida. Eu sei que o meu estilo de vida atual me faz sentir inseguro e infeliz e que a minha alimentação afeta o meu humor, não me deixa orgulhoso de mim mesmo e pode causar problemas maiores para a minha saúde no futuro se eu não parar.

Quase sempre atribuímos à palavra *amor* um significado especial. Dizer "Mas eu amo aquela pessoa" soa romântico. Por outro lado, se dissermos "Mas eu amo pizza, simplesmente não consigo deixar de comer, não estou preparado". Quando eu digo isso sobre pizza, na verdade parece completamente justificável. Mesmo assim, você entende o que eu quero dizer. Podemos esconder muitas coisas dentro da palavra *amor*: o medo de ficar sozinho, o vício em uma pessoa por causa do ciclo no qual ela nos colocou (o chamado "vínculo traumático"), a crença equivocada de que precisamos daquela pessoa para a nossa sobrevivência, a veneração de outra pessoa a ponto de justificarmos para nós mesmos que devemos aceitar menos do que merecemos. Vamos abordar cada uma dessas questões nas páginas seguintes. Por enquanto, podemos dizer que aquela mulher estava perguntando duas coisas fundamentais: como saber o que eu devo fazer e como encontrar as ferramentas internas para fazer isso, assim que souber?

O castelo

Vamos começar com o "como saber". Para saber como agir em qualquer situação, devemos começar fazendo uma pergunta básica sobre as nossas vidas amorosas: O que vale a pena valorizar?

É importante que façamos essa pergunta em voz alta, com consciência, ainda que um pouco céticos, porque, se deixarmos nosso subconsciente decidir o que valorizar, ele sempre vai seguir o mesmo padrão que leva a um erro de cálculo perigoso, por exemplo: *Essa pessoa é importante porque eu gosto muito dela.* O que está longe de ser verdade. Gostar não valida a importância, pelo menos não automaticamente. Para determinar o valor de alguém como um legítimo candidato a um relacionamento de longo prazo, podemos usar um modelo que eu chamo de "Os quatro níveis de importância":

Nível de importância 1: Admiração
Esse nível é autoexplicativo, e todos nós já passamos por ele. É quando nos vemos atraídos por uma pessoa. Pode ser porque ela tem qualidades que nós respeitamos e admiramos, ou que gostaríamos de ter. Ou ela tem um carisma que nos atrai. Um sorriso que nos amolece. Talvez ela seja simplesmente atraente. Qualquer que seja o motivo, existe alguma coisa nela que não nos deixa desviar o olhar, a não ser que ela nos pegue olhando, o que fará com que rapidamente voltemos o olhar para o nosso livro, ou o nosso amigo, ou para seja lá o que for que estávamos fazendo antes de ela ter chamado a nossa atenção. Se a pessoa na qual não conseguimos parar de pensar é alguém que vemos mais de uma vez, entramos em um estágio de paixonite aguda. Aquele sentimento persistente e profundamente irritante de não sermos capazes de tirar essa pessoa da cabeça. Um sentimento que nos faz agir como idiotas. Lembro de ouvir o comediante Bill Burr falando sobre o que acontece com uma pessoa engraçada de verdade quando fica diante de uma plateia ao vivo:

> Quantas vezes ouvi comediantes falando coisas tão engraçadas em estúdio e disse a eles "Cara, isso é tão engraçado, por que você não leva isso para o palco?", e eles responderam "Ah, não, cara, isso não é para mim; não sirvo para fazer isso", e eu rebati: "É para você sim, você acabou de fazer, caramba" ... Eu tenho uma teoria de que nós subimos no palco e o estranhamento de olhar para as pessoas enquanto falamos nos faz agir

assim: "Este sou eu em cima do palco, olha, estou segurando um microfone"; depois disso, tudo fica esquisito. E passamos oito, dez, doze, quinze anos tentando voltar para quem éramos antes de subir no palco, para aquele cara que fazia as pessoas rirem nos bares. Porque nós entrávamos no bar, alguma coisa acontecia, nós fazíamos piada daquilo, mas nos sentíamos confortáveis naquela situação. Mas então nós subimos no palco e a sensação é "Que merda, está todo mundo olhando para mim e eu preciso lidar com tudo isso, hum, o que estou fazendo com as mãos, e como eu faço para tirar o microfone desse suporte?", e a situação desanda na hora, vocês sabem, nós olhamos para nós mesmos e quem somos desaparece como num maldito truque de mágica.

A fala de Bill praticamente resume como a maioria de nós se sente quando está atraído por alguém. Assim como um comediante que fica nervoso no momento em que se vê diante de uma plateia ao vivo e quer que a plateia goste dele, o que faz com que os riscos pareçam muito maiores, nós esquecemos nosso lado divertido, relaxado e autêntico quando ficamos frente a frente com alguém de quem gostamos. O simples fato de gostarmos dessa pessoa já faz os riscos parecerem bem mais altos. Como vamos descobrir: esses riscos não são nada altos nesse estágio. Na verdade, o nível 1 — admiração — não tem importância nenhuma. Ele não passa de um truque da nossa mente.

Nível de importância 2: Atração recíproca
Agora entramos em um território mais interessante: a pessoa de quem gostamos parece gostar de nós também. Pelo menos ela está nos dando atenção. Talvez esteja nos elogiando, querendo nos encontrar, lembrando de uma coisa aleatória que dissemos na última vez que conversamos. Talvez seja uma atração física recíproca, o que chamamos de química. Talvez seja uma espécie de sinergia na maneira como

pensamos, algo que costumamos considerar uma conexão verdadeira. Talvez sejam ambas as coisas. Mas nesse estágio nosso coração e nossa mente vibram com a empolgação de termos encontrado a mais elusiva das alegrias: gostar de alguém e isso ser recíproco!

Eu me lembro do que sentia no ensino médio quando descobria que uma garota que eu curtia havia muito tempo também me curtia. *Curtir* era a palavra que usávamos em Essex, no Reino Unido, onde eu cresci, que pode soar como algo passageiro e frívolo e não como a angústia, a náusea e o anseio que eu sentia constantemente no fundo do estômago. Eu posso curtir um biscoito de chocolate (ou bolacha, se você preferir) ou um chá. Parecia impossível que aqueles sentimentos inimaginavelmente complexos (como se a minha vida só fosse ser completa se aquela garota específica me quisesse como seu namorado para sempre) pudessem ser resumidos com um simples "Eu curto você". Mas agora, fazendo uma análise daquela situação, parece ser uma palavra perfeita para tentar parecer indiferente por fora enquanto, por dentro, nossas entranhas estão se contorcendo em vários tipos de nós.

Naquela época, a nossa curtição parecia a coisa mais importante do mundo. E o negócio da curtição não fica mais fácil depois do ensino médio. À medida que envelhecemos, nossas vidas se contraem conforme as nossas obrigações aumentam, muitas pessoas descobrem que o simples ato de encontrar uma pessoa de que gostam, por si só, pode se tornar uma experiência cada vez mais rara. Quanto mais velhos ficamos, mais fácil é nos tornarmos menos visíveis para o mundo, como se o nosso momento no holofote tivesse terminado. Além disso, passamos a valorizar mais coisas, ou algumas em particular: muitos de nós começamos a nos sentir menos atraídos pelas pessoas à medida que passamos a ter clareza daquilo que buscamos. Assim, quando encontramos alguém de quem gostamos e essa pessoa retribui o nosso sentimento, a sensação é de que isso é algo raro e valioso.

Esse momento de alquimia é responsável por grande parte das dores nas nossas vidas amorosas. O nível 2 — atração recíproca — parece ser tão importante porque, quer ele dure anos ou apenas uma noite, contém a nossa esperança de alcançar algo que desejamos profundamente: o nosso próprio felizes para sempre. No filme *Alô, Dolly!*, com Barbra Streisand, Michael Crawford canta uma música, da qual também gosto muito, sobre os sentimentos intensos que experimenta por uma mulher que ele acabou de conhecer. Visivelmente ingênuo, ele tem certeza de que "basta um momento para ser amado por toda uma vida". Sempre que assisto ao filme, sou tomado por um misto de idealismo e inocência, mesmo que tenha consciência, de uma perspectiva profissional, de que ele está atribuindo importância demais à agitação inicial do amor.

Eu gosto demais dessa música. Ela captura a promessa de amor que sentimos naquele lampejo de atração recíproca. Entretanto, essa canção não vem com o aviso de que também basta um momento para criarmos um enredo épico em nossa mente sobre como essa história de amor deveria se desenrolar. Pode parecer que nosso coração sabe no mesmo instante, mas isso não garante que o coração do outro chegou a essa mesma conclusão.

Nível de importância 3: Compromisso
Da mesma forma que os anúncios financeiros costumam dizer que o histórico não é indicativo dos resultados futuros, a atração recíproca não é garantia de alinhamento de intenções no campo do amor. Uma pessoa pode estar planejando construir um relacionamento duradouro, enquanto a outra pode estar apenas inclinada a ter um caso tórrido por um mês. Em ambos os casos existe a atração passional, mas o resultado de cada cenário é bem diferente. É por isso que o terceiro nível de importância é uma etapa relevante e vital na jornada para encontrar alguém que terá um impacto verdadeiro em nossas vidas.

Existe um compromisso, basicamente, quando duas pessoas concordam em seguir um caminho juntas: eu escolho estar com você e você escolhe estar comigo. Para a maioria das pessoas (embora não todas), essa decisão vem acompanhada das condições comumente aceitas da monogamia.

A maior parte das pessoas com quem trabalho sabe que, cedo ou tarde, o compromisso se torna uma condição importante em um relacionamento. O que elas ignoram, às vezes, é que o compromisso pode funcionar como um sinal do quanto valorizar aquele relacionamento. Em outras palavras, ter "uma conexão incrível com alguém" não é tão importante ou valioso como você acredita.

Perdi as contas do número de mulheres que me procuraram em busca de conselhos e que começaram dizendo:

— Eu tenho um homem incrível na minha vida, nós temos ótimas conversas, ficamos batendo papo por horas, nos divertimos quando estamos juntos, a química é ótima, existe uma conexão profunda.

E eu pergunto:

— Qual é o problema, então?

Noventa por cento das vezes elas dão alguma versão dos seguintes motivos:

- Eu não sei o rumo que o relacionamento está tomando; ele parece não querer levar as coisas adiante.
- Às vezes nós ficamos dias sem nos falar e eu sinto que não existo para ele, mas tenho medo de conversar com ele sobre isso.
- Eu gostaria que fôssemos monogâmicos, mas ele não está pronto.

Sem um acordo para construir algo, não existe relacionamento. Ter atração recíproca (nível de importância 2) equivale a duas pessoas descobrindo um pedaço de terra juntas que parece ter potencial. Talvez perto de uma montanha, ou de um lago, ou em algum lugar privilegiado da cidade. É um lugar incrível e interessante. Mas não tem nada construído ali ainda. O que esse lugar precisa para que todo o seu potencial seja evidenciado é de dois construtores, duas pessoas dispostas a dizer: "Sim, vamos construir um lindo castelo só nosso aqui". Sempre vejo gente que segue admirando um pedaço de terra mesmo depois que a outra pessoa desapareceu no meio do mato. De vez em quando essa outra pessoa reaparece para alimentar a fantasia, mas ela nunca começa a fazer as marcações para construir os alicerces, e, definitivamente, não vai construir nada ali. Pergunte a si mesmo: "Eu tenho um construtor aqui comigo ou é só uma conexão?". Conexões não constroem castelos; são os construtores que fazem isso.

É por isso que tento amenizar as reações das pessoas que sofrem muito por conexões perdidas. Elas não estão realmente chorando pelo que tinham, mas sim pelo que achavam que poderiam ter tido. Se alguém com quem existiu uma atração recíproca desaparecer ou virar a página (ou se foi você que virou a página), não sofra muito por isso. A pessoa certa é aquela que diz "sim". Nunca será aquela que diz "não", não importa o potencial que você tenha atribuído a ela. Se ela não disser "sim", então, por definição, já perdeu qualquer valor que tenha sido atribuído a ela, que, ao mesmo tempo, deixa de ser uma opção viável em nossas vidas amorosas.

Pense um pouco sobre isso. Se houver alguém na sua vida com quem você tem atração recíproca (nível 2), que também assume um compromisso com você (nível 3), e que de repente é atropelado por um ônibus, isso é trágico. Ninguém julgaria você por sofrer em uma situação como essa. Agora imagine (talvez não precise imaginar) que você está sentindo essas mesmas emoções por ter perdido alguém que deixou claro que não queria um compromisso com você. Essa pessoa não morreu; ela ainda está andando por aí, ou está em casa fazendo compras pela Amazon. Ela simplesmente escolheu não estar com você. Que importância ela deveria ter na sua vida?

Em um dos poemas de Charles Bukowski, há um verso assim:

mas como disse Deus,
cruzando as pernas,
percebo que criei vários poetas
mas não tantas
poesias.

Ao longo da sua vida, pode ser que você encontre muitos poetas, mas eu lhe asseguro que vai encontrar muito menos poesias. Um poeta pode ser bom com as palavras, mas a poesia exige esforço e precisa ser colocada no papel para existir. Ela resulta de um relacionamento, de se surpreender com a beleza das coisas que vocês constroem juntos, pouco a pouco. O poeta pode lançar o seu belo olhar em um pedaço de terra, mas só há poesia em um relacionamento quando vocês dois começam a trabalhar juntos em algo que sobreviverá ao teste do tempo. Não supervalorize o poeta quando não houver poesia de verdade.

Nível de importância 4: Compatibilidade
Dizem que o amor sempre vence. Na vida, talvez. Mas no amor, ironicamente, o amor nem sempre vence. É a compatibilidade que vence tudo. Duas pessoas podem dizer "sim" uma para a outra — ou seja, pode haver compromisso —, mas serem capazes de trabalhar juntas em sintonia é outra coisa. Vocês trabalham bem juntos, como um time? Têm a mesma visão sobre o que consideram um ótimo relacionamento? Compartilham dos mesmos objetivos? E quando os objetivos são diferentes: existe sinergia entre eles ou eles representam dois futuros completamente incompatíveis?

Compatibilidade é diferente de atração recíproca. Já conheci inúmeras pessoas por quem me senti atraído, tanto para fazer negócios ou amizades quanto para ter relacionamentos amorosos, mas isso não nos tornava compatíveis. Eu posso ter um conhecido com quem me sinta conectado, mas, se essa pessoa não for confiável, se ela mantiver um relacionamento criativo com a verdade e se estiver sempre atrasada, vamos descobrir que somos incompatíveis para sermos amigos. Isso não se aplica só a qualidades negativas. É válido para qualquer diferença de comportamento e de maneiras pelas quais gostaríamos de viver nossas vidas. Em um relacionamento no qual há uma pessoa extremamente introvertida e outra extremamente extrovertida, nenhuma delas é totalmente boa ou ruim, mas a diferença entre elas pode ser suficiente para causar problemas práticos graves no relacionamento, mesmo que ambas tenham partido de uma conexão forte.

Apenas a conexão sozinha não sustenta os relacionamentos. O verdadeiro teste mostra o quanto nossos comportamentos e crenças são naturalmente compatíveis e o quanto somos capazes de negociar um com outro quando as diferenças aparecem. Uma das perguntas mais simples que podemos fazer nesse estágio é: "Essa pessoa sabe lidar comigo?"; e não seria isso uma das coisas mais românticas que alguém pode fazer? Passamos tanto tempo em uma relação tentando decidir quem é certo ou quem é errado para nós — e de fato existe um nível de errado que simplesmente é um impedimento —, mas em um relacionamento todos estaremos certos e errados inúmeras vezes. Quem tem talento para administrar os nossos surtos inevitáveis? E os surtos inevitáveis de quem nós temos talento para administrar? Será que a pessoa com quem você está gosta do processo? Será que ela é paciente ou se diverte ajudando você a lidar com algo de que ela tem uma visão completamente diferente? Você é capaz de virar e fazer o mesmo por ela? Será que as diferenças entre vocês podem ser fonte de prazer? E será que, nos dias em que não forem, ainda assim vocês vão dormir de conchinha à noite? Compatibilidade não tem nada a ver com concordar em tudo. Tem a ver com desfrutar do drama e da dinâmica das decisões do dia a dia tomadas em conjunto. Somente por meio desse quarto e último nível de importância – compatibilidade – é que uma história de amor pode se tornar uma história de vida.

3

CONTROLE SEUS INSTINTOS

Um dos mitos da vida amorosa é de que o amor seria, de alguma forma, um reino especial onde podemos nos guiar pelo instinto. Porém, isso pressupõe que durante a infância todos desenvolvemos ótimos instintos para cada situação. Na realidade, embora não seja culpa nossa, existem áreas onde desenvolvemos instintos completamente contraproducentes para a nossa felicidade e bem-estar, podendo até se tornar perigosos. A verdade é que, em algumas situações, nossos instintos podem nos matar. Foi isso o que o meu professor de boxe, Martin Snow, me disse no dia em que me pegou piscando no ringue: "Seus instintos podem te matar, jovem!", ele disse. Ele queria que eu pensasse no que acontece quando sentimos a correnteza nos puxar para dentro do mar: o nosso instinto é nadar de volta para a praia. Mas a correnteza é muito mais forte do que nós. Por isso precisamos lutar contra esse instinto natural e percorrer o caminho mais longo, nadando paralelamente à praia, mesmo que a correnteza nos carregue para longe, até que estejamos seguros fora dela e possamos voltar para a praia, atravessando águas mais tranquilas.

No ringue de boxe acontece a mesma coisa. Quando um soco vinha na direção do meu rosto, o meu instinto era piscar. Eu precisava treinar para controlar aquele instinto natural — um instinto que essencialmente me cegava no momento mais crucial — e, em vez disso, aprender a bloquear, ou me defender, ou fugir do soco que vinha na minha direção.

É isso que acontece nos estágios iniciais da atração, assim que decidimos que gostamos de alguém. Sentimos a tentação de simplesmente nos entregarmos ao sentimento, cancelar nossos compromissos e descobrir se a pessoa está disposta a voar para Paris conosco, ou começar a perguntar se as empresas onde trabalhamos têm filiais em uma cidade próxima à da pessoa, cidade essa que não estava nem no nosso radar um mês atrás. Na nossa empolgação por essa pessoa com quem saímos uma ou duas vezes, acabamos nos precipitando. Cedemos aos instintos românticos e nos lançamos, como foguetes, na direção do reino das fantasias sentimentais.

Por mais que sinta vontade, a verdade é que a pior coisa que você poderia fazer nesse estágio é contar para as pessoas que claramente dividem com você esses instintos românticos. Isso amplia o perigo. No caso das mulheres, costumam ser as melhores amigas. Acontece assim: uma mulher mostra para as amigas as últimas mensagens da nova e incrivelmente atraente pessoa em sua vida, e de repente todas estão rolando o *feed* do Instagram dessa pessoa enquanto enumeram os aspectos nos quais um é perfeito para o outro. "Olha, ele é músico, isso é tão charmoso!"; "Own, olha só essas fotos que ele postou com os sobrinhos. Ele parece ser um cara bem legal!"; "Olha o estilo dele, é a sua cara!". Do nada, as amigas se autoproclamam gerentes da vida amorosa daquela mulher, procurando saber se e quando ela vai sair com esse homem dos sonhos. Como a realidade poderia competir com isso? Como pode uma conexão se desenvolver organicamente depois que ela ficou tão empolgada só porque ele tem o cabelo comprido e toca guitarra?

Toda essa empolgação nos coloca em modo de hipervelocidade, acelerando na velocidade da luz na direção de um cenário fantasioso. Em seguida, algo muda no universo e aquele planeta para o qual o nosso foguete voava de repente começa a ficar mais distante. O objeto de todo o esforço imaginativo começa a se afastar.

A energia entre vocês dois muda, a comunicação se torna inconstante, as mensagens de texto ficam mais curtas e nenhuma é escrita com verbos no futuro. Todas aquelas pequenas coisas que alimentavam as fantasias, as coisas inexplicavelmente sexy que fizeram você se empolgar, não parecem estar funcionando mais. Como pode uma coisa que era tão certa desaparecer mais rápido do que apareceu?

Por que as pessoas perdem o interesse?

O que muda? A lista de possíveis motivos é enorme. A pessoa recebeu uma mensagem de um ex. Ela gosta da dinâmica da atração, mas se sente sufocada por alguém de carne e osso. Prioriza o trabalho e não o namoro. Estava saindo com várias pessoas e acabou de começar um relacionamento sério com uma delas, e essa pessoa não é você. Estava se alimentando da sua empolgação até perceber que não consegue retribuí-la. O irmão da pessoa foi hospitalizado. A pessoa comprou um cavalo.

A primeira coisa que precisamos entender é que não temos como saber. E o instinto de brincar de detetive até descobrir o motivo pode rapidamente se tornar algo perigoso. Esta é uma dura verdade: na maioria das vezes não descobrimos o motivo, e nos frustrarmos na busca pelo desconhecido é a receita da infelicidade. Você se lembra da última vez que alguém do seu grupo de amigos queria combinar de sair e você não estava disposto a encaixar esse programa entre as centenas de coisas que precisava fazer naquela semana? Será que você é sincero e diz a ele: "Olha, você é um dos meus melhores amigos, e, embora a diversão seja garantida quando saímos juntos, eu simplesmente não estou com vontade, ok"? Ou será que você diz: "Olha, estou tendo uma semana supercorrida por aqui, mas quando as coisas se acalmarem eu adoraria sair com você"? Nem sempre conseguimos ser completamente honestos porque seria horrível, ou demorado ou inconveniente ou indelicado, então por que deveríamos esperar 100% de sinceridade de alguém que mal conhecemos (mesmo que tenhamos dormido com essa pessoa ou que gostemos dela)?

Ainda assim, quando alguém se afasta, é natural nos questionarmos se foi uma coisa que fizemos que causou essa triste situação. Uma explicação que esteja ligada a nós está relacionada a outro instinto perigoso que temos logo no início, quando decidimos que gostamos de alguém: o instinto de atribuir muita importância a essa pessoa e fazer isso rápido demais.

As pessoas tendem a se afastar quando percebem que se tornaram importantes demais muito rápido. Ninguém quer ser a prioridade número um de alguém antes de merecer essa posição. Imagine chegar para uma entrevista de emprego e ouvir: "Você gostaria de ser nosso CEO? A partir de amanhã?". Isso pode ter acontecido em alguma empresa em algum lugar uma ou duas vezes, mas geralmente, se você é um dos candidatos para o cargo mais importante — e o que seria o namoro senão uma busca pelo candidato ideal para o cargo mais importante? —, esperaria ser chamado para várias entrevistas. Nesse sentido, namorar realmente é como um negócio: o cargo mais importante não pode ser dado de graça, ele precisa ser merecido. Por isso, quando as coisas começam a acontecer muito rápido, é natural que alguém pense: "Por que eu? Como foi que me tornei tão valioso sendo que o outro nem me conhece ou eu nem cheguei a fazer tanta coisa assim? Será que tem alguma coisa de errado com essa pessoa? Será que ela está sem opções?". Essa é uma combinação fatal em um romance recente, um golpe duplo que faz seu valor diminuir à medida que a sua intensidade aumenta. Quando isso acontece, não deveria ser surpresa para ninguém que a pessoa que há poucos dias parecia ser perfeita comece a desaparecer das suas DMs. Precisamos ter muito cuidado com esse instinto, para não transferir a importância que atribuímos à vaga que gostaríamos de preencher para o próximo candidato que *pode* vir a preenchê-la um dia.

Infelizmente esse é o estágio no qual outro instinto questionável entra em cena: sentimos o relacionamento escapar por entre os nossos dedos e decidimos lutar por ele. De repente esse romance se torna importante a ponto de mobilizar todos os nossos recursos para mantê-lo.

Por quê? Esse instinto de pitbull pode ser útil quando cometemos um erro no trabalho, ou quando precisamos mostrar ao nosso chefe que estamos dispostos a fazer o que for necessário para corrigir um erro, mas provavelmente não vai ajudar no início de um namoro por vários motivos. Em primeiro lugar, não tem lógica e se baseia na falsa noção de que as coisas se tornam mais valiosas quando acreditamos que a sua escassez é iminente. Mas será que uma conexão em potencial é um bem tão raro como se fosse o equivalente romântico de uma busca nacional por um fígado compatível para um transplante? Provavelmente não, se você acabou de conhecer essa pessoa em um café da esquina. Em segundo lugar, é um sinal de impaciência; quando queremos resultados e desejamos que eles apareçam *agora*, atribuímos muito mais valor àquilo só porque está aqui diante de nós. É isso que acontece na hora em que os bares ao redor do mundo estão fechando, e os resultados geralmente não são tão convincentes à luz do dia.

Em terceiro lugar, e mais preocupante, são as questões de autoestima que contribuem para que supervalorizemos essa pessoa que mal conhecemos ao mesmo tempo que nos desvalorizamos. De onde tiramos essa ideia de que alguém que está se afastando e tendo dúvidas (SOBRE NÓS!) é exatamente o que precisamos quando a verdade é o extremo oposto disso? A reação morna da parte desse alguém é toda a prova da qual precisamos de que essa não é a pessoa certa para nós. A melhor resposta nessa situação é dizer: "Olha, parece que as coisas mudaram entre a gente nos últimos dias, e, mesmo gostando de te conhecer melhor, acho melhor a gente dar um tempo, porque sinto que você está ocupado com a sua vida agora e (me corrija se estiver errado) parece que nós não queremos as mesmas coisas". Ser a pessoa que sugere "dar um tempo" vai contra todos os nossos instintos quando gostaríamos desesperadamente que o relacionamento continuasse. No entanto, se você analisar a mensagem com calma, vai perceber que não está fechando a porta; está convidando a pessoa a fazer o esforço que gostaria que ela tivesse feito desde o início.

Quando nos vemos atraídos por alguém que está se afastando, devemos duvidar de nós mesmos: O que essa pessoa tem de tão legal, afinal? Ela é atraente? Alta? Confiante? Carismática? Charmosa? Nenhuma dessas características define alguém que seria um ótimo parceiro. Recentemente tive uma conversa excelente com a Dra. Ramani Durvasula, especialista em ajudar pessoas a se recuperar de relacionamentos com narcisistas, e ela alertou que respostas vagas (como "Tem algo especial nessa pessoa!") são um sinal de alerta e provavelmente indicam um vínculo traumático: você se sente atraído por essa pessoa porque ela tem alguma coisa que você não consegue nomear (e só vai descobrir quando for tarde demais), mas são os sentimentos que ela provoca em você que o impulsionam a continuar tentando.

Então, se esse for o seu primeiro instinto (de continuar tentando por causa de alguma qualidade ou sentimento misterioso), é bom lembrar quais são as qualidades fáceis de serem reconhecidas em um bom parceiro: ele é gentil e atencioso. Está disponível sempre que você precisa de um jeito constante e confiável. Ele se comunica bem. É honesto e digno de confiança. É um ótimo parceiro. Demonstra interesse pelo seu dia e pelos desafios que você enfrenta e quer estar ao seu lado enquanto você passa por eles. (Se essas qualidades parecem algo que faria você fugir para as montanhas, você não está buscando um relacionamento!)

O problema é que é raro ver essas qualidades serem citadas quando as pessoas estão tentando descrever e listar o que gostam na sua nova companhia. Ao falarem de alguém que não sai da sua cabeça, geralmente as pessoas listam coisas como carisma, confiança, coragem, magnetismo, conexão, o fato de conversarem sobre todo tipo de assunto, de sentirem "alguma coisa forte por aquela pessoa" — e essas podem ser características maravilhosas, mas não são o que as faria dizer que essa pessoa vai ser um ótimo companheiro.

Se *você* tem essas características de um ótimo companheiro — se é alguém confiável, gentil, comprometido, comunicativo, constante, generoso —, então tem uma coisa rara pelo que vale a pena lutar, que também deveria ser protegida. Se alguém não reconhece essas qualidades em você, nunca vai valorizá-lo. É melhor manter distância dessa pessoa até que ela valorize você. Enquanto isso, ela definitivamente não é uma pessoa pela qual vale a pena lutar.

Você vai conhecer pessoas que são ótimas para sair junto, mas será que elas têm o que é necessário para construir um relacionamento incrível? Se já estão se afastando depois de alguns poucos encontros, provavelmente não têm. Uma das melhores coisas que você pode encontrar em um parceiro é o sentimento de certeza que ele tem sobre você. É claro que existem momentos em que você deveria se dispor a lutar por alguém — nas circunstâncias certas. Romeu e Julieta, apesar da guerra entre suas famílias, tinham um relacionamento que ambos desejavam. Eles não estavam lutando contra a incerteza, mas contra circunstâncias externas, e (descontando o fato de que ambos eram crianças que nunca passaram nem perto de um relacionamento de verdade) os sentimentos deles um pelo outro definitivamente não eram mornos. Romeu não dizia "Será que eu deveria me preocupar por ter escalado a varanda dela e a encontrado escrevendo cartas ousadas para o Páris? Deixa pra lá. Mesmo assim vou lutar pela Julieta e pelo nosso amor!".

Pergunte a si mesmo se está interpretando Romeu e Julieta com alguém e se o grande obstáculo é a incerteza dele. Porque, se isso está no roteiro, então por que aceitar o papel? A única pessoa que merece estar na nossa história de amor é aquela que valoriza o que temos a oferecer. A segunda parte dessa regra é que a pessoa não vai dar valor ao que temos a oferecer se nós mesmos não valorizarmos. Se ela percebe que vamos lutar por ela mesmo enquanto se afasta, primeiro vai achar que somos muito intensos e depois vai se perguntar o que essa intensidade unilateral diz sobre nós, sobre a nossa confiança em nós mesmos e em quem somos.

A nossa reação ao afastamento dessa pessoa deve ser comunicar a ela que essa indiferença, essa mudança repentina vai ter consequências.

É claro que estávamos tentando — ela teve um gostinho do que somos capazes —, mas, a partir do momento em que o outro começou a projetar a sua ambivalência, se tornou menos merecedor do esforço que podemos fazer por alguém de quem gostamos. Essa pessoa desistiu de competir por todas as nossas maravilhosas qualidades. E precisa saber disso. Você pode considerar continuar sendo gentil, mas deixá-la saber que a sua intensidade é como uma explosão solar: pode parar com a mesma rapidez com que começou. Diga a essa pessoa: "Sim, eu me sinto atraído por você. A gente se diverte junto. Você me faz rir. E você com certeza é uma pessoa interessante. Mas nada disso é mais importante do que aquilo que é certo para mim".

Diminuindo a intensidade

Quando atuo como *coach* de alguém, a última coisa que eu quero dizer é "Seja menos intenso!", porque, bom, é uma coisa muito intensa de se falar. Mas é importante lembrar que, por mais intoxicante que o comecinho de um relacionamento seja, é também o momento no qual é mais provável que você vivencie a incerteza (tanto a da outra pessoa quanto a sua própria). A conexão e a intimidade aumentam em um ritmo imprevisível, com recuos e avanços. É natural sentir que você se esforçou demais e achar que precisa compensar por algum erro (imaginário?) dando um passo para trás. Você não vai conseguir vencer essa imprevisibilidade — que é natural e até mesmo válida em ambos os lados — tentando compensar na certeza do seu lado. Reconheça essa oscilação, por mais imprecisa que ela possa parecer, como parte do fluxo natural das coisas. Sentimento permanente é algo que não existe. Os sentimentos passam. Como escreveu o poeta Rainer Maria Rilke: "Deixe que tudo aconteça com você: a beleza e o horror. Apenas siga em frente. Nenhum sentimento é o último".

Às vezes me convidam para dar uma palestra em algum lugar ou participar de um evento que parece ser incrível — *se* de fato acontecesse! Já que não tenho como saber se uma organização complexa vai funcionar, eu não penso nessas possíveis oportunidades de trabalho. Tenho uma frase feita para essas situações: "Vamos ver". Não é uma frase muito empolgante — talvez seja até tediosa — e às vezes frustra as pessoas da minha equipe que gostariam de fantasiar comigo sobre todas as coisas boas que podem resultar dessas oportunidades incríveis. Mas só de dizer "Vamos ver" eu já controlo a empolgação e me lembro (e a todos que estou chateando) de que nada é real até que seja real. Isso também me ajuda a me manter focado nas coisas que posso controlar para valer, como assegurar que continuo progredindo em outras áreas importantes da minha vida, em vez de esperar e desejar que essa oportunidade se concretize.

A mesma lógica se aplica ao namoro. O Primeiro Encontro não deveria vir acompanhado de expectativas. Se ficamos muito empolgados (ou muito exigentes!), podemos embaçar nossa visão para aquilo que realmente está acontecendo. É claro que existem coisas mínimas que podemos esperar, como gentileza básica de ambas as partes. Se a pessoa se atrasar uma hora, mostra que deixa a desejar no quesito respeito. Fora isso, o Primeiro Encontro deve ter como objetivo ser divertido, e para você o de *ser* uma boa companhia. Em um primeiro encontro queremos ver se a pessoa é uma boa companhia, mas queremos ser uma boa companhia também. Depois do Primeiro Encontro, queremos manter um bom equilíbrio entre as trocas para ter certeza de que estamos sendo presentes. É como um namoro baseado no princípio da atenção plena: se é o Terceiro Encontro, esteja presente no Terceiro Encontro. Não pule para o Quinquagésimo Sexto Encontro. Permita-se aproveitar cada estágio. Tire o pé do acelerador. Enxergue a outra pessoa pelo que ela é e vocês dois vão relaxar. Tenha cuidado para não projetar na pessoa qualidades incríveis ou míticas que ela não tem.

É difícil dizer tudo isso a alguém. Pedir para o outro questionar seus instintos pode ser um equivalente a dizer "Seria melhor não confiar em si mesmo" — isso é o oposto da mensagem deste livro, que tem mais a ver com reconhecer que esses instintos são extremamente normais e uma característica básica do ser humano, mas que podem nos machucar quando: cedemos àquilo que superficialmente se parece com o que buscamos durante toda a nossa vida; cancelamos todos os nossos compromissos por causa de alguém; nos precipitamos; nos deixamos levar pela empolgação dos nossos amigos, que acaba aumentando os riscos; afundamos o pé no acelerador; procuramos um motivo quando alguém desaparece; atribuímos muita importância rápido demais a alguém (enquanto nos desvalorizamos); baseamos nossos sentimentos em qualidades difíceis de serem descritas e não naquelas que realmente evidenciam um ótimo parceiro; decidimos lutar ainda mais quando a pessoa se afasta; ficamos nos corrigindo quando achamos que a pessoa se afastou por algum erro nosso.

Precisamos desafiar esses instintos de maneiras que a princípio podem parecer extremamente contraintuitivas, mas que trarão mais paz e felicidade às nossas vidas amorosas: desacelerar; controlar a empolgação; "dar um tempo" quando alguém não está respeitando ou demonstrando reciprocidade pela energia que gastamos; valorizar alguém que está presente em vez de alguém que desaparece; substituir a curiosidade tranquila — aquela que permite que o outro tenha espaço para ser quem é — por emoções mais intensas; equilibrar o otimismo com a mentalidade do "vamos ver"; e prestar atenção nas qualidades reais que fazem de alguém um ótimo parceiro. Assim como no exemplo da correnteza, a princípio pode parecer contraintuitivo pegar o caminho mais longo de volta para a praia, mas os resultados serão mais reais e duradouros.

Todas essas coisas ajudam a encontrar a perspectiva certa no comecinho do namoro e têm o bônus de tornar você mais atraente para a pessoa em questão. Como Martin, o instrutor de boxe, costuma dizer: "Quando a vida acontece, não confiamos nos nossos instintos, mas sim no treinamento". Com o tempo, o seu novo treinamento pode até se transformar em novos instintos — instintos pelos quais você se tornará cada vez mais grato à medida que vivencia uma vida amorosa mais franca e mas recompensadora.

O pior instinto de todos é o de subvalorizar tudo o que você tem a oferecer. Nunca se diminua dando tudo para alguém que não merece ou que não provou ser merecedor ainda. Esse é o principal motivo pelo qual você deve proteger o seu coração de se deixar levar pela fantasia antes que você realmente tenha oportunidade de conhecer alguém. No começo, você só enxerga o comportamento inicial (que costuma ser o melhor) dessa pessoa. Como ela faz você se sentir no início não é um reflexo do caráter dela; é um reflexo do impacto dela. O verdadeiro caráter é constante; ele só pode ser medido com o tempo.

4
CUIDADO COM QUEM SE ESQUIVA DEMAIS

Mas antes, um alerta sobre pessoas que mentem

É praticamente impossível identificar um mentiroso profissional. Mas eles estão por aí; golpistas geniais e verdadeiros psicopatas que conseguem burlar um detector de mentiras e enganar um agente do FBI. E, falando sério, passar um tempo com pessoas que têm o dom e o talento para mentir (antes de perceber quem elas realmente são) pode ser muito divertido. Que histórias maravilhosas elas parecem ter! Que vidas incríveis! É quase inacreditável! Elas fazem parecer que tudo é possível e chegam a prometer o impossível. Essas pessoas são um dos motivos pelos quais as seitas existem — e também os relacionamentos epicamente desastrosos. Mentirosos desse tipo, para os quais viver e mentir parecem ser sinônimos, causam danos difíceis de serem revertidos — e, dependendo da duração e do grau de intimidade dos relacionamentos que eles conseguiram estabelecer, o dano pode ser devastador e costuma gerar traumas sérios. Já trabalhei com inúmeros indivíduos que passaram por esse tipo de decepção.

Entretanto, felizmente, pessoas que têm esse tipo perigoso de habilidade são raras. É mais comum — quase uma característica universal — não identificar a grande variedade existente de dissimuladores. O fato é que não conseguimos notar tudo a respeito de alguém que acabamos de conhecer, mas praticamente todo mundo ignora algumas coisas quando começa a se sentir atraído por alguém. Os mentirosos experientes se valem desse tipo de cegueira seletiva. E o que mais impressiona é o fato de eles não precisarem dizer muito para conseguir nos enganar — tudo porque nós queremos acreditar.

No início, um mentiroso não depende da sua cumplicidade para mentir para você. No entanto, para continuar com a mentira, ele precisa de um plateia disposta — porque, quando começamos a passar muito tempo com um mentiroso, conseguimos notar algumas inconsistências, grandes ou pequenas, entre o que ele diz e a maneira como se comporta no dia a dia. Na primeira vez que o pegamos mentindo, pode até ser que o nosso impulso seja ignorar. Não queremos parecer neuróticos e desconfiados, nem estragar algo que parece ter potencial.

Porém, quando se trata de um mentiroso, a dissonância entre suas palavras e ações nunca desaparece. Em algum momento, se não concordarmos em ignorar essas incongruências, toda a performance dele — porque é isso que as mentiras são, uma farsa, uma fantasia na qual ele quer que sejamos o coprotagonistas — passa a dar errado. Da mesma forma que os mágicos precisam que a plateia esteja disposta a suspender a descrença (será que alguém realmente acredita que truques de carta são demonstrações de poder psíquico?), um mentiroso precisa de alguém que vai acreditar no seu truque, relaxar e aproveitar o show.

No entanto, debaixo de tudo isso existe uma pessoa cujas palavras não estão em sintonia com seus comportamentos. Quando reconhecemos isso e decidimos fazer algo a respeito, chamar a pessoa de mentirosa talvez não seja o melhor caminho. Mas sinalizar a contradição, deixar que ela saiba que você notou a diferença entre o que ela diz e o que realmente faz, direciona a conversa para um território mais neutro. Isso dá a essa pessoa um aviso prévio. Existe todo um espectro de motivos pelos quais as pessoas mentem — desde insegurança e um sentimento de falta de controle até o vício e a psicopatia. Contudo, a única forma de lidar com isso — de descobrir se você precisa acalmar as inseguranças, ajudar a tratar o vício ou terminar com um psicopata — é ver o que acontece quando você aborda o assunto com franqueza.

Mais adiante vamos discutir por que mantemos relacionamentos com pessoas que sabemos que estão nos prejudicando e o que podemos fazer para quebrar esse ciclo por conta própria. Por enquanto, porém, eu gostaria de falar sobre algo muito mais comum do que o simples mentiroso — alguém que pode enganar você sem nunca contar uma mentira: a pessoa que se esquiva.

Cuidado com quem se esquiva demais

Acho que usamos a palavra *mentiroso* em um sentido muito amplo. Os mentirosos compulsivos realmente existem no mundo, mas a maioria das pessoas não encontra o mesmo misto de manipulação e insegurança que motiva essa compulsão — o que não quer dizer que a maioria das pessoas diz a verdade, mas sim que elas não têm o hábito patológico de contar mentiras descaradas ou de criar de improviso uma realidade paralela quase perfeita.

Em vez disso, elas dão respostas fáceis e evasivas que parecem bem simples como se fossem verdadeiras. Se você perguntar à outra pessoa sobre o rumo que ela imagina que o relacionamento de vocês vai tomar e ela responder "Olha, estou gostando de ficar com você, mas acabei de sair de um relacionamento e ainda não tenho certeza do que eu quero agora", bom, aí está a sua verdade. Talvez ela não tenha dito com toda a clareza — pessoas que se esquivam nunca dizem —, mas não há nenhum motivo para gastar a sua energia tentando decifrar essas palavras. Qualquer coisa que claramente não seja um "Que pergunta é essa? Estamos juntos pra valer, meu bem!" significa que é hora de reavaliar a quantidade de tempo e energia investidos nessa relação.

Os mentirosos fazem de tudo para mentir para você — a mentira funciona como uma droga para eles, que ficam verdadeiramente felizes em inventar coisas para você. Mas a pessoa que se esquiva tem um objetivo quase oposto a isso. Em alguns assuntos — geralmente aqueles que geram um sentimento de intimidade verdadeiro — ela faz de tudo para não dizer uma única palavra. Ao mesmo tempo que a maioria de nós não leva jeito nem sabe contar uma boa mentira, podemos ter muita habilidade para evitar assuntos sobre os quais não queremos conversar. Quem mente e quem se esquiva realmente compartilham algumas características: para começar, muitos têm um relacionamento desconfortável com a verdade. No entanto, se quem mente tem atitudes falsas, por exemplo, dar chocolates no Dia dos Namorados, quem se esquiva tem a habilidade de mudar de assunto ou de deliberadamente não entender a pergunta.

No filme *O amor não tira férias*, de 2006, com Cameron Diaz e Kate Winslet, há um momento revelador que ilustra perfeitamente o tipo clássico de pessoa que se esquiva e a resposta que esse comportamento merece. Jasper (Rufus Sewell), um manipulador galanteador de marca maior, pega um avião na Inglaterra para ir até Los Angeles, onde Iris (Kate Winslet) está finalmente sendo feliz sem ele. Jasper tem um único objetivo: enfeitiçá-la novamente.

Iris, que não consegue evitar se empolgar com o convite repentino de Jasper para acompanhá-lo em uma viagem para Veneza, pergunta se ele realmente está livre para fazer isso. Quando ele responde usando uma resposta clássica de quem quer mudar de assunto ("Eu não acabei de viajar meio mundo para te ver?"), ela percebe que essa não foi exatamente a resposta para a pergunta que tinha feito e questiona diretamente se ele terminou com a noiva. Quando Jasper tenta novamente se esquivar de responder ("Eu queria que você aceitasse o quanto estou me sentindo confuso sobre tudo isso"), ela faz o que percebe que deveria ter feito há anos e diz isso a ele ("Graças a Deus cansei de estar apaixonada por você").

Como o exemplo clássico de quem se esquiva, Jasper nunca mentiu, mas também nunca deu uma resposta verdadeira. Ainda assim, quando respondia a uma pergunta direta com uma resposta esquiva cuidadosamente formulada, estava revelando sua verdadeira natureza. No momento em que Iris percebeu que ele se atrapalhava para responder quando ela fazia uma pergunta direta, finalmente encontrou a coragem para colocar um ponto-final na dinâmica tóxica em que ele a mantinha presa com suas respostas e atitudes cuidadosamente evasivas.

É contraproducente nos preocuparmos com os mentirosos. É possível que de vez em quando sejamos vítimas de um deles. Mas geralmente não há nada que possamos fazer para evitar. A única coisa que devemos fazer é decidir o que fazer quando descobrimos que alguém nos contou uma mentira. O problema é que uma pessoa que se esquiva pode ser mais perigosa no longo prazo do que uma pessoa que mente. Ela se vale do desconforto que sentimos ao tentar reconduzir a conversa para qualquer assunto no qual tenhamos que encarar duras verdades.

É provável que nós mesmos já tenhamos nos esquivado de algumas coisas quando foi conveniente para nós. Você já viveu uma situação na qual percebeu que alguém gostava mais de você do que você gostava dele? Você disse isso a ele imediatamente? A menos que você seja um santo e sempre tenha sido, a resposta é provavelmente "não". Nós já mudamos de assunto quando o preço que pagaríamos era mais alto do que estávamos dispostos a pagar. Esquivar-se de conversas difíceis é da natureza humana, de ambos os lados.

Infelizmente, quando nos esquivamos de conversas difíceis, estamos correndo o risco de conspirar a favor da nossa própria infelicidade. *Porque nunca há apenas uma pessoa se esquivando em um relacionamento.* Se nunca fazemos perguntas difíceis quando é necessário, então estamos dançando conforme a música. Isso não é algo que acontece apenas quando o relacionamento está naquele estágio de "limbo", quando ainda não sabemos o que esperar; isso acontece em casamentos ao redor do mundo, que seguem um roteiro na superfície e ignoram o drama que cresce para todos os lados.

Não basta ter cuidado com quem se esquiva. Temos que agir para garantir que não estamos validando o comportamento dessa pessoa e nos esquivando também. Se você quer ter certeza de que não está validando uma pessoa que se esquiva, precisa fazer perguntas difíceis. Essas perguntas podem até não ser tão difíceis; são as consequências de finalmente saber a verdade que nos fazem hesitar em verbalizá-las. Mas lembre-se de que você não está perdendo nada ao se comunicar. O relacionamento certo é aquele no qual as coisas melhoram quando vocês se comunicam. Se o seu relacionamento piora quando um dos dois fala a verdade, você está no relacionamento errado.

Faça perguntas difíceis

No início de todo evento ao vivo que faço, costumo fazer a seguinte pergunta: "Quem aqui está solteiro?". A maioria dos presentes levanta a mão.

Em seguida, pergunto: "Quem está em um relacionamento?". Geralmente o número de mãos levantadas corresponde a 20% dos presentes.

Minha próxima pergunta costuma pegar alguns deles de surpresa: "Quem não tem certeza se está em um relacionamento?". Mãos começam a se levantar timidamente pelo auditório.

Alguma coisa nos relacionamentos faz com que essas pessoas fiquem confusas sobre seu status. São as mesmas pessoas que me enviam mensagens nas redes sociais perguntando sobre qual seria o estágio do seu relacionamento com alguém que acabaram de começar a namorar. No meio da escrita deste capítulo, coincidentemente, recebi uma mensagem de uma mulher chamada Maria perguntando exatamente isso:

> Estou conversando/saindo com um homem há quase cinco meses, e tudo vai bem. Conversamos todo dia e tentamos nos encontrar sempre que podemos (às vezes ficamos muito tempo sem nos encontrar pessoalmente, por causa da nossa rotina corrida). Ele é diferente de todos os homens que já conheci:

um cavalheiro, gentil, inteligente, e eu me sinto bem com ele. O problema é que eu morro de medo de conversar com ele sobre o status do nosso relacionamento. É um relacionamento monogâmico? etc. Eu percebo que ele está interessado em mim e eu estou interessada nele. A minha pergunta é: Como eu deveria perguntar sobre o status do nosso relacionamento sem parecer uma cobrança?

Existem muitas conversas que preferimos evitar e outras, como a que a Maria ainda não teve, que nos assustam. Mas o medo de ter essa conversa é, na verdade, medo do que vamos descobrir a partir dela. A cada mês que passa, a rejeição que alimentamos por essa conversa se torna uma rejeição pela verdade — o *verdadeiro* status do relacionamento, e de todos os sentimentos e intenções que não conseguimos verbalizar. Aos poucos, quanto mais evitamos ter essa conversa honesta, nosso relacionamento real pode começar a se afastar do relacionamento imaginário que criamos em nossa mente: um ideal delicado que não ousamos expor à luz da realidade.

Nós evitamos fazer perguntas diretas especialmente quando achamos que elas precipitariam uma nova dinâmica e adiantariam o fim da dinâmica antiga à qual ainda estamos apegados. As perguntas difíceis forçam os relacionamentos a mudar de forma — tanto na realidade quanto na forma que eles assumiram em nossa mente. É comum escolhermos ficar em relacionamentos em função das versões deles que criamos em nossa cabeça, e não porque estão de fato nos proporcionando aquilo que realmente queremos.

Cogitei nomear este capítulo "Se você não sabe o status do seu relacionamento, pergunte!". Mas isso ignoraria a dificuldade que cerca esse processo. Fazer uma pergunta pode exigir algumas calorias de esforço, mas nos prepararmos para as consequências, para uma possível desilusão amorosa e até mesmo para a incerteza agonizante de que aquela conversa pode se transformar na última daquele relacionamento (mesmo que o relacionamento esteja bem) exige uma energia real e genuína. Exige coragem. Significa nos prepararmos para um futuro perdido — uma nova realidade que não tínhamos cogitado, uma vida diferente que não tínhamos planejado começar hoje.

Se não estivermos preparados para a resposta — ou prontos para fazer o que é melhor para nós quando recebemos a resposta —, vamos nos ver em uma situação na qual a realidade das nossas circunstâncias não se parece mais com uma noção que criamos na nossa cabeça — uma noção que, diante de uma nova informação, corre o risco de ganhar contornos de fantasia.

Digamos que Maria, na esperança de que o homem com quem está namorando tenha a intenção de ficar com ela no longo prazo, descubra que ele não quer um relacionamento sério e que considera o tempo que passam juntos mera diversão, ou que ainda queira continuar saindo com outras pessoas. Ela agora se vê em uma situação incompatível. Ao ficar cara a cara com o potencial limitado desse relacionamento, ela agora corre o risco de, conscientemente e por vontade própria, escolher perder seu tempo.

Se ela nunca perguntar, pode fingir que não sabia que estava perdendo seu tempo. Ela pode ser uma vítima quando ele finalmente revelar que nunca considerou que o relacionamento entre eles era sério, durante o tempo que passaram juntos. Mas, se ela fizer a pergunta difícil e ele confirmar que não quer nada sério, ela pode ficar mais do que puramente magoada com a resposta dele. Por um lado, saber a verdade e seguir em frente seria a melhor opção. A pior seria se, apesar da mágoa, ela não tiver forças para se afastar. Talvez ela já não confie mais em si mesma para fazer isso, e esse é o motivo para evitar ter essa conversa. Encontrar-se nessa situação não implicaria apenas lidar com a desilusão; também seria um grande golpe em sua identidade como uma mulher forte e respeitável.

Se ela não se afastar, vai ter que aceitar esse novo mundo — um mundo no qual, se quiser continuar a investir nesse relacionamento que não é sério, vai precisar descobrir uma forma de fazer com que 2 + 1 = 4. Esse é o local onde nasce a dissonância cognitiva — e não só para Maria. Depois dessa conversa, o pretendente dela também vai precisar criar a sua própria forma de dissonância cognitiva para manter o relacionamento. Ao ser forçado a responder a perguntas para as quais as respostas não serão bem recebidas e em um momento não escolhido por ele, o relacionamento se torna bem "real". Se ela continuar saindo com ele, seus sentimentos negativos sobre a falta de progresso no relacionamento — que anteriormente estavam apenas implícitos e poderiam ser ignorados por ela — vão estar presentes em cada encontro; uma fonte de desânimo consciente substituindo o tom despreocupado das interações anteriores.

Até aquele momento, ele desfrutava da liberdade que o fato de não precisar ter essa conversa oferecia. Ele não tinha mentido abertamente porque nunca tinham conversado a respeito. Porém, agora, depois que *já* conversaram sobre isso, suas intenções (ou a falta delas) foram colocadas na mesa, e tudo se torna menos romântico. A dissonância dele vai precisar ignorar as maneiras pelas quais os seus gestos românticos — em última instância gestos vazios — alimentam a esperança dela de que o relacionamento evolua, ao mesmo tempo que ela viverá na angústia constante de esperar por uma evolução que nunca imaginou que não aconteceria.

Então ela pensa: *Não seria melhor deixar essa conversa para depois e continuar curtindo o romance?* Afinal de contas, ela gosta daquele cara. Gosta muito. E o que teria a ganhar destruindo tudo? Voltar a ficar sozinha sem ter ninguém com quem experimente uma química verdadeira? Voltar para os aplicativos e a sequência de encontros decepcionantes? Com certeza é melhor deixar as coisas se desenrolarem com essa pessoa de quem ela *sabe* que gosta, em um relacionamento que pelo menos tem a possibilidade de resultar em alguma coisa boa. Além disso, quanto mais tempo ela passar com ele, mais interessado ele vai ficar, certo?

Uma cliente recentemente disse durante um dos meus webinários: "Tudo dá certo até você começar a cutucar". Essa escolha de palavras ilustra os truques que utilizamos quando a nossa falta de confiança nos manda silenciar qualquer declaração direta sobre nossas necessidades. "Cutucar", nesse caso, deveria ser substituído por "comunicar nossas necessidades."

Por que deveríamos estar em um relacionamento que só dá certo quando silenciamos o que queremos? É claro que existe um momento em que perguntar qual é o status do relacionamento seria uma loucura. (Imagine se alguém faz igual à Kathy Bates no filme *Louca obsessão*, vira para você no final de um primeiro encontro e diz: "Eu me diverti muito. Então quer dizer que estamos namorando agora?") Mas evitar conversas que revelam intenções é um enorme desperdício de tempo e evidencia falta de respeito por si mesmo.

Se você está saindo com alguém com frequência e ainda não tem noção do status do relacionamento entre vocês, até mesmo se ele é monogâmico, está na hora de ter a conversa a seguir:

Olha, estou gostando muito de sair com você, eu gosto de você e me vejo gostando mais cada vez que nos encontramos, mas estou sem saber qual é o status do nosso relacionamento... Eu não gostaria de simplesmente presumir que estamos em um relacionamento monogâmico, mas queria que você soubesse que não estou saindo com mais ninguém no momento, porque resolvi dar uma chance de verdade para o que nós temos. Eu gostaria de saber se você sente a mesma coisa ou se ainda quer um relacionamento aberto e continuar saindo com outras pessoas. Se for esse o caso, então tudo bem, mas eu precisaria saber antes de continuar a investir mais tempo e energia em nós.

Diga tudo isso com gentileza, mas seja direto na sua intervenção. Afinal de contas, o que está em jogo são seu tempo e sua energia.

Todos temos receio de receber respostas desagradáveis na vida. Eu sei o quanto esse medo pode ser poderoso e nos impedir de ter conversas que realmente precisamos ter. Mas eu também sei que cultivar a nossa confiança e uma perspectiva ampla pode mudar isso. Você verá que mesmo a resposta que já considerou ser o seu pior pesadelo é apenas um sinal apontando na direção de algo que é mais merecedor do seu tempo e da sua energia. Quando você se encontra em uma situação como essa, descobre que fazer essa pergunta é algo natural, porque quem se valoriza de verdade está trabalhando duro para proteger seu tempo e sua energia e, em vez da fantasia que alimenta sobre o relacionamento no qual está — e talvez o que pode ser ainda mais perigoso —, a fantasia do que *poderia* ser. Nunca vamos livrar o mundo das pessoas que se esquivam, mas também não precisamos fazer isso. Quando fazemos perguntas difíceis e agimos com base nas respostas que recebemos, não precisamos nos preocupar se estamos desperdiçando nosso tempo com mais ninguém.

Ainda assim, é possível que, apesar do aviso inicial, você se apaixone por uma pessoa que se esquiva, por todos os seus truques, armadilhas emocionais, pontos cegos e paredes erguidas. Acontece mais do que gostaríamos de admitir — o que faz sentido, porque não admitir que algo acontece é o que o leva a acontecer no fim das contas! No entanto, quando evitamos confrontar essa mesma coisa que temermos estar realmente acontecendo conosco, uma dinâmica estranha começa a tomar conta. Passamos a acreditar na lógica distorcida da pessoa que se esquiva, às vezes com tanto sucesso que nos surpreendemos quando outras pessoas parecem questionar a linha de raciocínio que passamos a aceitar. Se você suspeita que isso talvez se aplique a você, então, por favor, considere o alerta que será feito no próximo capítulo.

5

NÃO ENTRE PARA UM CULTO COM DOIS MEMBROS

Sempre que alguém se levanta durante algum evento presencial ou me procura na internet com uma pergunta urgente, aprendi a esperar um pouco antes de responder. Em parte para ajudar essa pessoa a relaxar — não é fácil falar para um grupo de pessoas, virtualmente ou pessoalmente, falar sobre as suas preocupações mais íntimas —, e tentar descobrir mais sobre a situação sempre ajuda. Também aprendi que a pergunta que a pessoa faz nem sempre corresponde ao problema que ela realmente quer resolver. Por isso, fazer outras perguntas para além da que foi feita nos aproxima do verdadeiro problema.

Já recebi milhares de perguntas. Algumas delas são completamente individuais e exigem bastante tempo para serem desvendadas, enquanto outras não. Se existe alguma coisa parecida com um conselho que funciona para todos e que pouparia muitos de uma desilusão amorosa no início de um relacionamento, é este: presuma que o relacionamento é monogâmico por sua conta e risco!

Alguns dirão que após vários encontros fica implícito que o relacionamento é monogâmico, a julgar pelo fato de que as duas pessoas têm se encontrado com frequência, conversado todos os dias e trocado mensagens sem parar etc. Não parece algo irracional, principalmente quando as duas pessoas passam tanto tempo juntas a ponto de precisarem de um vira-tempo do Ministério da Magia, do universo do Harry Potter, para conseguir sair com outras pessoas.

Longe de mim querer ser o estraga-prazeres do romance, injetando ceticismo em um processo que deveria ser bonito e orgânico, com duas pessoas se apaixonando ou se desejando profundamente. No entanto, depois de testemunhar tantas pessoas se magoando durante esse processo, posso dizer, baseado simplesmente na estatística, que é recomendável conversar sobre monogamia proativamente e por precaução, porque a desvantagem de *não* tê-la é muito maior do que qualquer desconforto imediato que você sinta levantando a questão.

De qualquer forma, as conversas realmente desconcertantes são aquelas em que você descobre que as duas pessoas estão operando em mundos completamente diferentes — por exemplo, quando o seu par lhe diz que quer sair com outras pessoas e você diz a ele que não quer. Mas essa é exatamente a conversa que vai poupá-lo de sofrimento no futuro.

Na verdade, conversas como essa não necessariamente atrapalham o romance. Quando conduzidas do jeito certo, podem *contribuir* para ele. Se vocês estão na mesma sintonia sobre ficar um com outro e *só* um com outro, a conversa pode realmente ser bem divertida. "Eu sou a única que você quer? Nossa, fico muito feliz que você tenha dito isso, porque você é o único que *eu* quero. Vamos comemorar na primeira escada que encontrarmos por aí..."

Trago a seguir algumas sugestões para abordar esse assunto, bem como algumas variações para diferentes situações. Digamos que você esteja nos estágios iniciais do namoro. Você poderia dizer:

> Estou me divertindo muito com você, mas agora, quando outras pessoas me chamam para sair, fico sem saber o que dizer a elas. Não quero colocar nenhuma pressão desnecessária no que a gente tem, porque estou gostando do processo de te conhecer melhor, mas eu gosto de você, e enquanto estivermos decidindo se o que temos pode se tornar algo mais eu gostaria

de dar uma chance de verdade para ver se nós temos potencial e de não sair com outras pessoas durante esse período.

Ou:

Não estou saindo com mais ninguém, e gostaria de saber o que você acha disso e se faria o mesmo.

Você também pode adaptar essas sugestões para demonstrar a sua vulnerabilidade e quem você é:

Eu sou sensível e sei que ficaria magoada se descobrisse mais tarde que você está saindo com outras pessoas, porque estou começando a gostar de você de verdade. Não precisamos decidir o status desse relacionamento agora nem colocar rótulos nele, mas eu sei que eu agiria diferente se a gente continuasse aberto a sair com outras pessoas em vez de investir em uma coisa só nossa. O que você acha?

A intimidade também pode ser precursora da monogamia. Se vocês estão começando a se envolver fisicamente e para você é importante ter clareza sobre o status do relacionamento antes que se envolvam ainda mais, você poderia dizer:

Eu gosto de você e me sinto muito atraída por você. Mas, se você estiver em um momento da vida em que só está buscando uma coisa casual, eu não gostaria que a gente se envolvesse ainda mais fisicamente, mesmo tendo certeza de que seria muito bom. Aliás, não tem problema nenhum se for esse o caso; eu só queria deixar claro, porque não quero construir intimidade com alguém que quer fazer a mesma coisa com outras pessoas. Não funciona desse jeito para mim.

Eu gostaria de enfatizar que isso não deve ser usado para pressionar a pessoa. Esse tipo de coisa raramente funciona. O objetivo é ser verdadeiro com você mesmo e com o que deseja, enquanto demonstra que não está julgando o outro pela fase na qual se encontra, mesmo que isso signifique que vocês dois precisam seguir cada um o próprio caminho:

Isso não quer dizer que a gente tem que apressar as coisas... Só quer dizer que, se não for o que você quer, prefiro ir mais devagar até que você se sinta do mesmo jeito — e se isso não acontecer, tudo bem também, nem tudo é para ser.

Este é o verdadeiro poder: mostrar-se gentil, firme e disposto a dar as costas, sem ressentimentos, se vocês não estiverem na mesma sintonia.

Se você perceber que está preso em algum tipo de relacionamento indefinido, declarações como essas podem ajudar. Cada uma delas tem uma dose de charme e acolhimento, mas não falta honestidade. Por favor, personalize essas declarações para que expressem a sua voz única, mas não deixe de se apropriar delas. Isso significa entender por que elas funcionam, para que você possa usá-las com convicção e se manter firme em seu propósito. Lembre-se: os seus valores não são táticas. As táticas podem mudar, enquanto os nossos valores permanecem constantes, mesmo quando não nos proporcionam o resultado que gostaríamos.

Às vezes recebo perguntas de alguém em uma situação quase idêntica: a pessoa tem um parceiro que parece ficar distante ou elusivo ou até mesmo invisível sempre que a conversa gira em torno do assunto compromisso. Mas, em vez de questionar a situação apesar do desconforto resultante, a pessoa aceita os termos que lhe foram oferecidos. Ela parece pronta para defendê-los diante de seus amigos como se agora fizesse parte de uma intrigante aliança amorosa, na qual a melhor coisa é não saber quando nem se você verá a outra pessoa novamente.

Em um dos nossos webinários, uma mulher chamada Cora participou on-line para perguntar... bom, era difícil saber o que ela estava perguntando no início. Ela descreveu seu relacionamento de quase um ano como um relacionamento entre "dois empresários", com agendas cheias e dificuldade de se encontrar ou conversar regularmente. Ela estava começando a se incomodar com o fato de seus amigos (que provavelmente percebiam que ela gostava mais do rapaz do que estava demonstrando) ficarem perguntando qual era a verdadeira natureza do relacionamento.

Enquanto ela descrevia como era o relacionamento dos dois, faltava algo importante no cerne da pergunta, como se ela estivesse tentando me convencer de algo de que ela também não estava completamente convencida, por isso eu finalmente perguntei:

— Será que o motivo pelo qual você não quer exigir mais é porque está satisfeita com o relacionamento sendo casual, e seu trabalho agora é uma prioridade maior para você do que encontrar o amor? Ou será que a verdade é que isso é como ele se sente e você está usando a mesma desculpa, quando no fundo quer mais, porém fica preocupada de pedir mais e ele se assustar?

Ela riu e disse:

— Sim, acho que, se for honesta comigo mesma, provavelmente é a segunda opção.

Ela havia se apropriado da desculpa do parceiro para continuar se relacionando com ele e, ao fazer isso, tinha silenciado a própria voz. Quando conversava com os amigos, não era Cora que falava, e sim o rapaz, que estava agindo como seu ventríloquo, para manter a situação que o agradava. Mesmo que o exemplo de Cora pareça incomum, a situação dela não é. Só que a complexidade é muito mais difícil de ser confrontada. Relacionamentos indefinidos como o dela são o oposto do amor à primeira vista. São compromissos estranhos, criados aos poucos. Você é pressionado de novo e de novo, até se desprender completamente da realidade, como se tivesse entrado para um culto de apenas duas pessoas.

A lógica esquiva desse relacionamento causa uma dissonância cognitiva que leva meses para ser criada e é difícil de ser desfeita. Durante outro webinário, uma cliente que se autodenominava Canário (será que ela sentia presa em uma gaiola?) tentou explicar sua situação; contudo, quanto mais ela explicava, mais difícil era de entender. Ela morava em Michigan, nos Estados Unidos, e estava saindo com um cidadão canadense "há meses", só que nos últimos tempos ele tinha parado de mandar mensagens com a mesma frequência de antes — chegou a não enviar nada por quase uma semana. A comunicação era difícil, ela admitiu, e numerou inúmeras razões para isso: o sinal de celular era ruim onde ele morava; ele era médico e vivia ocupado, trabalhando em três lugares; ela não tinha conseguido instalar o aplicativo no tablet para que ele pudesse mandar mensagens mais facilmente; geralmente eles se encontravam aos domingos tanto nos Estados Unidos quanto no Canadá, mas ultimamente ele estava esperando sair o visto e não podia viajar para vê-la. Ela parecia feliz que o relacionamento tivesse se tornado mais físico ultimamente — ele brincava com o cabelo dela, colocava os braços ao seu redor e ela havia passado a noite na casa dele na última vez que se encontraram —, mas ele parecia um rapaz que espera o momento certo. Foi quando ela disse: "É por isso que ele ainda não me beijou".

Havia tantos sinais de alerta na história dela e tantas perguntas a serem feitas, mas o fato de ela estar viajando regularmente para outro país e depois de meses de namoro ainda não ter perguntado a ele por que ainda não a tinha beijado indicava o quanto ela se tornara cúmplice na construção daquele estranho relacionamento; o quanto, apesar de todas as desculpas que ela deu (ela estava lidando com algumas coisas do seu passado, ambos tinham uma timidez natural, a rotina corrida dele), ela estava vivendo em uma fantasia. Canário tinha medo de fazer as perguntas mais simples porque elas poderiam ameaçar aquele arranjo frágil entre os dois. Quanto mais eu insistia em obter uma resposta dela, mais dissociada e emotiva ela ficava.

Passamos quase vinte minutos conversando e, apesar de todos os sinais de alerta que relatava, ela ainda não tinha criado coragem para fazer uma pergunta de verdade. Por outro lado, a própria participação no webinário era, por si só, um tipo de pergunta. Talvez ela não estivesse disposta a perguntar a seu amigo médico nada que ameaçasse diretamente o relacionamento entre eles, mas a falta de respeito demonstrada por ele na última semana, ao não enviar nenhuma mensagem, tinha sido tão grande que acabou realmente desafiando a dissonância cognitiva dela. Por isso, ela finalmente resolveu falar com alguém que sabia que não a enrolaria.

Sermos honestos com aquilo que estamos vendo é o tipo mais básico de gentileza que podemos oferecer uns aos outros, principalmente quando você vê um amigo nos estágios iniciais de um relacionamento ficando tão confuso com as emoções novas que parece ter perdido a capacidade básica de distinguir a fantasia da realidade. E a regra que acompanha o mandamento "Não entrarás para um culto com duas pessoas": "Um amigo não serve para fazer coro para o outro". Seja a dose de realidade que gostaria de ver no mundo.

Mas a situação de Canário, assim como a de Cora, não é incomum. Isso não quer dizer que os homens estão, em massa, manipulando as mulheres, ou mesmo que sempre são eles os engenheiros responsáveis por todo relacionamento diabolicamente torturante. A questão é que existem muitos homens que gostam do lugar onde estão e não querem se aventurar para além das suas zonas de conforto e por isso, consciente ou inconscientemente, começam a tentar convencer as mulheres com quem estão saindo a ver as coisas pelo ponto de vista deles. Eles costumam dizer: "Toda vez que você vem com esse assunto, atrapalha uma coisa que está legal" ou "Você está dando importância demais à atração que nós sentimos um pelo outro". Esse não é um negócio que um homem consegue fechar de primeira. Aos poucos, porém, ele vai fazendo a mulher se distanciar cada vez mais de tudo o que queria no início, até que chega um momento em que a situação se torna tão ruim que ela me procura em um evento virtual para conversar; e eu, juntamente com todo mundo que está ouvindo, gostaria de perguntar: "Por que diabos isso durou tanto tempo?".

Existe uma saída fácil se você chegar a um ponto no relacionamento em que se sente preso em algo que não parece certo. Não se preocupe em estragar a festa; deixe claro o que você quer. A sua certeza vai levar a um destes dois resultados: vai afastar alguém que não consegue lidar com o que você está pedindo, seja monogamia ou só um beijo depois de uma dúzia de encontros; ou vai incentivar a pessoa que está pronta para a mesma coisa.

Sempre vai ter alguém para tentar te convencer com sua explicação sobre o porquê de não conseguir te dar aquilo que você quer ou estar presente da maneira que você precisa. Você não tem que considerar se as desculpas que essa pessoa dá são legítimas; só precisa ser honesto consigo mesmo: a realidade do que está sendo oferecido é suficiente para que você seja feliz? Isso evita todo o esforço de tentar decifrar o que o outro está dizendo. Diga para si mesmo: a pessoa tem os motivos dela (verdadeiros ou não), mas eu tenho a minha realidade, e é a minha realidade, e não os motivos da pessoa, que determina se eu devo continuar ou não.

6

SINAIS DE ALERTA

Acabei de fazer uma busca por "sinais de alerta" ("*red flags*") no YouTube, só para ver os tipos de conselhos que estão circulando por lá. (Para minha surpresa, muitos desses conselhos são meus!) No entanto, se considerados como guias para os tipos de sinais de alerta, todos esses vídeos podem ao mesmo tempo gerar confusão e sobrecarga emocional. Veja uma amostra do conteúdo de vários canais: Ele não te elogia? Sinal de alerta — Desinteresse; Ele te elogia demais? Sinal de alerta — Bombardeio de amor (Love bombing); Ele nunca faz perguntas sobre você? Sinal de alerta — Narcisista; Ele faz perguntas demais sobre você? Sinal de alerta — Controlador demais; Ele trata a mãe com desrespeito? Sinal de alerta — Imaturidade. Ele é muito ligado à mãe? Sinal de alerta — Imaturidade também.

À medida que começa a estudar esse catálogo, você pode se esquecer de que pessoas são apenas pessoas, humanas, propensas a cometer erros. Nem todo mundo se recupera completamente de seus traumas antes de sair para um encontro. Se o *scanner* fosse utilizado em nós, será que veríamos algum sinal de perigo ali também? Será que é útil saber tudo isso? Se os extremos de cada traço comportamental se tornarem um grande sinal de alerta, quem permanece no meio-termo, na pequena amostra de "pretendentes com potencial" que sobra?

A obsessão por sinais de alerta concentra a nossa atenção em duas direções: o passado e o futuro. Não somos capazes de compreender o quanto um sinal de alerta pode ser valioso (ou o quanto seria prejudicial ignorá-lo) sem antes realizar uma espécie de perícia em nossos próprios relacionamentos (demonstrando um pouco de orgulho perverso dos piores deles), nos perguntando o que deu errado — tentando catalogar cada ex segundo um sinal de alerta ou outro — e quanto tempo levamos para perceber. Existe um sentimento catártico em saber que no fundo nós sabíamos — mesmo que tenhamos ignorado por muito tempo e sacrificado o nosso bem-estar e a nossa autoestima. Por um lado, é um inventário das nossas cicatrizes, provas de que vivemos e amamos. Por outro, é uma forma de dizer para nós mesmos: "Não, analisando agora, eu não estava cego nem louco. Eu sempre soube que a coisa iria terminar mal".

Pensando no futuro, podemos converter esse catálogo em um manual que nos permita poupar tempo (e sofrimento). Se conseguirmos identificar um comportamento desqualificante no Terceiro Encontro, então não precisaremos desperdiçar um ano até chegar ao Quinquagésimo Terceiro Encontro. O tipo de ataque preventivo que é bom para todos. Nosso tempo é limitado. Por que sofrer sem necessidade ou mergulhar em situações que sabemos que nos causarão sofrimento?

No entanto, em quais sinais de alerta vale a pena focar? Quando praticamente qualquer traço comportamental pode ser utilizado como motivo de término, quais deles realmente nos machucam mais, tanto agora quanto no futuro? A seguir apresento a minha tentativa de reduzir a lista a alguns tópicos que são desproporcionalmente responsáveis por causar o maior tipo de dano; aqueles que possivelmente nos causarão mais sofrimento se escolhermos ignorá-los.

Fala mal de vários ex

Eu queria intitular esta seção "Falar merda sobre os ex", antes de me lembrar que algumas pessoas realmente têm ex terríveis. E ninguém deveria se conter quando for falar sobre o quanto sofreu em um relacionamento anterior. Ter conhecimento sobre o sofrimento do outro (e compartilhar o nosso próprio em troca) é um estágio importante no caminho que leva à intimidade.

Tudo bem. Mas e quando conhecemos alguém que diz "todos os meus ex são babacas" ou "todas as minhas ex são loucas"? Com alguém assim, das duas, uma: ou se trata de alguém que não se responsabiliza por todas as maneiras como uma pessoa é difícil de se lidar e então, em vez de focar naquilo que precisa mudar, prefere direcionar a conversa para as maneiras como os outros erraram com ela. (Pessoas assim tendem a fazer a mesma coisa quando são demitidas do emprego.) Ou a segunda possibilidade: trata-se de uma pessoa cujos ex eram mesmo extremamente tóxicos — porque é exatamente esse tipo de pessoa que a atrai! O primeiro tipo de pessoa vai ficar contra você ao primeiro sinal de conflito, e você vai acabar como o exemplo mais recente do seu exército de "ex loucos". O segundo tipo vai te testar para ver se você pode se tornar — ou se ele pode fazer você se tornar — o tipo de louco que o atrai, com quem se sente confortável, ou o tipo de louco que precisa rejeitar para se sentir bem consigo mesmo. Se você não quiser fazer parte da dinâmica dessa pessoa — o que é uma reação saudável —, ela vai dizer que você é sem graça ou se sentir ameaçada por você e provavelmente vai te magoar antes de seguir em frente, para uma pessoa que possa desempenhar esse papel para ela.

Trata mal os outros quando acha que você não está vendo

Esse sinal de alerta aparece quando uma pessoa que está tentando te impressionar, te seduzir, dormir com você ou fazer você se apaixonar por ela apresenta uma versão seletiva de si mesma. Atores ruins fazem isso, é verdade, mas isso também se aplica a qualquer um que exibe o seu melhor comportamento. Sejamos sinceros: somos diferentes quando estamos mal-humorados com um irmão e quando estamos em um encontro. Mas às vezes você estará de fato namorando o Dr. Jekyll, para só vê-lo se transformar no Sr. Hyde quando ele interage com os outros.

Todos sabemos que devemos observar cuidadosamente como as pessoas tratam quem elas acreditam não ser útil para elas, principalmente quando aquela pessoa está apenas fazendo seu trabalho: o garçom ou o barista, o manobrista, o funcionário do serviço de atendimento ao cliente. No entanto, boas avaliações nesses casos nem sempre são confiáveis: talvez seu pretendente estivesse ciente de que você o estava observando. Enquanto há plateia, continua sendo uma performance. O verdadeiro teste é como essa pessoa trata alguém quando acha que você não está vendo ou esqueceu que você está por perto. Não estou recomendando grampear telefones ou esconder câmeras em seus locais de trabalho, mas sim que você preste atenção. Existem buracos na atuação do outro? Tome cuidado para não ficar tão cego pela adoração que recebe a ponto de não perceber o quanto essa atenção é realmente volúvel.

Um último aviso: pode ser tentador gostar do fato de que alguém trata mal os outros ao mesmo tempo que nos trata tão bem. Às vezes, quando as pessoas são grosseiras com os outros e gentis com a gente, isso nos faz sentir validados porque, de alguma forma, nós domamos a fera. Nos sentimos especiais; é maravilhoso ter a sensação de que somos o ponto fraco de alguém. Isso nos dá um status único. Quem nunca assistiu *Game of Thrones* torcendo para ser Daenerys Targaryen, Mãe dos Dragões, a única a ter o afeto das feras que cuspiam fogo e não deixavam ninguém mais chegar perto? Na vida real, porém, precisamos ter cuidado ao subir nesse pedestal: ele é uma armadilha. O holofote que alguém coloca sobre você não deveria nunca andar de mãos dadas com não tratar os outros com o mínimo de dignidade e respeito. No mesmo sentido, não deixe de pensar em como seria a sua experiência se essas pessoas decidissem trocar a luz do holofote pela do fogo.

Bombardeio de amor

Uma mulher em um dos meus eventos descreveu o rapaz que tinha conhecido como "muito intenso" logo no início, citando o poema que ele havia escrito para ela sobre ela ser uma deusa. Quando eu disse a ela que achava que ele se revelaria uma perda de tempo, grande parte da plateia soltou uma sonora lamentação em resposta ao meu ceticismo. Mas — alerta de spoiler —, à medida que a mulher seguiu falando, aparentemente ele já tinha se mostrado uma perda de tempo e desaparecido com a mesma rapidez com que aparecera.

Pessoas que fazem bombardeios de amor — como essa imagem de homem — recebem esse nome por causa da artilharia pesada contra você, desde o início, com um nível de adulação completamente desproporcional a quanto realmente te conhecem. Elas mergulham de cabeça no amor, querem que as acompanhemos nesse mergulho e se ofendem quando não demonstramos a mesma empolgação com o relacionamento.

Existe um aspecto fascinante sobre o bombardeio de amor: encontrar alguém que se apaixona tão rápido assim pode ser semelhante a entrar em um estúdio de cinema. E é com isso que eles contam — todas aquelas fantasias românticas que nos tornam sedentos por uma história de amor. É importante observar que existem diferentes tipos de pessoas que usam essa tática, desde aquelas que têm ideais imaturos sobre o que é o amor combinados com dificuldades para controlar seus impulsos até atores do mal que sabem que, quando desejamos encontrar um amor, acelerar o processo pode parecer exatamente aquilo que queríamos. É esse instinto que o segundo tipo maligno explora.

Por isso, precisamos prestar atenção e não permitir que o nosso desejo por viver nossa própria história de amor tecnicolor nos cegue para o sentimento inconfundível de que tem alguma coisa errada com o ritmo estranhamente acelerado que essa pessoa escolheu dar ao relacionamento. Por que será que uma pessoa que mal nos conhece nos diz que somos o amor da vida dela? Significar tanto assim para uma pessoa e tão rápido desafia a lógica. É claro que seria ótimo encontrar alguém que enxergue o quanto somos especiais. Mas será? Depois de um café?

Como podemos diferenciar pessoas que fazem bombardeios de amor daquelas bem-intencionadas que só estão empolgadas conosco no início do relacionamento e não conseguem conter essa empolgação? Um bom ponto de partida é se perguntar se a intensidade é um fenômeno recíproco ou se é unilateral; apenas da parte do outro. Pergunte a si mesmo: Será que correspondi à energia dele? Será que disse "Também senti demais a sua falta"? Ou "Sim, eu também quero largar tudo para ficar com você"?

Lembre-se: quando uma pessoa está profundamente interessada em você, começa a perceber o que está em jogo entre vocês dois, e a última coisa que ela quer fazer é estragar isso fazendo parecer que está forçando a barra ou demonstrando todos os seus sentimentos irracionais. Ambos estão testando o território com cautela. Na verdade, pessoas que percebem que estão se apaixonando uma pela outra podem acabar agindo com formalidade e constrangimento quando estão juntas, quase que de forma antiquada em suas trocas.

Se você notar que a velocidade e a intensidade vindas do outro lado parecem ser gratuitas nesse estágio inicial, não é necessário formar uma opinião concreta a respeito de se tratar de fato de um sinal de alerta. Em vez disso, procure simplesmente que tirem o pé do acelerador. A reação do outro pode ser reveladora. Será que ele, talvez um pouco envergonhado, pedirá desculpas e se distanciará um pouco na esperança de que isso os ajude a recuperar a sintonia? (Talvez não seja um sinal de alerta, afinal.) Ou será que ele vai continuar como se você não tivesse dito nada?

Paciência, controle e a capacidade de conter suas vontades podem ser bons sinais de que alguém valoriza o relacionamento pelo qual anseia em vez da satisfação imediata daquilo que seu coração (ou qualquer outra parte da sua anatomia) anseia. Se alguém não demonstra interesse em respeitar o seu desejo, cuidadosamente verbalizado, de seguir numa velocidade mais orgânica ou demonstra não ter vergonha de bombardeá-lo com declarações de amor que parecem desconectadas das suas reações, fique atento.

Na melhor das hipóteses, isso geralmente quer dizer que a visão dessa pessoa sobre o amor é imatura e desenfreada ou que a imagem que ela tem de você é a projeção de uma perfeição que você não vai conseguir atingir; as duas coisas significam que os picos de "amor" dessa pessoa provavelmente serão seguidos de um enfraquecimento igualmente brusco dos sentimentos dela quando os seus defeitos e a sua humanidade aparecerem. Em outras palavras, fique atento para o tipo de bombardeio de amor que faz uso de ondas de afeto extremo como forma de disfarçar a busca pelos seus defeitos. Uma das assinantes do meu canal no YouTube resumiu essa situação perfeitamente em seu comentário no vídeo que publiquei intitulado: "Como saber se alguém está nos bombardeando de amor":

> Risos... Lembro de um namoro rápido que tive com um homem que confessou, depois que terminamos, que costuma começar todo relacionamento acreditando que a pessoa é sua futura esposa. Quando ele começa a descobrir aos poucos que não é, vai se afastando até terminar com ela. Isso é ridículo! Estou trabalhando isso em mim para garantir que consigo repelir esse tipo de pessoa.

Na pior das hipóteses, isso quer dizer que a pessoa faz bombardeio de amor e é extremamente manipulativa, talvez até de um jeito mais malicioso, e essa se torna uma estratégia consciente para extrair de você um nível de interesse e uma profundidade de sentimentos que nunca demonstraria naturalmente nesse estágio. Os especialistas dizem que essas são as características básicas de um narcisista. Em primeiro lugar, é um sinal de egoísmo criar sentimentos inexplicavelmente intensos para depois abandonar alguém ao primeiro indicador de suas imperfeições humanas — em outras palavras, assim que a conexão começa a sair da fantasia do romance e caminhar para um compromisso de fato. Em segundo lugar, é uma forma de objetificação. Uma pessoa narcisista (ou com comportamento narcisista) só quer que você se apaixone por ela, para se sentir validada como um ser digno de um amor supremo. Ela não se preocupa com as possíveis consequências para você. "Você está apaixonado por mim? Que ótimo! Agora posso finalmente cair fora". É por isso que eu alerto as pessoas para tomarem cuidado quando os primeiros encontros são extraordinariamente bons. Esse tipo de pessoa se mata para proporcionar ótimos primeiros encontros porque precisa desesperadamente impressionar o outro. Você pode ser perdoado por ter achado que era por sua causa, mas, desde o começo, era por causa dele. Lembre-se de que uma pessoa emocionalmente saudável, que leva a sério a busca por um relacionamento, não está procurando uma plateia, e sim uma conexão. E uma conexão verdadeira nunca é unilateral.

Não pede desculpas

Você provavelmente já teve que lidar com alguém que não consegue se desculpar. Uma pessoa que não consegue nem balbuciar um "Sinto muito" representa uma combinação desconcertante: um misto de falta de humildade e excesso de insegurança. Dizer essas duas palavras deveria ser fácil, e escolher permanecer em silêncio quando um pedido de desculpas é necessário é revoltante. Mas, pior que isso, é a barreira criada para impedir o crescimento no futuro. Admitir os próprios erros, ou o sofrimento causado por eles, é uma atitude fundamental de reconhecimento, que também pode servir como uma ponte para a mudança e o crescimento. Um parceiro que é incapaz de pedir desculpas também será incapaz de crescer, ou só vai conseguir crescer escondido, fora do ambiente de apoio que nasce quando o reconhecimento é franco e recíproco. Em vez disso ele volta após criar a sua própria versão de mudança, no seu próprio tempo, pronto para receber os créditos por essa nova e melhorada versão, mas nunca se desculpando pela pessoa que foi ou reconhecendo qualquer mágoa que possa ter causado. Negar qualquer possibilidade de pedido de desculpas significa negar os benefícios que resultam de uma discussão bem-sucedida: a comunicação das necessidades, a exploração de sensibilidades e a certeza de saber que o orgulho individual é menos importante do que fazer parte de um relacionamento em evolução. Em vez disso, a falta de pedidos de desculpas nos força a estar com alguém que insiste em seguir uma jornada solitária, o que significa que a nossa jornada também vai ser solitária e que nos veremos sozinhos com a nossa dor.

Além de não colher os benefícios e conexões que surgem de uma troca de pedidos de desculpas e perdão, a incapacidade que alguém demonstra de dizer "Sinto muito" ameaça a nossa sanidade mental. Por que será? Porque outro traço que acompanha essa incapacidade é a tendência a manipular os outros para pensarem que estão sempre errados ou que sempre entendem o que acontece de forma errada. Às vezes essa manipulação se torna uma espécie de intimidação ou coisa pior. Em uma série de etapas previsíveis, a pessoa incapaz de pedir desculpas faz você perder a autoestima. Por isso que não se desculpar é um sinal de alerta tão importante. Quando fugimos de parceiros românticos que não conseguem se desculpar, nos mantemos abertos à possibilidade de encontrar uma conexão verdadeira.

Nunca cumpre as promessas, tanto as pequenas quanto as grandes

Nenhum de nós faz tudo que disse que iria fazer. Isso não nos torna pessoas mentirosas pelo fato de inicialmente termos dito que faríamos;

só nos torna normais, bem-intencionadas, que não conseguiram fazer tudo o que estava em sua lista de afazeres. Por outro lado, existem pessoas que constantemente quebram as promessas que fizeram; frequentemente se comprometem a fazer algo e não cumprem. Quando isso se torna um padrão, é bom começar a se preocupar.

O contrário também é verdadeiro. Se alguém se compromete a fazer alguma coisa e costuma cumprir o combinado — se realmente envia o link que prometeu ou o coloca em contato com alguém que conhece o seu novo bairro —, vale a pena considerar isso um sinal verde. Embora possam parecer atitudes simples, obter sinais claros, no início de um relacionamento, da capacidade da pessoa para cumprir combinados é um jeito importante de alguém demonstrar ser o tipo de pessoa que estará presente quando você precisar.

As pessoas costumam dar todo tipo de desculpa por quebrarem promessas:

- Queriam ter feito, mas estavam muito atarefadas.
- Não são boas em administrar o tempo.
- Assumem muitas tarefas e tentam agradar todo mundo.
- Têm TDAH.
- Achavam que não teria problema não cumprir o combinado, já que não era uma coisa superimportante.

Já usei várias dessas desculpas. Provavelmente todos nós já usamos. Assim, como diferenciamos alguém que está tentando fazer o melhor que pode e merece uma chance de alguém em que não devemos confiar e que vai nos deixar na mão em momentos importantes ao longo do relacionamento?

Chega um momento na vida no qual tudo o que temos é a nossa palavra e o quanto as pessoas que se importam conosco acreditam nela e sentem que podem contar conosco. É por isso que devemos lutar para construir, manter ou recuperar essa confiança. Quando você conhece alguém que não só não se importa com o fato de a palavra dele não ter nenhum valor como também condena todos que desconfiam dela, quando todas as evidências indicam que essa desconfiança é válida, fuja.

É importante observar nesse caso que apresentar dois tipos específicos de sinal de alerta — a incapacidade de cumprir a palavra e de pedir desculpas — é a combinação mais perigosa de todas. Isso é o que eu chamo de "combinação sombria", duas características que, quando encontradas na mesma pessoa, a tornam especialmente, e até mesmo exponencialmente, destrutiva. Não quero dizer com isso que você deveria sair em busca de virtudes intangíveis. Mas faça a si mesmo estas quatro perguntas quando alguém por quem se sente atraído insistir em descumprir suas promessas:

- Isso já aconteceu outras vezes com outras promessas?
- A pessoa chegou a reconhecer o erro? (Ou seja, foi um erro que ela assumiu por conta própria?)
- A pessoa se desculpou?
- A pessoa procurou restaurar o valor da sua palavra se assegurando de cumpri-la na vez seguinte em que prometeu algo?

Ou será que ela:

- Continuou agindo como se nada tivesse acontecido, na esperança de que você não notasse?
- Tentou te convencer de que você estava fazendo tempestade em copo d'água?
- Mentiu sobre ter se comprometido anteriormente, fazendo você se sentir como se tivesse enlouquecido?
- Disse que não precisava se desculpar por estar ocupada/estressada/não ter tido tempo para fazer/não ter sido capaz de honrar o que se comprometeu a fazer?

- Fugiu do assunto, tentando jogar a culpa em você por coisas que você fez de errado e que ela nunca mencionou "porque não fica jogando na sua cara"?
- Continuou a quebrar promessas — agora sabendo que você ficará com medo de falar sobre isso por causa da experiência ruim da última vez?

Claramente, esse é um rascunho do caminho para o abuso emocional. Mas não tire conclusões precipitadas — releve se alguém lhe trouxer um refrigerante quando disse que lhe traria uma cerveja, ou sem querer se esquecer de fazer uma coisa que disse que iria fazer. No entanto, quando a pessoa criar o hábito de descumprir o que prometeu, diminua o seu prejuízo e comece a procurar pelo tipo de parceiro no qual possa confiar.

Inconstância na comunicação

É fácil nos empolgarmos quando alguém começa uma cruzada, nos enviando mensagens sem parar. Entretanto, com isso, corremos o risco de medir o potencial desse alguém pelos picos da sua intensidade e não pela constância da sua comunicação. Por outro lado, quem nunca lidou com alguém que responde enviando cinquenta mensagens no intervalo de uma hora para, na semana seguinte, fazer um voto de silêncio?

Pode não ser tão empolgante quando alguém nos envia uma mensagem no final de um dia de trabalho ou liga a cada dois dias, mas esse tipo de constância tem seu valor. Se essa frequência de comunicação é suficiente ou não para você se torna uma questão de compatibilidade e não um sinal de alerta.

O que se torna um sinal de alerta, no entanto, é a comunicação inconstante. Na melhor das hipóteses, significa que a pessoa não quer nada sério com você. Ela não está buscando ter um relacionamento e sim experiências. Se ela acordar em um sábado e de repente quiser afeto, proximidade ou companhia para aquele dia, lá estará você. Mas depois ela volta a desaparecer, retornando para tudo na vida dela que aparentemente não inclui você. Ela não se importa que essa falta de constância e previsibilidade matem a dinâmica do relacionamento — na verdade, isso acaba fazendo um favor a ela. Os momentos em que ela entra em contato mantêm o seu interesse, enquanto os momentos de silêncio na comunicação inviabilizam o progresso do relacionamento, que fica congelado onde está.

Na pior das hipóteses, isso significa que essa pessoa está vivendo uma vida dupla sem que você tenha conhecimento. Quando a comunicação com você é interrompida, é porque ela foi retomada com a outra pessoa na vida dela. Se você começar a se afastar de alguém assim, não se surpreenda se de repente o outro começar a tentar se esforçar mais. Geralmente é um esforço para manter você disponível para a próxima vez que ele precisar de um pouco da sua atenção.

O custo de ignorar os sinais de alerta

Em um dos meus cursos intensivos pela internet, pedi aos membros do Love Life Club que relembrassem seus relacionamentos anteriores e dissessem quanto havia lhes custado ignorar os sinais de alerta. O chat do curso começou a ser inundado de mensagens, mesmo antes de eu terminar de fazer a pergunta. As respostas se enquadravam em três categorias principais:

Ser abandonado de repente:
"Levar um pé na bunda do nada e ter uma grande crise de ansiedade."
"Levar um perdido no final."

"Um casamento: a pessoa me largou depois de quatro meses de casados."

Geralmente há sinais iniciais de que alguém não é quem diz ser, que não se sente da mesma forma e não está comprometido do mesmo jeito que você. Pode ser que você sinta que as coisas acabaram de repente e que o desaparecimento parece inexplicável, dados os sentimentos que o outro alegou ter ou as demonstrações de afeto que deu, porém uma análise honesta revelará que havia sinais de alerta indicando essa partida repentina desde o início.

Acabar em um relacionamento abusivo:
"Meu corpo. Sofri abuso sexual e precisei de anos de terapia para não me culpar pelo comportamento abusivo dele."
"Tudo que trabalhei duro para conseguir, o futuro que queria, minhas economias, meu emprego, minha sanidade, tudo."

Ignoramos os sinais de alerta iniciais quando não nos sentíamos seguros, nossas necessidades não eram satisfeitas e quando praticamente não havia constância na atenção que recebíamos. Talvez tenhamos nos convencido de que, se investíssemos mais, esses sentimentos desapareceriam. Mas eles nunca desapareceram. Na verdade, tivemos que lutar contra uma situação oposta na qual, quanto mais investíamos no relacionamento, pior ele parecia ficar.

Desperdiçar nossas vidas em um relacionamento no qual as intenções de longo prazo da pessoa não estavam alinhadas com as nossas:
"Ele não queria um relacionamento e eu aceitei uma amizade colorida, até que ele se apaixonou por outra pessoa e me deixou."
"Doze anos e a possibilidade de ter os filhos e a família que eu sempre quis."

Pode ser que você queira um compromisso e o outro, não; que você queira um relacionamento monogâmico e o outro não acredite nisso. Que você queira uma família e o outro não esteja interessado em ter filhos. Quando ignoramos o desalinhamento de intenções desde o início, continuamos investindo tempo e energia sem perceber que não estávamos no mesmo caminho que o nosso companheiro de viagem. E muitas vezes levamos anos para perceber ou finalmente aceitar que estávamos seguindo direções completamente contrárias desde o início.

DEPOIS DO FRACASSO, PODEMOS OLHAR para trás e tentar identificar os sinais iniciais de alerta que deveriam ter sido pistas de que todo o relacionamento estava fadado ao fracasso desde o começo. É fácil nos punirmos por ignorar o que em retrospecto parecia ser um sinal de alerta óbvio. É como assistir a um filme de terror no qual a pessoa sabe que há um assassino à solta, escuta um barulho no andar de baixo e, em vez de pegar a chave e sair da casa alugada, resolve abrir cuidadosamente a porta do porão armada apenas com uma lanterna com defeito. No entanto, a pessoa que grita "Por que diabos você está fazendo isso? Fuja!" somos nós. Nós somos as vítimas desatentas.

A verdade é que isso pode acontecer com qualquer um de nós. É tentador nos sentirmos humilhados pela nossa incapacidade ou indisposição para levar a sério um sinal de alerta. Mas também podemos considerar isso um lembrete para nunca mais permitir que sejamos sequestrados novamente; que mergulhemos tão fundo a ponto de não enxergar os sinais de alerta; que sejamos arrebatados pelo nosso próprio desejo de sermos arrebatados. Ao invés disso, precisamos reduzir a velocidade antes das lombadas, e ter conversas diretas sobre as nossas necessidades e restrições muito antes de cedermos ao impulso de simplesmente nos deixar levar por algo de que teremos dificuldades para nos desvincular emocional ou logisticamente.

Um dos aspectos mais difíceis de interpretar sinais de alerta é saber se algo que alguém disse ou fez realmente preenche os requisitos para ser considerado um sinal de alerta. Se preencher, o que você faz? Termina o relacionamento e foge? Fica e vê se acontece de novo? Ou deveria dizer alguma coisa antes que seja tarde demais?

O escritor Robert Greene dá o seguinte conselho: "Uma das coisas que devemos procurar são padrões, quando julgamos o caráter, porque as pessoas se revelam em seus passados. Elas revelam quem são por meio de suas ações. Elas tentam disfarçar, mas acabam revelando... ninguém nunca faz uma coisa apenas uma vez".

Se Greene está certo sobre as pessoas, talvez seja válido procurar saber sobre os relacionamentos anteriores de nossos pretendentes, como chegaram ao fim (se você tiver a sorte de ouvir a verdade), como eles trataram os outros com quem se relacionaram antes de você e como estão tratando as pessoas e você agora. "Ninguém nunca faz uma coisa apenas uma vez" é uma regra de ouro para seguirmos. Eu com certeza a incluiria em qualquer tipo de manual sobre "como sobreviver" que quisesse dar a alguém que eu amasse — é por isso que a estou colocando aqui, neste livro, agora.

Se realmente seguirmos esse conselho, então vale a pena perguntar: "Isso que acabou de acontecer foi muito ruim? E se acontecer de novo e de novo pelo resto da minha vida, que tipo de vida eu teria?". Se a resposta estiver em algum lugar do espectro entre "completamente insustentável" e "incompatível com a minha ideia de felicidade e de uma vida tranquila", o melhor a fazer seria sair desse relacionamento.

Mas novamente, para voltar o foco para nós mesmos: certamente já fizemos coisas que decidimos nunca mais fazer de novo. Talvez tenhamos magoado alguém por falta de cuidado, e saber sobre o dano que causamos tenha nos mudado para sempre. A capacidade de mudar é uma marca de caráter. E, se consideramos um grande erro nosso uma anomalia e não um fator que vai predizer nossos comportamentos futuros, será que não deveríamos dar a mesma oportunidade para os outros?

Foi por isso que cataloguei esses sinais de alerta; para ajudar você a reconhecer comportamentos que acredito que lhe causarão sofrimento no futuro, não importa o quanto você tente interpretá-los à luz da generosidade. Ainda assim, mesmo nesses casos, sabemos que a vida nem sempre é simples. Existem níveis de gravidade.

Será que essa pessoa está mesmo me bombardeando de amor ou simplesmente se empolgou demais? Será que a dificuldade que ela tem de se desculpar é um sinal de alerta ou será que é seu ego falando mais alto nessa situação em específico? Será que a dificuldade que ela tem de assumir um compromisso é mesmo uma incapacidade genuína, ou será que ela está prestes a superar o trauma que fez com que se fechasse esse tempo todo? Será que a inconstância na comunicação é porque ela tem outra vida ou porque estamos no início do relacionamento e eu ainda não me tornei tão importante assim para ela, o que seria compreensível? Até mesmo a traição, por mais que a maioria das pessoas a condene, faz muitos que foram traídos me perguntarem se deveriam interpretá-la como um sinal de quem a pessoa realmente é ou se deveriam aceitar uma demonstração genuína de arrependimento como um sinal de que isso nunca vai se repetir.

É complicado.

A verdade é que, apesar de apresentar alguns sinais de alerta importantes neste capítulo, no geral a ideia de sinais de alerta me deixa desconfortável. Eles são inerentemente simplistas. A vida nunca é tão simples, e as escolhas nem sempre são tão óbvias. Eu não estava pronto para um compromisso sério quando conheci minha esposa. E então mudei. As pessoas mudam às vezes. Confiar em uma mudança assim ou apostar nosso futuro nela seria uma péssima ideia — seria apenas uma forma de transferir o problema para que ele se torne fonte de sofrimento e uma responsabilidade para as nossas versões futuras, que terão que lidar com ele. Entretanto, ter mais clareza no presente pode ajudar você a obter a sensação de encerramento necessária para ter certeza de que algo é realmente um sinal para parar ou um convite para um maior entrosamento e até mesmo uma maior intimidade.

Sinais de alerta

Se você achar que o traço comportamental em questão merece uma conversa para ver se as coisas podem melhorar, eu chamo isso de "Sinal Amarelo". Digamos que você tenha uma experiência que não foi legal, mas que gostaria de explorar um pouco mais antes de decidir jogar a toalha. Esse traço ou tendência se torna temporariamente um sinal amarelo. Esse sinal pode tanto se tornar verde (Siga em frente!) se a situação melhorar; ou ficar vermelho (Fuja!) se nada melhorar.

Como isso acontece? Como descobrir para qual cor o sinal amarelo vai mudar? Tudo começa com uma conversa. Esse é o princípio central do meu trabalho: ter conversas difíceis melhoram as nossas vidas. O sr. Rogers (Fred Rogers, que passou décadas na TV dos Estados Unidos ensinando a lidar com crianças) costumava dizer: "Se pode ser conversado, pode ser resolvido". Bom, em relacionamentos românticos, tudo deve ser conversado, do contrário nunca saberemos se poderá ser melhorado.

Quando as pessoas me procuram com um problema, muitas de suas perguntas seguem este padrão: "Matthew, ele fez isso e eu não gostei. Você acha que o relacionamento pode melhorar?". No entanto, quando eu respondo com uma pergunta óbvia, "Você falou com ele sobre isso?", a resposta é quase sempre "não". Eu deveria ser a segunda pessoa com quem elas discutem o problema. E grande parte do problema é que costumo ser a primeira pessoa com quem elas falam sobre isso.

Já vi inúmeras pessoas que enxergam os sinais de que o outro não está querendo algo sério e simplesmente os ignoram, na esperança de que bastaria uma aproximação maior com o outro para que ele mudasse de ideia. Um ano depois, descobrem que aquela pessoa continua exatamente no mesmo lugar de quando começaram: ainda não querendo um relacionamento.

Geralmente deixamos de conversar com a pessoa diretamente envolvida porque ficamos com medo de assustá-la. Mas, se permitirmos que o nosso medo e desconforto nos guie, estaremos simplesmente ignorando os sinais de alerta que um dia nos atormentarão. Colocar o medo de assustar alguém acima da nossa necessidade de saber se a pessoa é capaz de nos valorizar é a receita para a infelicidade. Precisamos reverter essa equação: *o meu maior medo deveria ser desperdiçar minha vida com alguém que não me fará feliz, e não assustar esse alguém com uma pergunta.* Até mesmo a pessoa que acreditamos ser certa para nós se tornará errada *se não estiver comprometida com a nossa felicidade.* É a nossa felicidade, e não aquela pessoa que sempre será o prêmio. Para encontrar a felicidade com alguém, precisamos ter coragem e disposição para comunicar aquilo que nos gera dúvida. Demonstrar essa coragem se torna mais fácil quando percebemos que os relacionamentos que valem a pena são, na verdade, forjados na fogueira de conversas difíceis.

7

TENHA CONVERSAS DIFÍCEIS

Cerca de oito anos atrás, uma marca de camisinha me contratou para ser um dos porta-vozes de uma campanha de utilidade pública sobre sexo seguro. Na condição de "especialista em relacionamentos de renome mundial", de acordo com o comunicado divulgado à imprensa, a marca me pediu para falar sobre as muitas formas como as pessoas se engajam em comportamentos de risco. Primeiro, me levaram até Nova York para conversar com inúmeros veículos de mídia e revistas, cada um com o seu próprio público-alvo e riscos específicos de sua demografia. Em uma das revistas, por exemplo, os editores me disseram que ainda existia uma cultura de machismo na qual muitos homens não queriam usar camisinha e muitas mulheres não só ficavam com receio de ter essa conversa com eles como também de insistir para que usassem.

Em muitos aspectos, o sexo seguro é o ponto de partida das conversas difíceis, para casais hétero e homoafetivos; enfim, para todo mundo. Quantas vidas mudaram para sempre porque durante um momento crucial alguém se sentiu muito sem jeito ou envergonhado — ou pior, intimidado — de ter uma conversa desconfortável? A nossa cultura também não ajuda. Eu me lembro de ser conduzido a uma sala de som para cumprir meu papel de porta-voz e ser conectado com uma estação de rádio atrás da outra. Dei tantas entrevistas seguidas na hora do rush que não conseguia mais saber quem estava do outro lado da linha ou para qual parte do país eu estava falando, mas teve um apresentador em específico, de um programa de rádio que deveria ser transmitido em uma região conservadora, porque ele me deu boas-vindas à rádio "fulano de tal FM" dizendo:

— Agora vamos receber um cavalheiro aqui, Matthew Hussey, que vai conversar conosco sobre, e vou dizer essa palavra apenas uma vez, "camisinha". Então, Matthew, o que você acha que está acontecendo? Por que temos tantas pessoas que não fazem sexo seguro?

Eu não pensei duas vezes antes de responder:

— Bom, parte do problema deve ser pessoas como você, que aparentemente acreditam que é ofensivo dizer a palavra *camisinha* mais de uma vez em uma entrevista de rádio. — Sinceramente, se eu tivesse pensado duas vezes teria sido ainda pior. Pelo menos acabou rápido.

Outra conversa difícil que aparecerá: filhos, embora "filhos" seja como chamamos uma conversa quando ela é tranquila, quando acontece mais ou menos assim: "É claro que eu quero, quem não quer ter filhos?". Na sua versão mais difícil, o assunto é o relógio biológico (algo que vamos discutir em detalhes no Capítulo 11). Já testemunhei inúmeras situações nas quais as pessoas evitam ter conversas difíceis, que (para ser justo) têm o potencial de colocar um ponto-final no relacionamento, com seus parceiros a respeito de visões desalinhadas sobre ter filhos, levando a uma desilusão muito maior no futuro e a um sentimento de arrependimento profundo. A experiência de perto que tenho com esse tipo de arrependimento me convenceu de uma coisa: toda conversa difícil que temos hoje, que nos salva da angústia do arrependimento no futuro, deve estar no topo da nossa lista de prioridades.

A nossa disposição para ter conversas difíceis é o reflexo exterior de uma necessidade interior que recentemente se tornou evidente — baseada em um conhecimento amplo sobre o tipo de vida que queremos viver. Conhecer nossas necessidades e ter conversas difíceis andam de mãos dadas. Assim que você decidir o que quer, vai conseguir comunicar isso — "Por mais atraente que você seja, não posso continuar sem camisinha"; ou "Você é engraçado, nós temos ótimos momentos juntos, mas não posso continuar se você não estiver interessado em ter um compromisso sério"; ou "Adoro estar com você, e fico triste que discordemos sobre isso, mas o meu plano é ter um filho, com ou sem você, antes que de completar quarenta anos" — e você vai conseguir encontrar a clareza e a força de que precisa para se afastar de situações que não contribuem para isso.

As regras da negociação não mudam porque você está em um relacionamento no qual emoções e sexo se misturam; você deve sempre estar disposto a ir embora. Se estivesse procurando um emprego, você não consideraria deixar o seu emprego atual se não fosse para conseguir um cargo mais importante, ou um aumento de salário, ou um emprego que estivesse mais relacionado com aquilo que gostaria de fazer. Se você está vendendo uma casa, sabe o preço que precisa cobrar para que a mudança valha a pena. Em ambos os casos, se as condições básicas estabelecidas por você não forem atendidas, você educadamente colocará um ponto-final nas negociações.

Conversas difíceis surgem tanto de ter uma necessidade interna como dos meios externos para supri-la. Uma das assinantes do meu canal no YouTube enviou para o rapaz com quem estava saindo uma versão de uma mensagem que criei para momentos nos quais o relacionamento não está caminhando para lugar nenhum. Ele respondeu: *Nem parece que é você falando*. Respostas assim são completamente normais e esperadas. Na terapia familiar, chamamos de "impulso homeostático" — o desejo que existe em qualquer sistema de manter as coisas como estão. Quando ouço uma resposta assim, a minha reação é: "Que ótimo! Agora você está caminhando para obter um resultado diferente daquele que vinha recebendo". Claramente esse rapaz sentiu que as coisas estão indo para uma nova direção, e estava testando para ver o quanto ela realmente acreditava no que disse. Ele queria saber se era uma decisão impensada que desapareceria ao primeiro sinal de problema — em outras palavras, uma simples tática — ou se ela estava definindo novos parâmetros e informando a ele que agora ambos teriam que seguir novas regras.

ADEUS, DEDO PODRE

A resposta correta para a mensagem dele era: *A verdade é que esta sou eu. Mas, como eu gosto de você, estava deixando as coisas acontecerem até que eu pudesse ver para onde elas estavam caminhando.* Agora estou vendo que não estão indo na direção que eu gostaria, então preciso ser honesta comigo mesma e com você sobre as minhas necessidades. Em vez de fazer isso, ela se desesperou e disse: *Tem razão. Não sou eu falando. É um especialista em relacionamentos que acompanho no YouTube. Mandei para você uma das mensagens dele porque fico triste que nada esteja acontecendo entre nós.* Em um piscar de olhos, ela desistiu dos limites que tinha acabado de estabelecer. A verdade é que o rapaz estava certo: não parecia ela falando, mas era esse o objetivo: criar um novo parâmetro para sinalizar que agora ela estava levando a si mesma e a suas necessidades a sério. Infelizmente, essa atitude não foi reforçada por uma profunda autoconfiança e acabou dando errado no primeiro sinal de resistência da parte dele. Voltar atrás dessa forma destruiu todo o progresso que ela havia feito para mudar a dinâmica entre eles; e o rapaz aprendeu que qualquer parâmetro que ela tentar estabelecer pode ser ignorado porque ela vai deixar de se impor ao primeiro sinal de conflito.

É por isso que ter conversas difíceis (que são sustentadas por um parâmetro ou necessidade) é tão importante: não podemos mudar o que não confrontamos. (O corolário negativo dessa regra é que tudo o que ignoramos, todos os comportamentos para os quais fechamos os olhos sinalizam uma aprovação tácita.) Ainda assim, é natural tentar evitar esse tipo de situação. Em primeiro lugar, temos medo de nos expressar mal e ficamos muito incomodados porque nos preocupamos com a possibilidade de não conseguirmos falar com clareza, de não nos expressarmos bem ou de ficarmos sem graça. Em segundo lugar, temos medo de afugentar a pessoa, bem como da solidão e do arrependimento que se seguirão se isso acontecer. Em terceiro lugar, temos medo de encarar a realidade da situação na qual estamos, de que, qualquer que seja o problema (questionar a inconstância da comunicação no início do relacionamento ou abordar o assunto casamento ou filhos mais adiante), levará ao fim do relacionamento e nos devolverá à força para a selva do namoro.

Precisamos reconhecer que tudo isso é muito difícil. Se você está há meses, ou mesmo anos, sem namorar ou sair com alguém de forma séria, pode ser assustador começar uma conversa sobre parâmetros (ou sobre qualquer coisa, na verdade) cujo risco seja perder a primeira coisa boa que apareceu em muito tempo. É como apresentar todos os seus termos e condições enquanto ainda está tentando concluir a venda. Nessas circunstâncias você fica mais propenso a abrir mão de alguns dos termos só para conseguir fechar o negócio. Se você não tiver recebido nenhum tipo de atenção individual há um tempo, é quase inconcebível tratar essa situação como uma que pudesse ser substituída — é a essência daquilo que chamamos de *mentalidade da escassez.*

Quando se concentra apenas no fato de que podemos afugentar alguém (deixando de lado por um momento que quem se assusta com uma conversa difícil provavelmente não é alguém que você queira ter por perto), você esquece todos os resultados positivos que podem derivar de confiar a alguém suas preocupações reais. Ser vulnerável o suficiente para deixar que alguém saiba que você tem alguma coisa em jogo é sinal de coragem, é encantador e também cria intimidade. Você está contando sobre si mesmo para alguém.

Você também está dizendo a esse alguém como ele deveria ver você. A vida não é simples, e as pessoas realmente precisam de pistas. Informar a alguém que não é um encontro casual para você, ou, mais tarde, que você está pronto para construir algo real e duradouro faz com que ele saiba em qual categoria te colocar. Você está insistindo em um parâmetro que o diferencia dos relacionamento menos sérios. Existe uma porcentagem significativa de mulheres que agem com passividade movidas pelo medo, ou que aprenderam que a passividade é um comportamento feminino adequado. Com frequência, elas perdem não porque seus pretendentes não gostam delas o bastante, mas porque continuaram seguindo como se estivessem felizes em permanecer na "categoria casual". É esse o verdadeiro perigo por trás de esperar que o amor e o relacionamento aconteçam com a gente. Por mais que o amor seja uma via de mão dupla, ainda assim você vai precisar direcionar o trânsito algumas vezes!

    A verdade é que os parâmetros que tornam difícil o assunto das suas conversas são quase sempre irrelevantes; a conversa em si já atribui gravidade e intenção ao relacionamento. Um amigo que tinha saído algumas vezes com uma mulher de quem gostava viajou para uma conferência em Houston, no Texas, e decidiu esticar a viagem, passando o final de semana em Austin. Quando voltou, ligou para ela, que disse: "Fiquei preocupada quando você estava viajando e eu não tive notícias suas. Acabei me perguntando se talvez você não estaria dormindo com outra pessoa". Só para constar, tenho quase certeza de que ele estava, mas essa não é a questão. O fato de ela ter verbalizado isso o fez imediatamente enxergá-la de forma diferente. Ele não só percebeu que ela não era alguém com quem teria um relacionamento apenas casual, mas também achou aquilo excitante. Os dois acabaram tendo um relacionamento sério por causa dessa combinação — a percepção de que ela estava levando o relacionamento deles a sério e o fato de ele ter achado sexy que ela tivesse deixado isso claro —, o que o tirou de uma fase na qual ele estava apenas seguindo o fluxo entre uma ficada e outra. Talvez o resultado tivesse sido o mesmo independentemente da conversa que tiveram, mas a impressão que ficou foi a de que ela alterou as condições.

A conversa mais difícil é conosco

Não é segredo para ninguém que sou fã de conversas difíceis. Como vimos no Capítulo 6 com a Canário, algumas pessoas se inscrevem em meus cursos por estarem em situações complicadas e tendo dificuldade para serem honestas consigo mesmas sobre isso. Elas sabem que, se me contarem sobre suas dificuldades, vou desempenhar com prazer o papel do amigo que nunca evitará ter uma conversa difícil com elas. Não é uma observação científica, mas acredito que quase metade das conversas difíceis que as pessoas precisam ter é consigo mesmas. Quando é esse o caso, o melhor que posso fazer é mostrar um modelo do tipo de conversa que elas estão tendo dificuldade de visualizar sozinhas, mas que deveriam ter consigo mesmas.

Uma vez uma mulher australiana vestida em estilo conservador compareceu a um dos meus eventos da turnê em Sydney e se levantou para fazer uma pergunta. Ela segurava o microfone em uma mão e o celular na outra, como se tivesse costume de ficar diante de uma plateia como aquela. Mas a sua fragilidade começou a aparecer assim que ela começou a relatar as contradições de sua situação: ela havia ficado solteira por oito anos até conhecer o homem com quem estava há quase um ano e realmente o amava, "mas nós não temos um rótulo".

— Nos esforçamos para nos ver a cada quinze dias, mas quando não estamos juntos — ela disse, e nesse momento soluçou — parece que ele esquece de mim.

Ela tinha certeza da intensidade dos próprios sentimentos: estava pronta para se casar se ele pedisse; ela chegou a dizer que "levaria um tiro por ele", porém os dois sempre discutiam quando estavam separados.

— É bom quando vocês estão juntos — eu disse, e a maneira como ela respondeu com um "Sim" pouco entusiasmado confirmou a minha impressão de que não estava se expondo ali porque queria uma confirmação. Em seguida, ela admitiu que eles só se encontravam por dois dias a cada duas semanas, porque ele trabalhava à noite e morava a algumas horas de distância. Pedi a ela que fizesse as contas do que isso representaria ao longo da sua vida. Com quase quarenta anos, dada a expectativa de vida atual, ela poderia ser otimista e considerar que permaneceria neste planeta por mais uns cinquenta ou sessenta anos, com a expectativa de felicidade disponível por apenas dois dias a cada duas semanas. — Mas vocês provavelmente estão discutindo muito quando estão juntos também — eu inferi —, então você nem está tão feliz assim durante esse tempo.

— Preciso admitir que sou eu quem começa as brigas.

— É claro que começa, porque você não está feliz! — Acho que ela percebeu que eu estava indignado por ela. Essa ideia de que ela era o problema porque tinha necessidades é profundamente corrosiva. — Quantas outras vidas você acha que terá? Eu acho que só vamos ter uma. E eu com certeza não vou arriscar achar que existem outras.

Enquanto ela recuperava a compostura, apresentei a ela os perigos de adotar uma postura de "férias futuras" na vida, para me referir ao tipo de pessoa que passa 51 semanas do ano esperando pela única semana em que estará de férias para então se sentir feliz, e que ela corria o risco de passar o tempo de vida que tinha fazendo a mesma coisa.

— Não há tempo suficiente para que você *não* esteja feliz hoje — prossegui. — Você não tem o tempo que finge ter quando desperdiça doze dias toda vez que se despede dele e espera ansiosamente pela próxima vez que o verá.

Assim como alguém que passa pelos estágios do luto, ela entrou em negação ("Mas nós queremos estar juntos!") e depois passou para a barganha ("Mas eu o magoei muito nas nossas brigas... A culpa é toda minha.").

— Tudo bem — eu disse. — Vamos fingir que a culpa é sua mesmo. Que você esteja representando muito bem o papel da pessoa doce e vulnerável aqui conosco, quando na verdade você é um pesadelo terrível! — A risada da plateia sugeriu que todos achavam essa ideia absurda.

Ela também riu, e seguiu com a brincadeira:

— Quando estou brava, com certeza!

Perguntei a ela qual era o principal motivo das discussões deles, e novamente a sua voz falhou quando respondeu:

— Porque ele ignora as minhas mensagens ou não responde. Ele nunca inicia uma conversa. Não pergunta sobre mim.

— Mesmo que vocês não discutam da forma mais produtiva, o

motivo é que você não está recebendo aquilo que precisa desse relacionamento. Por isso, mesmo que vocês comecem a discutir de um jeito mais produtivo, se essa parte do relacionamento não mudar, você vai continuar se sentindo infeliz. E pode passar a sua vida toda se sentindo infeliz assim. Você quer continuar infeliz desse jeito daqui a cinco anos?

Ela sinalizou que não com a cabeça.

Depois admitiu que não gostaria de se sentir assim pelos próximos cinco ou dez anos, e eu fui muito sincero sobre a realidade da sua situação:

— Isso de que você está se convencendo, essa felicidade à qual está se apegando, não é felicidade verdadeira.

— Mas então por que ele ainda está comigo?

— Porque *você* ainda está com ele! Existem pessoas que serão fracas se você permitir que elas sejam fracas; que vão tirar vantagem de você se você também permitir.

Esse era um comportamento de esquiva clássico; da parte dele com certeza, e um pouco da parte dela também. Não tenho orgulho de admitir que já me comportei assim no passado também, o que é um dos motivos pelos quais falei com tanta veemência na tentativa de ajudá-la a perceber que ele continuaria a tratá-la de qualquer jeito se ela continuasse permitindo. Mesmo aqueles que acabam se arrependendo pelas formas como magoaram os outros ou desperdiçaram o tempo deles não têm o poder de voltar o tempo para aquela pessoa e desfazer aquela mágoa. Por isso é tão importante que estejamos sempre nos protegendo, sem presumir que alguém fará isso por nós.

— Neste momento você não vai conseguir perceber isso porque está cega pelo seu amor por ele. Mas o fato de ele não dar a você o que você quer e ainda assim continuar com você é egoísmo da parte dele. Ele está sendo egoísta e você não está se protegendo.

Não foi fácil para ela ouvir isso tudo, e exigiu bastante coragem da sua parte para se colocar naquela posição em que deveria saber que iria ouvir tudo isso. Mas o objetivo não era proteger os sentimentos dela. Diante de tudo o que estava em jogo, o tempo que ela ainda tinha para viver, nenhuma dor de curto prazo se comparava à importância de plantar uma semente: cada semana que ela desperdiçasse com um homem que estava dizendo que não a amava da mesma forma que ela o amava era uma semana que ela não estaria passando com a pessoa que era certa para ela, ou na paz da sua própria companhia. Existe alguém por aí que é certo para ela, que a merece e a quem ela merece, mesmo que ela não o conheça ainda.

O auditório começou a aplaudir, demonstrando que concordava e a apoiava.

— Vou dizer quais são as suas opções agora. Você decide o quer fazer. Siga em frente. Viva sua vida. Conheça alguém que supra as suas necessidades. Seja feliz... Você tem filhos?

— Dois meninos, um de dezesseis e outro de dezoito anos.

— Então você pode dar dois tipos de exemplo diferentes para eles: o de uma mulher forte ou de alguém que permite que os outros te tratem como querem.

Eu queria orientá-la para dar atenção para as maneiras como estava sendo maltratada e que ignorava:

— É uma espécie de crueldade quando somos descuidados com o coração de alguém. Você não faz isso com uma pessoa a quem ama e com quem se preocupa. Você não a mantém em uma coleira só para que ela esteja por perto quando você precisa dela... Encontrando-se com ela a cada duas semanas porque é o mais conveniente para você.

Ela, então, fez algo bastante comum, desviando a conversa da principal verdade, que era o fato de ele não querer o que ela queria para um impedimento menos doloroso para os dois ficarem juntos:

— O que a gente faz numa situação como essa? — ela perguntou. — Se ele mora tão longe?

— Você sabe que, quando duas pessoas querem estar em um relacionamento, elas fazem dar certo.

A situação daquela mulher claramente fez as pessoas presentes no evento se identificarem com ela, e elas novamente aplaudiram. Ela também se identificou. Principalmente quando percebeu o quanto a sua decisão final impactaria seus filhos. Eles poderiam vê-la conhecer alguém que estava pronto para suprir as suas necessidades, o que significaria que eles a veriam feliz e em paz. Ou poderiam assisti-la continuar nesse relacionamento desgastante, que frequentemente a deixava em estado de extrema ansiedade. Quando a decisão ficava entre essas duas opções tão diferentes, praticamente não parecia uma decisão tão difícil assim. E eu ainda tinha um último conselho.

— Além disso, se você decidir terminar e ele milagrosamente mudar de ideia e perceber o que estava perdendo, então você vai ter que tomar uma decisão importante. Mas neste momento não há nenhuma decisão a ser tomada, porque ele não está nem oferecendo uma opção que você queira.

Eu pedi que a plateia a aplaudisse, e enquanto eles faziam isso me aproximei para abraçá-la e confortá-la, reafirmando só para ela o que tinha dito publicamente; que a pessoa certa para ela existia. Na verdade, a conversa mais difícil não era aquela que ela precisava ter com ele, e sim aquela que precisava ter consigo mesma, na qual ela aceitaria o fato de que ele não era essa pessoa.

Não adie conversas difíceis

Parte do que tornava tão difícil a conversa que essa mulher precisava ter depois de um ano de relacionamento era o quanto ela demorou para acontecer. Conversas difíceis tendem a ficar ainda mais difíceis à medida que o tempo passa. Quanto mais o tempo passa sem que as nossas necessidades sejam supridas, mais elas se transformam em ressentimentos profundos e raiva. A nossa identidade fica presa ao papel que desempenhamos até aquele momento, e parece ainda mais difícil, de repente, tentar convencer o outro da nova versão de *nós mesmos* que queremos que ele respeite — em outras palavras, nos acostumamos a sermos vistos da forma como o outro nos vê, e é assustador pedir ou exigir que sejamos vistos de formas diferentes. Além disso, é claro, há o fato de que com o passar do tempo dizemos para nós mesmos que o risco é maior porque agora temos muito mais a perder: aquilo que construímos com alguém, o tempo que investimos, a maneira como construímos nossas vidas ao redor daquele relacionamento — o que recebe o nome de falácia do custo irrecuperável. E por isso fazemos o que eu chamo de "Aposta do Um Dia": a terrível aposta de que um dia a pessoa vai milagrosamente mudar para se tornar tudo que precisamos que ela seja.

Quanto antes aprendermos a ter conversas difíceis, mais cedo descobriremos que somos capazes de ter conversas assim de forma mais casual e com a facilidade de alguém que está apenas ensinando ao outro sobre si mesmo e suas necessidades, antes de que as cicatrizes resultantes de ele ter entendido errado por tanto tempo se aprofundem. E nós nunca vamos precisar arriscar tudo na "Aposta do Um Dia". Também não temos que fazer apostas altas quando fazemos pequenos experimentos com conversas difíceis que geram dados reais sobre o potencial de alguém.

No entanto, mesmo nos estágios iniciais, quando encaramos a possibilidade de termos conversas difíceis, não podemos desconsiderar o medo de falar tudo errado, de mergulhar de cabeça e de fazer uma grande burrada por causa do nervosismo e acabar precisando ter uma segunda discussão, que se resume em "Não, não foi isso que eu quis dizer".

Ter conversas difíceis é como aprender qualquer outra língua. E, como qualquer outra língua, existem formas mais eloquentes de nos comunicarmos que geram resultados melhores. Quando aprendemos outras línguas, é sempre melhor ver um exemplo funcionando em contexto do que aprender de forma abstrata. Se você está preocupado em passar a imagem de alguém muito intenso, ou em dizer a coisa errada durante uma conversa difícil, eu apresento um exemplo a seguir que podemos analisar juntos. Esse exemplo não foi pensado para ser usado em todas as conversas difíceis, mas é um bom exemplo apesar disso. Veja se consegue identificar partes nas quais poderia dizer coisas de um jeito diferente do apresentado no exemplo. Isso não quer dizer que o seu jeito de dizer está errado, mas pode evidenciar o quanto os resultados podem ser diferentes com base nas escolhas linguísticas que fizermos.

Procure um local neutro

Nos roteiros a seguir, o meu objetivo é oferecer algumas frases que podem desviar a conversa de um território mais emocional para um meio-termo diplomático. A primeira vez que eu imaginei a conversa a seguir, pensei em uma situação hipotética na qual você desconfiava de que o outro tinha mentido para você. Ser pego em uma mentira não é o maior dos pecados — todos distorcemos alguma coisa de vez em quando —, e abordar esse assunto funciona como uma introdução em pequena escala para o mundo das conversas desafiadoras. Entretanto, a linguagem que utilizei funcionaria em outras circunstâncias, como quando alguém faz algo que te magoa ou te leva a hesitar; por isso, no lugar em que, inicialmente, usei as palavras "mentiu para mim" ou "está mentindo para mim" você verá que deixei um espaço em branco, como um exercício no qual você precisa preencher as lacunas. Vamos imaginar que você já tenha tido uma discussão reativa, totalmente emocional e confusa, e esta seja a conversa seguinte, na qual tenta esclarecer as coisas.

> Quando eu soube que você_____ (inserir a atividade), me senti estranho/magoado/assustado. Fiquei pensando e relembrando tudo até perceber que deveria estar conversando com você sobre isso. Na verdade eu não posso aceitar que alguém tão próximo de mim como você tenha _____ (novamente, nomeie a atividade ofensiva). Isso é inaceitável para mim, e eu gostaria de conversar sobre o motivo de ter acontecido, porque eu quero entender o que te levou a agir assim, para que possamos ter certeza de que nunca mais vai acontecer.

Vamos analisar a linguagem utilizada e saber por que ela é útil:

Estranho, *magoado* ou *assustado* são palavras boas para serem usadas porque não fazem juízo de valor do outro; pelo contrário, enfatizam o que estamos sentindo; um sentimento que carrega certa ambiguidade e oferece a você uma margem de manobra. É quase como se você ainda não tivesse decidido como se sente.

"Fiquei pensando e relembrando tudo até perceber que deveria estar conversando com você sobre isso" é uma ótima alternativa para aquelas situações nebulosas, nas quais você não tem certeza se está certo sobre o que aconteceu. É como se você dissesse "Não sei se meus sentimentos são válidos ou se entrei em uma ruminação irracional, então aqui estou eu sendo vulnerável o bastante para ter essa conversa em voz alta com você". Isso aproxima vocês dois apesar das circunstâncias, reforçando que você confia que o que têm juntos é forte o bastante para sobreviver a uma discussão perigosa.

"Não posso aceitar que alguém tão próximo de mim como você tenha (em branco)" quase parece um elogio. Comunica que existe uma proximidade entre vocês e, portanto, que ele/ela tem uma posição importante, mas que exatamente por ter essa posição tão importante existe um parâmetro para o que você espera dele/a. De alguma forma, isso confere importância à pessoa, ao mesmo tempo que despersonaliza o parâmetro que você tem. Não é sobre a pessoa, e sim sobre o lugar que ela ocupa na sua vida. Compare essa frase com algo que geralmente ficamos tentados a dizer em situações como esta: "Você não pode fazer isso de novo". Não há nada de errado nessa fala; é ousada e assertiva. Porém, é mais provável que adicione o ego à equação. Nós queremos que a pessoa nos ouça, e não que lute cegamente contra o que percebe ser uma forma de agressão, julgamento, ou de dizer o que ela deve fazer.

Agora que você retirou o ego da equação, está livre para terminar de falar com um pouco mais de ênfase:

"Isso é inaceitável para mim, e eu gostaria de conversar sobre o motivo de ter acontecido, porque eu quero entender o que te fez agir desse jeito, para que nós possamos ter certeza de que nunca mais vai acontecer".

"Isso é inaceitável para mim" é onde você claramente estabelece o seu limite. "Quero entender o que te fez agir desse jeito" é uma demonstração de compaixão. Evidencia o desejo de entender por que a pessoa fez o que fez, o que também é uma oportunidade para que você descubra se essa pessoa é capaz de ser introspectiva, autoconsciente e autocrítica o bastante.

"Para que possamos ter certeza de que nunca mais vai acontecer" realmente ilustra o espírito de trabalho em equipe para resolver o problema. Se *nós* estivermos fazendo isso (ou seja, nos relacionando), então *nós* precisamos garantir que isso nunca mais vai acontecer, porque vai contra a cultura de relacionamento que ambos parecemos prontos para assumir.

Ter conversas difíceis é um fator-chave para que possamos reforçar nossos limites e parâmetros, e esses são os dois elementos centrais para uma vida amorosa melhor. Se você for parecido comigo, ou com os milhares de pessoas com quem já trabalhei, há um lado seu que gosta de agradar e dirigir o espetáculo; um lado que tem tanto medo de "cutucar" que vai procurar desculpas para não ter que falar as coisas abertamente. No entanto, quando nos tornamos mais competentes nessa área, utilizando as habilidades discutidas neste capítulo e percebendo o quanto elas podem ser práticas, podemos finalmente começar a trabalhar esse músculo que estava atrofiado até agora. No fim, comunicar o que precisamos se torna parte da nossa identidade, uma parte da qual nunca mais abriremos mão.

Como tudo na vida, as conversas difíceis exigem prática e ficam mais fáceis à medida que nos tornamos mais competentes para tê-las. Porém, pode ser uma descoberta entusiasmante perceber que usar a linguagem certa em uma conversa difícil é capaz de abrir uma porta e tornar mais convidativo atravessá-la, enquanto a linguagem errada pode fazer as pessoas nos darem as costas por completo. Essas dicas não se aplicam apenas a conversas difíceis nas quais alguém fez algo de que não gostamos. Também servem para dizer coisas que parecem difíceis de ser ditas quando tudo o que queremos é que alguém goste de nós e nos aceite.

Eu me lembro de um evento de final de semana que realizei em Londres muitos anos atrás, quando o meu programa ainda incluía fazer as pessoas saírem pela cidade à noite para colocar em prática o que tinham aprendido comigo durante o primeiro dia. Isso era possível quando havia trinta mulheres indo para lugares específicos (enviar 2 mil mulheres para uma área específica hoje em dia seria demais). No segundo dia do evento, perguntei a elas como foi. Uma delas me respondeu:

— Matthew, eu me diverti, mas em momento nenhum esqueci que tenho filhos e não sei quando abordar esse assunto.

Outra mulher, que parecia não querer fazer uma pergunta e estava simplesmente empolgada para contar sua história, levantou a mão e disse:

— Eu troquei telefone com um cara bem atraente!

— Que bom! E como você começou a conversar com ele? — perguntei.

Veja o que ela respondeu, sem nem ao menos perceber o quanto sua resposta se relacionava com a dificuldade da primeira mulher:

— Bom, eu notei que ele tinha uma covinha no queixo, então disse: "Gostei da sua covinha no queixo. Não é tão fofa quanto as covinhas nas bochechas da minha filha, mas eu achei bonita!".

A plateia riu e instintivamente entendeu o tipo de energia divertida e atraente que o homem deve ter sentido na noite anterior quando ela lhe disse isso.

Esse é um exemplo de como uma conversa difícil nem chegou a acontecer para uma pessoa, enquanto continuou sendo uma conversa difícil para a outra. A primeira mulher falava como se tivesse o Darth Vader esperando em casa por qualquer homem que se aproximasse dela. A segunda conseguiu conversar sobre sua filha ao mesmo tempo que flertava com alguém.

Isso evidencia um aspecto vital sobre conversas difíceis: as pessoas seguem nossas dicas. Se ficarmos com medo de ter uma conversa, elas perceberão esse medo. Se estivermos preocupados se o fardo que carregamos vai afugentá-las, elas provavelmente o enxergarão como um fardo mesmo. Por outro lado, podemos aprender a lidar com as coisas de um jeito mais leve; mesmo com aquilo que uma vez achamos que nos tornaria invisíveis ou incapazes de sermos amados pelos outros. É difícil pensar em um melhor exemplo disso do que o da minha cliente Angela, que um dia na primavera de 2019 subiu no palco do meu retiro e contou para mim e para um auditório praticamente lotado, completamente emocionada, a história da sua própria conversa difícil.

Angela

Angela é uma escocesa que tinha participado de um dos meus primeiros retiros em 2010, quando eram pequenos encontros e ainda conseguíamos alocar todo mundo em uma grande casa nos arredores de Orlando, na Flórida. Ela também tinha participado de outros eventos, como uma série de palestras que eu dei em Londres sobre confiança; mas, antes da nossa conversa naquele primeiro retiro, havia mantido uma postura estudiosa e se vestia de uma forma que chamava a atenção na Flórida, com saias longas e blusas de manga comprida.

Até que, em um dado momento durante aquela semana de retiro, ela me levou para um canto da casa e perguntou se poderia conversar comigo individualmente; algo que era muito mais comum nos retiros iniciais, quando os participantes totalizavam dezenas e não centenas de pessoas. A casa tinha uma sala com um pequeno home theater que era silenciosa, escura, quase como uma igreja. Angela e eu entramos e nos sentamos no sofá em frente à televisão desligada. Ela não disse uma palavra depois que nos sentamos, o que não era tão estranho quanto parece. Finalmente rompi o silêncio e disse:

— Você sabe que eu vou ficar sentado aqui até que você me diga sobre o que queria conversar.

Quando ela cruzou os braços como um desafio, eu disse a ela que poderia ficar sentado ali o dia todo e garanti que o quer que ela quisesse me contar não seria nada que eu não tivesse ouvido antes.

Então, de uma vez, ela me contou sua história: quando tinha 23 anos, estava voltando para casa do trabalho quando foi atropelada por um motorista bêbado, que estava a mais de cem quilômetros por hora e a deixou caída no chão e fugiu. Ela perdeu uma perna e depois da cirurgia seu braço ficou cheio de cicatrizes; os médicos lhe disseram que talvez ela não voltaria a andar, nem conseguiria se alimentar sozinha, nem construir a própria família. No entanto, ela tinha bastante do que chamou de "teimosia escocesa", saiu andando do hospital de muletas e agora se locomovia completamente sozinha, "usando", como ela descreveu, uma prótese ortopédica.

Depois que ela colocou para fora toda essa história triste que carregava, em uma espécie de desabafo emocional, perguntei:

— Qual o problema?

Ela respondeu que agora se preocupava se, quando tivesse um encontro, a pessoa talvez não se interessasse por ela pelo fato de não ter uma perna.

Em momentos como esse, no meu trabalho como *coach*, aprendi o quanto pode ser poderoso romper com o padrão de pensamento de uma pessoa ao lhe dar uma resposta radicalmente diferente daquela que ela estava condicionada a esperar. Então perguntei, em um tom que misturava incredulidade e falsa indignação:

— Isso é muito arrogante da sua parte, sabia? Você precisa que todo mundo se interesse por você? Que todo mundo com quem tenha um encontro se apaixone por você e escolha você?

Angela olhou para mim confusa por uns quinze segundos e em seguida riu. Depois riu mais um pouco até que nós dois começamos a rir juntos, o que deve ter durado uns trinta segundos. Instantânea e instintivamente, ela entendeu: quando se trata de amor, não precisamos que todos nos queiram. Precisamos de apenas uma pessoa. E a rejeição só nos ajuda a chegar até essa pessoa mais rápido.

Oito anos depois, no fim de 2018, Angela entrou em contato comigo por telefone, ansiosa para me dar as boas notícias; ela contou que a minha resposta levemente irreverente deu a ela confiança para fazer algo que nunca sonhara ser capaz de fazer. Eu fiquei muito feliz por ela. Apesar do seu silêncio inicial naquela sala de TV, Angela era uma ótima contadora de histórias — "um pouco tagarela" era como ela se descrevia, e eu a convidei para falar sobre as grandes mudanças em sua vida em um próximo evento que faria antes do Natal. Ela hesitou. Iria fazer uma cirurgia que a impediria de comparecer, então concordamos que ela participaria do próximo retiro que eu faria na primavera como minha convidada.

Quando a chamei para o palco, cinco meses depois, não tinha ideia, de verdade, do quanto seria emocionante ouvi-la falar. Ela contou com confiança sobre o acidente, a minha reação ao ouvir sobre seus problemas naquela pequena sala de TV, e ganhou o meu coração ao relembrar um incidente uma manhã na cozinha da casa, quando escorregou e caiu, derrubando café no seu vestido longo, e se sentiu envergonhada, em parte porque a queda expôs a sua prótese. Pelo que ela disse, minha mãe, que estava presente, foi até ela, estendeu a mão e a ajudou a ficar de pé, além de se oferecer para lavar seu vestido se ela quisesse voltar para o quarto para se trocar. Angela acenou para minha mãe, Pauline, que também estava presente ali, no fundo do auditório, e agradeceu a ela por sua bondade instintiva naquela manhã quando ela havia se sentido tão exposta.

— Aliás, pessoal — ela se dirigiu a todas as mulheres no auditório —, essa é praticamente a primeira vez que eu estou usando uma saia que deixa as minhas pernas de fora — ela declarou, referindo-se à saia azul e branca que deixava suas pernas à mostra e às botas de camurça de cano curto. As mulheres aplaudiram. Angela estava só no começo de sua história e, em seguida, contou que, depois daquele retiro, ela pegou as técnicas que tinha aprendido nos meus programas e começou a colocá-las em prática, conheceu um rapaz e, depois de um bom primeiro encontro, resolveu que abriria o jogo no segundo encontro.

— Eu estava tão preocupada de contar para esse rapaz sobre o meu acidente, sobre as minhas cicatrizes e sobre o que eu uso — Angela disse, apontando para a sua prótese ortopédica... — E ele perguntou a mesma coisa que o Matthew naquele dia: "Qual o problema?". E foi então que eu soube que ele era o homem certo para mim — ela continuou rindo.

A plateia também riu.

— Mas a verdade é que, por causa do que o Matthew me ensinou, mesmo antes de conhecer esse homem eu tinha decidido que, se ele não gostasse de mim do jeito que sou, o problema era dele. Eu iria continuar. O meu valor não dependia do interesse dele. Então — ela estava se dirigindo à mulheres na plateia agora —, se eu estou aqui, de pé, diante de vocês, e vocês podem ver o que eu uso, as minhas cicatrizes e as minhas inseguranças, qualquer insegurança que vocês tenham, eu já tive e entendo. E, se eu consigo fazer isso, vocês também conseguem — ela disse, com seu sotaque escocês carregado.

Em seguida ela contou a história de que, alguns meses depois, o seu novo namorado a levou para St. Andrews, na Escócia, reservou a suíte de lua de mel dizendo a ela, meio sem jeito, que aquele era o único quarto disponível. Quando os dois saíram para jantar naquela noite ele estava bastante nervoso, as mãos tremendo tanto que, quando foi passar o prato para que ela experimentasse a comida, o prato voou e atingiu outra mesa. Ela se lembrava de pensar *Se ele que ele está tão nervoso assim, eu ainda estou podendo!* Ele a levou para fora, para ver as estrelas, pediu que ela fechasse os olhos, e ela perguntou: "O que você vai fazer?". E ali, de joelhos, ele a pediu em casamento. Seis meses depois, eles se casaram.

Nesse momento todos aplaudiram. Quando o auditório ficou em silêncio novamente, ela disse que tinha mais duas coisas para dizer:

— A minha história, essa coisa sobre a qual eu não conseguia falar, aquilo que me atormentava tanto que estava me atrapalhando, o Matthew tirou de mim. Agora eu criei uma instituição de caridade para ajudar famílias e crianças que foram feridas por pessoas que dirigiam embriagadas.

Em seguida, Angela nos pregou uma peça, dizendo que tinha feito uma cirurgia um pouco antes do Natal e que não tinha sido boa — tinha mudado sua vida, na verdade. Ela contou sobre a coisa mais triste que lhe disseram depois do acidente, que, por causa da gravidade das suas lesões, ela não poderia ter filhos. Como alguém se consola depois disso? Ela procurou seu celular, pediu que a minha mãe subisse no palco e nos mostrou uma foto dela no hospital, ao lado do seu marido e com um bebê nos braços! A sua filha, Hannah. Eu achei que ela tivesse ido até lá para falar um pouco sobre a entidade que tinha criado, mas em vez disso esperou cinco meses, pegou dois aviões para chegar até Miami e guardou segredo durante toda a semana, escolhendo o momento perfeito para fazer a sua revelação. Fiquei atônito e muito feliz.

— É por isso que eu digo para vocês: isto aqui funciona — ela disse. — Não estou dourando a pílula, ou enfeitando... Eu queria que a minha vida fosse em uma direção, e ela seguiu em outra bem diferente. Mas agora eu me sinto realizada em todas as áreas. Eu sei que vou encontrar obstáculos; a diferença é que eu tenho as ferramentas necessárias para manter a minha autoestima e confiança agora. E sei que o que aprendi com você, Matthew, vou ensinar para minha filha, Hannah, e sei a pessoinha maravilhosa que ela vai ser.

8

ATENÇÃO NÃO É INTENÇÃO

Quando ficamos carentes de atenção romântica, qualquer pingo de atenção que recebemos de alguém que consideramos atraente parece um raio de sol. Para começo de conversa, parecia tão difícil receber aquele tipo de atenção que não queremos abrir mão disso tão facilmente. No entanto, quando queremos um relacionamento, nossos parâmetros precisam ser mais altos do que esses.

Se você acompanha o meu trabalho há mais tempo, já me ouviu dizer: *Não invista em uma pessoa com base apenas no quanto você gosta dela; invista em uma pessoa baseado no quanto ela investe em você.*

Essa é uma ótima regra que podemos seguir para nos proteger. Ela redireciona a nossa atenção, que se afasta do quanto é bom ser o foco da energia de alguém e se volta para o quanto e com qual frequência esse alguém está investindo *em* nós. Ela evita que justifiquemos gastar nosso tempo e energia com base no quanto alguém parece ser incrível, ou em quão especial acreditamos que seja nossa conexão com ele.

Embora essa regra funcione para impedir que sejamos enganados, quando levada às últimas consequências pode nos deixar tão passivos que nada nunca aconteça. Se todos ficarmos esperando que o outro invista antes de investirmos, nenhum relacionamento vai sair do papel. É o outro que precisa dar o primeiro passo no dia seguinte em que dois estranhos se notam; é o outro que precisa enviar a primeira mensagem depois de um encontro, dizer o primeiro "Eu te amo"... pedir em casamento. Não podemos todos agir em uníssono o tempo todo. Na verdade, a decisão de alguém de dar o primeiro passo pode ser o que nos fará melhorar o nosso próprio desempenho. Então, precisamos encontrar o equilíbrio entre o nosso orgulho e a nossa proatividade. Se formos orgulhosos demais, nunca arriscaremos fazer nada. Esse é o problema de muitas pessoas com as quais trabalho; elas não criam oportunidades de romance o suficiente para que suas chances de encontrar o amor aumentem. Se formos proativos demais, nos empolgamos e corremos o risco de sermos enganados.

Uma forma que encontrei de ajudar as pessoas a obter esse equilíbrio foi acrescentar um pré-requisito à minha regra original, cunhado pelo meu irmão, Stephen Hussey: Invista primeiro, teste depois.

Se você der meio passo à frente, o outro também dará? Considere cada passo proativo que você der como um pequeno experimento, e observe o que acontece. Por exemplo, você pode enviar uma mensagem no dia seguinte para a pessoa com quem saiu dizendo: *Oi, Fulano/gato/linda. Espero que você tenha um ótimo dia.* Pode não parecer muito, mas uma mensagem assim pode render resultados bastante promissores. Você não está se esforçando demais para chamar a atenção dessa pessoa. Não está nem fazendo uma pergunta que demandaria uma resposta. Mas está mostrando abertura, gentileza e vulnerabilidade. Depois que fizer isso, eu gostaria que você ficasse atento ao que acontece depois. Será que essa pessoa vai enviar para você uma mensagem no dia seguinte? Em outras palavras, a sua proatividade estimula a proatividade dela? As pessoas costumam me dizer: "Eu sei que essa pessoa gosta de mim porque sempre responde as minhas mensagens", mas essa é uma atitude reativa. A minha pergunta é: "Beleza, mas essa pessoa já chegou a enviar uma mensagem para você *primeiro*?".

Esse é o risco inerente que corremos no início de qualquer relacionamento; assim que começamos a gostar de alguém, qualquer atenção que recebemos parece ter o efeito de uma droga, reordenando o nosso pensamento racional. Essa atenção pode ser ainda mais perigosa do que qualquer outra droga, porque, independentemente do quanto uma pessoa se sinta bem depois de usar cocaína, por exemplo, ela não acorda no dia seguinte pensando na possibilidade de envelhecer com ela. Não se imagina apresentando a cocaína para os pais. Mas a atenção que recebemos de um estranho atraente, a mensagem de um ex que ainda não esquecemos, a possibilidade de um final de semana romântico com alguém para quem temos planos; essas coisas nos dão esperança e, por isso, podem ser facilmente confundidas com uma intenção mais profunda.

Observe que eu disse "alguém *para* quem temos planos". É esse o problema; nesse estágio, você pode não ter nem planos *com* esse alguém ainda. "Com" sugere intenções compartilhadas, planos que foram comunicados por ambos os lados. Porém, todos reconhecemos as partes de nós que ficam superempolgadas e vão na onda da promessa do amor, tramando e fazendo planos *para* alguém em função de quão perfeito decidimos que esse alguém é para nós.

Começamos a nos imaginar com esse alguém no futuro e, sem perceber, ficamos completamente envolvidos pela história de amor que criamos na nossa cabeça; uma história descolada da realidade do quanto esse alguém está realmente investindo, e, em vez disso, nos baseamos apenas na empolgação gerada pela atenção que recebemos. Conheci várias pessoas que se machucaram muito porque confundiram a *atenção* de alguém, nesse estágio perigoso do relacionamento, com a *intenção* dele. Lembre-se: a atenção é apenas a energia que alguém está gastando com você naquele momento. Intenção tem a ver com um desejo genuíno de ver até onde as coisas podem ir, o que pode ser mais difícil de identificar. Não permita que toda a atenção que você está recebendo de alguém agora o distraia das intenções desse alguém, ou da falta delas.

Atitudes contraditórias

Um dos exemplos mais enlouquecedores desse tipo de confusão aparece quando uma pessoa é superatenciosa quando estamos com ela. Parece que ela nunca se cansa de nós. E então, assim que nos separamos, parece que deixamos de existir para ela. É como transitar entre dois universos paralelos: um no qual a pessoa está extremamente a fim de você e outro no qual ela mal se lembra que você existe. Isso pode comprometer o seu tempo e energia, como vimos no exemplo da australiana no capítulo anterior. A pessoa que fica empolgada demais nos momentos em que quer ter uma *experiência romântica* logo prova, quando praticamente desaparece, que não tem intenção nenhuma de comprovar o que sente tomando uma atitude concreta para que o relacionamento progrida.

E o que dizer sobre as desculpas que a pessoa dá quando finalmente nos procura novamente? Ela estava ocupada com o trabalho ou com os amigos, envolvida em algum problema familiar. Tirou alguns dias para se dedicar a algum hobby que adora. Qualquer uma dessas justificativas pode ser verdadeira; a pessoa pode estar legitimamente ocupada com essas outras prioridades. Mas será que é uma justificativa boa o bastante para ela ter nos ignorado na semana anterior? Deveria ser o suficiente para que tolerássemos uma inconstância e um comportamento que nos faz sentir tão mal? O que é o melhor a fazer nesse caso?

O erro mais fácil de cometer nesse momento é agir como ela. Quando você retribui a atenção que recebe, mas ignora a pessoa quando é ignorado por ela, pode ser que acredite estar seguindo o meu conselho para investir em quem investe em você. O problema de agir assim é que você certamente estará dando a esse romântico Houdini exatamente o que ele quer; ficando disponível quando ele também está e não o incomodando quando ele não está. Isso não só reforça o comportamento que você quer desencorajar como pode levar a um ciclo ainda mais perigoso, no qual você acaba atraindo alguém que se empolga quando é ignorado, mas que perde o interesse toda vez que você retribui o seu afeto. Esse é um jogo no qual ninguém ganha.

Mas como, afinal, quebrar esse ciclo de atitudes desencontradas? Você tem que estar disposto a se retirar, *usando uma comunicação direta*. Isso quer dizer que você se retira mas antes explica o motivo.

Observe que o momento certo para fazer isso não é quando a pessoa está no meio de um dos períodos em que o ignora; se ela não está entrando em contato, então você não tem nenhum poder. Isso só funciona quando ela reaparece querendo alguma coisa de você; que é quando você realmente tem poder. Pode ser que ela seja direta, dizendo "Eu queria muito te ver nesse final de semana" ou indireta, recorrendo a um simples "Estou com saudade". Qualquer que seja o jeito, é sempre uma jogada para chamar sua atenção.

É nesse momento que você responde:

Sendo bem honesta, estranhei que você queira me encontrar. [Ou: estranhei te ouvir dizer que está com saudade.] Achei que não estivéssemos mais tão próximos, já que faz um tempo que não tenho notícias suas, por isso eu simplesmente presumi que não queríamos as mesmas coisas.

Você não está demonstrando nenhuma emoção forte aqui. Está indo direto ao ponto, usando verbos no passado para se referir a qualquer dúvida que tenha tido com base na falta de investimento da pessoa. Pode ser que ela responda rapidamente com alguma desculpa (trabalho, amigos, família, hobby). Essa é a sua oportunidade para deixar claro quais são os seus parâmetros:

Entendo perfeitamente. Também estou fazendo várias coisas no momento, então sei como é. Mas uma coisa que valorizo muito é a constância. A verdade é que a gente se dá bem quando está junto, mas eu não sinto essa conexão quando estamos longe um do outro.

Você está demonstrando empatia e compreensão, ao mesmo tempo que informa à pessoa que a falta de constância dela não passou despercebida e que não vai rolar com você. Está deixando claro como se sente quando vocês estão separados e convidando a pessoa a evoluir e melhorar, sem apontar o dedo para ela.

Já falamos neste livro sobre os perigos de "fingir indiferença" quando retribuímos o mesmo nível de investimento demonstrado pela pessoa, ignoramos quando somos ignorados; porém, corremos um risco ainda maior quando não enviamos uma mensagem como essa. Não só o silêncio funciona como uma aprovação tácita do comportamento errado como nos rouba a oportunidade de despertar o comportamento certo na pessoa certa. Existem pessoas que acordam quando recebem uma mensagem assim e pensam: *Esse é exatamente o tipo de vulnerabilidade e de força de caráter que eu estava procurando.* Se você não consegue deixar claro o que realmente quer, corre o risco de se tornar invisível para o tipo de pessoa que quer o mesmo que você.

Seis passos para diferenciar atenção de intenção

Receber atenção é bom, mas como podemos identificar quais são as verdadeiras intenções de alguém, logo no início, para não perdermos nosso tempo nem sermos intensos demais rápido demais, afugentando a pessoa? Veja a seguir seis coisas que você pode fazer e algumas coisas simples que pode observar no comportamento do outro.

1. Demonstre curiosidade
Faça perguntas sobre a personalidade, os planos e o que a pessoa está buscando em um relacionamento — não um interrogatório formal, mas uma conversa descontraída, demonstrando uma curiosidade sincera por quem está diante de você. Tente fazer isso logo no início, quando saírem para tomar um café ou um drinque, quando ainda não houver tanta coisa em jogo. Esse é o momento ideal: você ainda não arriscou nada de significativo; vocês não estão dormindo juntos há meses. Não há nada

emocionalmente exagerado em tomar um café juntos. Mantenha a conversa sem pressão; não existe resposta errada. Simplesmente olhe com objetividade para a pessoa do outro lado da mesa e se permita perguntar — em voz alta! — como ela se tornou quem é. É como se ela fosse uma raspadinha humana neste momento e cada nova resposta revelasse uma parte nova dela.

Existem dois bons motivos para seguir essa abordagem:

- Ela permite que você deixe de lado qualquer expectativa ou projeção e se concentre de verdade em conhecer a pessoa diante de você.
- Demonstrar curiosidade genuína vai aproximar você da verdade. As pessoas respondem melhor ao interesse de quem se mostra entretido pela conversa e ao uso de um tom neutro do que a um julgamento imediato. Quanto mais você for capaz de entender quem alguém é agora, menos provável será que você desperdice o seu tempo no futuro.

Exceções a essa estratégia: cuidado com a pessoa cuja reação às suas perguntas, que demonstram curiosidade sem nenhum juízo de valor, é respondê-las e quase não permitir que você fale de novo! A curiosidade é uma das poucas coisas que se valorizam quanto mais são trocadas.

2. Você nota a curiosidade *do outro*

Às vezes a pessoa do outro lado da mesa quer nos conhecer. Outras vezes, só está procurando um pouco de prazer. Como saber a diferença?

Um jeito de saber é quando a pessoa demonstra uma curiosidade genuína sobre você. Ela quer estar em um relacionamento e faz perguntas que a ajudem a descobrir sobre:

- Seus valores
  Por exemplo: Será que você é uma pessoa gentil? (Pode ser visto como algo simples, mas é importante para mim.)

- Sua história de vida
Por exemplo: Você tem um bom relacionamento com a sua família? (E, se não tiver, isso te levou a investir em estabelecer vínculos de amizade e o sentimento de família em outro lugar?)

- Seu estilo de vida
Por exemplo: Você gosta de sair à noite com frequência? (Hoje em dia, sou o tipo de pessoa que às dez horas está "na cama com um chá de camomila".)

Em última instância, o outro quer descobrir como você é como pessoa, da mesma forma que você está fazendo com ele. A pessoa que o avalia para assumir um papel importante na vida dela segue um roteiro diferente de alguém que está ansioso para levar você para a cama logo de cara. É por isso que é perigoso avaliar um encontro com base apenas no quanto ficamos fascinados pelo outro, ou no quanto nos divertimos. É claro que ter um péssimo primeiro encontro lhe diz tudo o que você precisa saber; por outro lado, o melhor encontro de todos pode te surpreender e se revelar um índice pouco confiável.

Pessoas muito carismáticas, que sabem como nos conquistar e nos deixar empolgados, *proporcionam* ótimos encontros. Os cafajestes adoram proporcionar os *melhores* encontros, não porque estão interessados em você, mas porque, quando você se mostra muito interessado *neles*, isso alimenta o ego deles. Gostam de seduzir, e o que querem ouvir é: "Esse foi o melhor encontro que eu já tive!". Pode ser que você diga isso e eles pensem: *Que ótimo! Mais mulheres precisam vivenciar esses encontros fenomenais.*

Exceção: uma demonstração de interesse genuíno de ambos os lados pode ser fenomenal também. Mas também pode ser algo mais tranquilo, baseado na conversa e até mesmo sem muito alarde. Essa pessoa é o oposto do cafajeste espalhafatoso: é alguém que abre espaço para você.

3. A pessoa mantém contato

Ela não deixa você se perguntando quando se verão de novo. O que não é o mesmo que imediatamente marcar um encontro para a noite seguinte. Com a correria da vida, algo assim pode não ser possível. Mas essa pessoa não vai esperar até a próxima sexta-feira para enviar uma mensagem dizendo: *Preciso te ver amanhã. Não, hoje! Onde você está? Pode me encontrar daqui a uma hora? Nossa, estou louco pra te ver!*

Isso evidencia apenas foco seletivo disfarçado de empolgação. A pessoa decidiu focar você hoje — talvez ela esteja com tesão, ou seus outros planos foram cancelados, ou acabou de encerrar uma semana intensa de trabalho e sua mente está finalmente livre para pensar em fazer algo divertido. Quem sabe?

Saia com essa pessoa. Mas, se quiser ter algo mais com ela, não faça nada que te leve a sentir usado ou a se chatear caso o relacionamento não progrida para além do estágio atual, porque tudo o que você tem agora é uma atenção esporádica em vez de demonstrações reais de *intenção*.

4. A pessoa está se programando

Eu queria que esta seção fosse intitulada "A pessoa está se planejando", até me lembrar de que, quando ambos estão empolgados para fazer algo juntos, planejar não se torna um compromisso, mas se programar, sim. Podemos planejar fazer um safári um dia, mas isso só se torna realidade depois que nossas passagens estão compradas e que pedimos férias no trabalho.

Planos podem ser perigosos. Eles nos dão toda a satisfação de poder falar sobre uma ideia e até podemos nos divertir no processo, mas sem que precisemos fazer nenhum esforço para tirá-los do papel. No mundo do namoro (e dos negócios) existem aqueles que se empolgam fazendo planos para o futuro. É uma demografia com uma porcentagem desproporcional de desperdiçadores de tempo.

Exceção: Também existem pessoas que não mostram nenhuma intenção de querer um relacionamento sério com você, mas que demonstram boa vontade para abrir espaço para você na programação de suas vidas viajando com você no Ano-Novo, ou te incluindo em uma viagem de família com os pais. É tentador interpretar isso como um sinal de intenção verdadeira, porque em grande parte são coisas que essa pessoa faria com alguém por quem tivesse intenções verdadeiras. Infelizmente, essas pessoas (em geral aquelas que fazem o bombardeio de amor que vimos anteriormente) amam o sentimento produzido por essas experiências. Não tem relação nenhuma com estarem prontas para assumir um compromisso. Existem muitas pessoas que desejam a experiência de ter um parceiro, mas que não têm intenções verdadeiras de ser realmente parceiras de alguém.

Alguém que se programa para algo está muito mais propenso a querer ter um relacionamento sério do que um sonhador que nunca olha a agenda. Mas as raras e rápidas demonstrações de amor sentimentalistas valem muito menos do que o esforço constante. Isso não quer dizer que a sugestão de alguém para que vocês façam algo divertido juntos mereça ser respondida com uma bronca ("Não me venha com sugestões de destino contraditórias e fantasiosas, Brian, a menos que você já tenha datas concretas em mente!). Nos estágios iniciais do relacionamento, é divertido trocar ideias sobre atividades que vocês podem fazer juntos no futuro, e não há nada de errado em alimentar essas ideias. É gostoso, uma espécie de flerte improvisar sobre coisas que vocês poderiam fazer em um destino extravagante juntos. Não há necessidade de transformar tudo em uma busca por investimento nesse estágio, contanto que você consiga diferenciar entre uma encenação e um progresso de verdade.

5. A pessoa inclui você

Ter um relacionamento sério com alguém não significa que agora ele precisa incluir você em toda decisão que tomar. Porém, depois que vocês passaram dos primeiros estágios complicados da atração e que ambos reconheceram a conexão entre vocês, é importante observar a maneira como o outro lida com questões que podem te afetar significativamente:

- A quantidade de tempo que vocês conseguem passar juntos.
- Quanto tempo pode ser que tenham que ficar separados.
- A sua confiança nele.
- A possibilidade de o relacionamento progredir.

Ser *incluído*, dependendo do estágio do relacionamento em que vocês estiverem, não necessariamente significa que você terá direito de voto ou veto. Se o outro precisa viajar a trabalho por um mês, provavelmente não vai pedir sua permissão. Mas você pode esperar receber um aviso e muita conversa sobre isso. Uma coisa é certa: a pessoa vai querer ter certeza de que o fato de se ausentar não vai te levar a duvidar do interesse dela por você ou das suas intenções de continuar com o relacionamento.

As questões principais nesse caso são:

- Será que a pessoa está realmente considerando os seus sentimentos?
- Será que ela se importa?
- Será que ela procura incluí-lo no processo ou demonstra indiferença pela sua experiência?
- Você se sente o último a saber sobre as coisas que acontecem na vida dela e tem a sensação de que está fora do círculo que recebe todas as informações?
- Será que você é um dano colateral cujas reações passam despercebidas, até que a sua mágoa e frustração se tornem impossíveis de serem ignoradas?

Um jeito de perceber quando o outro não está pensando em você: a sua reação (quando lhe é permitido ter uma) não é recebida com compaixão e sim com irritação, como se você fosse um inconveniente para a realização do grande e inegociável plano dele.

6. A pessoa te faz sentir confortável

Alguém que quer ter certeza de que você vai continuar na vida dele daqui a uma semana vai querer confirmar com antecedência se você se sente confortável com as atitudes dele.

E se o outro combinar de sair para jantar com antigas amizades das quais você possa ter ciúme? Você pode notar pela forma sutil como ele esclarece se essa pessoa é só uma amiga, se é casada ou alguém que ele quer muito te apresentar. Ele não deixa nada ao sabor da subjetividade e da ambiguidade, porque não quer que nada prejudique o que está nascendo entre vocês. Ele também quer evitar qualquer coisa que sugira que se sentiria confortável com esse tipo de ambiguidade vindo de você.

Cruzando a fronteira entre a atenção e a intenção

Talvez você tenha notado que os seis passos acima foram organizados em ordem cronológica, partindo dos primeiros encontros até chegar ao momento em que temos consciência de uma conexão com o outro. Em outras palavras, existe uma graduação entre a atenção que se traduz em flerte e a intenção verdadeira, que costuma ser uma correspondência aproximada da transição da atração para o compromisso.

O perigo real surge quando você começa a presumir que, à medida que a atenção cresce, provoca um aumento nos níveis de intenção do outro. É fácil confundir a intensidade do sentimento com a seriedade do propósito, principalmente se você percebe que o seu próprio nível de comprometimento está crescendo e, por isso, simplesmente presume que essa seriedade e intensidade andam juntas para o outro assim como para você.

É por isso que costuma ser mais seguro ir devagar, não por motivos puritanos, e sim porque o tempo é a única maneira de medir o índice mais confiável de intenção: a constância. A inconstância geralmente aparece muito antes do que gostaríamos. Mas a constância só pode ser verificada com o tempo. Ir devagar dá à constância o tempo necessário para se mostrar e às ações a chance de reduzir a distância entre palavras e sentimentos.

9

AQUELE QUE NUNCA ESTÁ SATISFEITO

ALEXANDER: Você é igual a mim, eu nunca estou satisfeito.
ANGELICA: É mesmo?
ALEXANDER: Eu nunca fico satisfeito.
— *Hamilton*

Ser feliz no amor pode ser algo absurdamente difícil de conseguir, o que não é novidade para quem está em um relacionamento com uma pessoa maravilhosa cujos sentimentos são mais fortes que os seus. Se ao menos você conseguisse criar uma faísca ou duas de amor, poderia ter tudo. Mas, apesar de todos os seus melhores esforços, o afeto que sente nunca deixa de ser morno.

Até que você conhece uma pessoa que incendeia as suas paixões, inspirando suas fantasias ingênuas sobre o futuro do casal. No entanto, parece que o jogo virou: a pessoa só entra em contato esporadicamente e você, que nunca tem certeza se ela quer estar com você, entra em um ciclo de euforia quando ela liga e de grande ansiedade quando fica sem notícias. Nesse estado de "empolgação", você descobre que não consegue comer, dormir ou se concentrar em absolutamente nada.

Quando consegue escapar dessa situação, você se sente preparado para estar com alguém gentil, confiável e seguro, apenas para se ver impassível, desestimulado, se perguntando se não deveria apenas esperar até encontrar uma pessoa que o faça se sentir vivo novamente. Você se sente tão seguro que dedica todo o seu tempo livre a imaginar a vida que poderia ter com essa pessoa.

Por que é tão difícil acertar? É como se ao final de cada relacionamento fizéssemos nossas preces olhando para trás, e consertar um fracasso só nos conduz a uma desilusão diferente na próxima vez. Com base nessas oscilações bruscas, é fácil concluir que nada funciona. Não estamos cansados de namorar ou das outras pessoas, mas sim de algo comum a todo relacionamento que tivemos e que deu errado: nós mesmos.

Será que somos nós o problema? Será que fomos programados do jeito errado? Será que estamos condenados a empurrar uma enorme pedra montanha acima, só para vê-la rolar montanha abaixo toda vez que vislumbramos um lampejo de felicidade? Segundo o escritor francês Albert Camus em *O mito de Sísifo*, os deuses acreditam que não há punição pior do que o trabalho fútil e inútil. Não é surpresa que muitos de nós desistamos. Por outro lado, desistir também não é sinônimo de paz; o desejo por uma vida compartilhada nos acompanha a todos os lugares, assombrando qualquer espaço que já acreditamos que poderia ser ocupado por alguém.

Mas, se ainda não estamos prontos para desistir, como podemos evitar nos apaixonarmos por quem não nos respeita, alguém que não é capaz de enxergar em nós uma pessoa digna de se apegar? E como nos empolgamos com o tipo de pessoa que realmente poderia nos tratar melhor?

Por que dizemos "sim" para as pessoas que nos fazem mal

Vamos começar com a primeira pergunta: Por que sempre nos apaixonamos por pessoas cafajestes e indisponíveis emocionalmente, aquelas que nos fazem correr atrás, que não nos tratam bem? Em algum momento precisamos reformular a nossa pergunta para que deixe de ser "Por que essas pessoas são assim?" e passe a ser "Por que continuo gastando o meu tempo com pessoas assim?". Por que continuamos nos derretendo por aqueles para quem dissemos "nunca mais"? Vamos analisar por que *nunca mais* jamais será uma expressão segura para dizermos.

1. A mentalidade da escassez

Você chega a uma festa com seus amigos, na expectativa de conhecer o tipo de pessoa sobre o qual vieram conversando no caminho. Você dança com algumas. Cada uma delas tem alguma coisa de que você gosta, mas também falta nelas algo de que você precisa. Uma é divertida, só que mais como amiga. Outra é atraente, mas vocês não se conectaram. A que era autêntica e interessante estava usando... aqueles sapatos. Enquanto você segue procurando, uma coisa engraçada acontece: à medida que seu grupo de amigos vai diminuindo, o tempo começa a pregar peças. Você vê uma pessoa indo embora com alguém com quem passou a noite dançando, mas os dois parecem se conhecer há muito tempo. Sozinho e inseguro, você pega seu celular e de repente é como se estivesse em outra dimensão. O amigo que acabou de ir embora com alguém postou a foto do noivado deles. Outro amigo que você perdeu de vista no início da noite acabou de fazer uma postagem em êxtase sobre o bebê que está a caminho. Até a pessoa atraente com quem você dançou mas não se conectou fez uma postagem; parece que ela saiu da festa e agora está em lua de mel em Santorini, na Grécia, recém-casada. Você não consegue acreditar. "Há quanto tempo estou aqui?" O lugar está praticamente vazio. A música agora não parece mais uma batida, e sim o som do ponteiro de segundos do relógio. "Será que fui muito implacável ao desconsiderar as pessoas? A que era atraente parecia a pessoa errada, mas alguém não pensou assim. Será que fui muito exigente ao julgar aquela conexão?" A sua respiração fica ofegante. Você para de se preocupar em encontrar o par perfeito e, em vez disso, começa a procurar por alguém que possa tirar você dali antes que seja tarde demais.

É assim que a mentalidade da escassez funciona. Imaginar um cenário catastrófico sobre o quanto a nossa situação é desesperadora nos incentiva a considerar pessoas que não deveríamos, pessoas que geralmente aqueles que nos amam conseguem perceber de longe que nos farão mal. Uma afirma com orgulho que não acredita na monogamia, mas é com quem você teve o melhor sexo da sua vida; a outra com quem você sempre se diverte fica calada toda vez que você diz querer mais; tem aquela que está prestes a se divorciar há cinco anos, mas que é ótima com os filhos e oferece a você a promessa de um futuro perfeito.

O que todas elas têm em comum: você *sente* alguma coisa com elas. "E o que tem de errado nisso?", nos perguntamos. "A vida é curta. Por que *não* escolher sentir algo pelo caminho?" Esse tipo de lógica permite que justifiquemos as partes boas enquanto ignoramos os danos de longo prazo de todo o resto. Nessa hora, vale a pena ouvir Irving Rosenfeld, talvez o melhor exemplo de golpista da história do cinema, que no filme *Trapaça*, de 2013, homenageia a tendência quase universal das pessoas que enganam a si próprias: "Nós nos convencemos a fazer as coisas, sabe? Vendemos para nós mesmos coisas que talvez nem precisemos ou queremos. Nós as enfeitamos, sabe? Deixamos os riscos de fora, deixamos a terrível verdade de fora. Preste atenção nisso, porque estamos todos nos enganando de um jeito ou de outro, só para podermos seguir com as nossas vidas".

Condenamos aqueles que mentem para nós, mas ignoramos as mentiras que contamos para nós mesmos: que estamos felizes, que o outro pode mudar, que as nossas necessidades estão sendo supridas, que não estamos arriscando nos arrepender profundamente se continuarmos vivendo assim. Ilusões dessa magnitude são o tipo mais perigoso de mentira. Elas nos impedem de deixar pessoas que são obstáculos para a nossa felicidade e, assim, nos fazem conspirar para o roubo do nosso próprio futuro.

Enfeitamos nossas ilusões com justificativas levianas. (Eu sei que essa não é a pessoa certa para mim, mas só estou me divertindo por enquanto, sem levar tudo tão a sério. Nem tudo precisa ter um rótulo bonitinho. Só estamos vendo aonde isso vai dar. Além disso, é uma situação complicada.) No entanto, a "diversão" pode ser uma armadilha para relacionamentos tóxicos. "Por enquanto" costuma ser um disfarce inofensivo que usamos para trair os nossos sonhos. Nós aceitamos esses eufemismos porque é mais fácil do que dizer a verdade sobre a nossa mentalidade da escassez: que, quando ficamos com medo que tudo se resuma a isso (ou que o nosso valor se resuma a isso), paramos de escolher o que é certo e começamos a aceitar o que aparecer. Se queremos tomar as decisões certas visando à nossa felicidade futura, precisamos superar essa mentalidade, embora ela não seja a única coisa que limita as nossas chances.

2. O que sabemos

Quando estamos sempre envolvidos em situações nocivas, os outros podem presumir que continuamos fazendo essas escolhas porque nos falta amor-próprio. Talvez essa presunção não esteja errada, mas pode ser reducionista. Um golfinho em cativeiro consegue nadar em círculos e atravessar aros para chegar até a sua própria refeição. Entretanto, se soltarmos esse golfinho no mar, ele provavelmente vai ter dois problemas: primeiro, se continuar associando humanos com comida, vai descobrir que está procurando nos lugares errados para sobreviver. Algo que, além de errado, é potencialmente perigoso, pois se aproximar de embarcações em busca de comida pode ser fatal. Em segundo lugar, os truques que aprendeu no tanque são inúteis no oceano. Mas é essa realidade que o golfinho conhece, não é culpa dele. Se ele realiza o seu número porque ao fazer isso recebe um peixe, ou se procura por pessoas porque essa já foi uma forma confiável de conseguir comida, não diríamos que o golfinho tem pouco amor-próprio; reconheceríamos a triste verdade de que ele não conhece uma realidade diferente, que o que ele sabe o deixa pouco e precariamente equipado para viver no oceano.

ADEUS, DEDO PODRE

Muitas das pessoas que me procuram esperam melhorar o seu sentimento de amor-próprio, o que com certeza é um objetivo válido. Porém, geralmente, para que possam fazer isso, elas precisam retreinar suas expectativas nos níveis interpessoais, comportamentais e emocionais. No nível interpessoal, depois que as pessoas geralmente entram em um padrão específico em todo relacionamento, pode ser difícil imaginar que outro tipo de padrão exista. Se só tivermos nos relacionado com pessoas infiéis, não importa quantos casais felizes e fiéis conhecermos, ainda assim parecerá que só escolhemos os errantes. Parece que só conseguimos reconhecer aquilo que nos é emocionalmente familiar. Você pode finalmente deixar um narcisista e, mesmo assim, continuar sentindo aquela sensação de medo e de ameaça contínua envenenando a sua perspectiva, mesmo quando se conectar com alguém estável e emocionalmente generoso.

No nível comportamental, todos temos truques nos quais confiamos; alguns que desenvolvemos ainda crianças, tentando chamar a atenção dos nossos pais. Pode ser que mostremos traços de comportamento que desenvolvemos durante conexões românticas desafiadoras e formativas, e nosso comportamento ainda não tenha se adequado ao tipo de companhia que gostaríamos de ter. Talvez você esteja acostumado a provocar ciúme em alguém só para conseguir a atenção dele, um comportamento que funcionou com os ex que só estavam interessados na conquista (mesmo que fossem daquele tipo que perdia o interesse por você assim que você demonstrava qualquer tipo de afeto sincero). Uma pessoa que esteja tentando se relacionar com você de verdade não saberá muito bem como lidar com você quando os seus velhos hábitos reaparecerem e surtirem um efeito completamente diferente nesse novo relacionamento, parecendo um sinal de falta de lealdade e de respeito mútuo. Isso pode fazer essa pessoa resolver escolher alguém cuja gentileza e vulnerabilidade sejam mais acessíveis.

Ainda assim, é difícil deixar de lado as armas que funcionaram no passado. Conheço homens que reclamam de mulheres que só querem estar com eles pelo dinheiro e mesmo assim continuam escolhendo restaurantes cinco estrelas para o primeiro encontro em vez do restaurante familiar da esquina. Ouço mulheres reclamarem que os homens parecem só querer sexo, mas cujas postagens nas redes sociais parecem não deixar nada a cargo da imaginação. Para encontrar o amor, às vezes precisamos abrir mão daquilo que nos faz receber atenção. Isso é mais difícil do que parece, principalmente se o nosso ego estiver envolvido e se começarmos a nos preocupar que, se desistirmos da atenção que sabemos como atrair, ninguém nunca mais vai olhar para nós.

No nível emocional também, o nosso sistema nervoso é programado para certos tipos de experiência. Se nos acostumamos com as mudanças bruscas de comportamentos imprevisíveis, pode ser difícil manter um relacionamento que seja saudável mas que não ofereça esse tipo de volatilidade. Uma amiga minha, Lucy, teve o primeiro namorado de verdade na faculdade. Ele era desrespeitoso, a diminuía e era inconveniente com outras mulheres na frente dela. Quando esse relacionamento terminou, ela conheceu um rapaz atraente, engraçado e, principalmente, gentil. As coisas eram fáceis entre eles e ela sabia exatamente o que esperar dele. Quando ela foi visitar a família, depois de poucas semanas de relacionamento, sua mãe perguntou o que estava acontecendo:

— É estranho, mãe, ele é tão legal comigo — Lucy respondeu, genuinamente perplexa.

— É assim que deve ser — sua mãe respondeu, mal conseguindo esconder o alívio.

A gentileza demonstrada pelo novo namorado de Lucy inicialmente causou estranhamento e desorientação. Se o mesmo acontecer com você em circunstâncias semelhantes, e coisas como gentileza e paciência fizerem você se sentir desorientado, seja generoso consigo mesmo. É normal. Os maus-tratos com os quais estávamos familiarizados talvez não tenham nos feito feliz, mas nos acostumamos a eles. É por isso que é necessário mais do que apenas desejar algo novo. Desprogramar a nós mesmos requer que escolhamos ativamente aquilo que não nos é familiar no lugar do que conhecemos. Quando descobrimos que algo novo é possível, precisamos ter coragem para lidar com o desconforto criado. É difícil, e por isso as pessoas permanecem presas à sua infelicidade por tanto tempo. Por outro lado, da mesma forma que podemos respirar enquanto sentimos dor durante um treinamento físico doloroso, devemos aceitar esse desconforto até que ele desapareça. Se conseguirmos fazer isso, aquilo que começou como extremamente desconfortável pode se tornar uma fonte nova de prazer. Se não queremos continuar condenados a reviver essas emoções dolorosas, precisamos manter as novas experiências até que elas se tornem algo conhecido e familiar.

Felizmente para a minha amiga Lucy, essa mudança aconteceu no início da vida adulta. Muitos de nós não temos tanta sorte e repetimos inconscientemente os mesmos padrões durante anos ou até mesmo décadas porque é o que conhecemos; o que os nossos comportamentos antigos atraem; e aquilo a que o nosso sistema nervoso responde. E, toda vez que voltamos para os nossos velhos hábitos, eles nos deixam com a sensação de possibilidades reduzidas. É como se a vida validasse essa realidade dolorosa, contanto que continuemos a alimentá-la. Compreender isso pode nos ajudar a exercitar a autocompaixão. O simples ato de notar um comportamento diferente pode ser difícil. Os tipos para os quais nos tornamos condicionados a nos sentirmos atraídos tendem a ter o sinal mais forte no nosso radar. Aprender a fazer distinções mais sofisticadas demanda tempo e uma intervenção consciente, um compromisso de parar de alimentar os nossos velhos hábitos e de começar a abraçar algo novo. Como todos que já tentaram parar de beber ou fumar podem atestar, não é uma tarefa fácil. Significa que precisamos treinar para controlar esse instinto perigoso mas natural: o instinto de continuar focando a única coisa que estamos tentando evitar.

3. Olhando para o muro

Quando perguntaram ao piloto da Fórmula 1 Mario Andretti qual era a sua principal dica para dirigir um carro em uma corrida de alta velocidade, ele respondeu: "Não olhe para o muro de contenção. O carro segue a direção dos seus olhos". Pilotos profissionais são ensinados a controlar esse instinto. Mas quantos de nós nos identificamos com o ato de ir exatamente na direção daquilo que queremos evitar?

Meu pai tinha uma tendência para o conflito quando eu era criança. Eu me lembro de momentos entre ele e outros homens que escalavam rapidamente. Na melhor das hipóteses, eu ficava com vergonha e tenso durante esses momentos constrangedores; na pior das hipóteses, ficava com medo que eles recorressem à violência, o que acontecia de vez em quando. Eu tinha picos de adrenalina. Às vezes dissociava; outras, tinha dificuldade para pensar em qualquer outra coisa horas depois que a confusão acabava. Para piorar, quando era adolescente, trabalhei na boate do meu pai (sim, sim, não era certo, eu sei), onde toda noite testemunhava as coisas terríveis que as pessoas bêbadas eram capazes de fazer umas com as outras. Aprendi a odiar brigas, ao mesmo tempo que desenvolvi um sexto sentido para quando elas estavam prestes a acontecer. Esse era um dos fatores que alimentavam um comportamento de hipervigilância que me acompanhou durante grande parte da minha vida, fazendo que eu estivesse sempre monitorando o meu entorno, atento às ameaças de conflito e perigo para além do que seria útil ou necessário. Sendo o mais velho de três irmãos, um pouco dessa hipervigilância se transformou em um instinto protetor que, com frequência, me levava a me envolver exatamente no tipo de situação que supostamente queria evitar.

Em um bar em Golden Gai, durante uma viagem para Tóquio, no Japão, fizemos amizade com a gerente do local, Melody, uma mulher que conhecemos porque ela me reconheceu dos vídeos do meu canal no YouTube. Golden Gai é um bairro conhecido por seus bares absurdamente pequenos, como o de Mallory, com capacidade para cinco ou dez pessoas, amontoados em uma complexa rede de ruas estreitas. Toda vez que chegávamos Melody nos tratava bem, como se frequentássemos o lugar desde sempre. Na noite em questão, meu irmão, Harry, cantava a plenos pulmões a música "Hey Ya!" do Outkast no caraoquê — não era uma música fácil de cantar, como evidenciado pelo número de vezes em que ele errou a letra, embora pudesse ser culpa do saquê — enquanto Stephen e eu assistíamos.

Enquanto Harry estava ocupado dizendo a todos "Agite como uma foto Polaroid", notei outro turista que o estava encarando. Isso me incomodou, não pelo fato de Harry ser meu irmão, e sim porque, apesar de ter 1,95 metro de altura, ele é simplesmente a pessoa mais doce que existe. Imagine um filhote gigante, que ama as pessoas e está sempre querendo se divertir; esse é o Harry. Nada nele sinaliza um problema. Mas aquele cara não parava de olhar para ele. Vira e mexe eu olhava na direção dele para confirmar, e, como diria Mario Andretti, não conseguia parar de encarar o muro. E toda vez que olhava lá estava aquele olhar descontente fixo no Harry.

Antes que eu me desse conta fui até ele, com o sangue quente, e perguntei:

— Algum problema, cara? Você está encarando o meu irmão. Se você tem um problema com ele, me diga e podemos resolver.

Não fui educado. Inconscientemente canalizei o meu mais carregado sotaque de Cockney, região leste de Londres (obrigado, mãe e pai). Não era um bom sinal. Vinte anos estudando as dinâmicas do comportamento humano e da comunicação positiva tinham se resumido a isso: eu, o especialista em amor do YouTube durante o dia, incorporando um personagem de gângster do Michael Caine em um bar japonês à noite. O que eu mais queria — o que sempre quis mais do que tudo — era passar momentos tranquilos e descontraídos com as pessoas que amo. Mesmo assim, lá estava eu começando uma briga. Stephen, reconhecendo os sinais, segurou o meu braço:

— O que você está fazendo?

Melody, que com certeza já tinha visto inúmeras variações dessa situação antes, também notou. Tão rápido como faria qualquer dono de bar da região leste de Londres, ela se colocou no meio de nós e, daquele jeito adorável das pessoas que não brincam em serviço, disse:

Aquele que nunca está satisfeito

— Já chega. — E sinalizou para que nós dois voltássemos para os nossos lugares.

Eu costumava pensar em como os meus irmãos sobreviveram sem mim por perto. E então me dei conta: eles não se envolviam em situações assim. Para mim, historicamente, essas situações estavam em todos os lugares; para eles, não. Por quê? Porque eu estava encarando o muro e eles, não (pelo menos não o muro que eu continuava encarando). E quando não havia nenhum muro à vista eu, inconscientemente, procurava por ele, por toda situação que validasse o meu anúncio de utilidade pública para as pessoas que amava: "Não estamos seguros, e todos precisamos estar atentos o tempo todo". O que eu não percebia era que estava não só vivendo, mas também criando, uma realidade diferente daquela na qual meus irmãos viviam.

Todos tentamos controlar nossos medos de jeitos diferentes. O meu jeito era chegar o mais perto possível do muro. Por quinze anos, os meus hobbies escolhidos foram o boxe, o jiu-jítsu brasileiro e um pouco de Muay Thai, todas atividades que mantinham o combate na minha cabeça e às vezes me colocavam cara a cara com ele. Houve dias nos quais o meu diretor, Jameson Jordan, precisou remarcar as filmagens de vídeos porque o meu rosto estava com hematomas dos treinos. Eu gostava dos vídeos do YouTube com pessoas lutando, que não só aumentavam os meus níveis de adrenalina como também alimentavam a minha percepção de que a violência estava sempre presente (o algoritmo cumpria a sua função com prazer). Qualquer que seja o muro que procura, você vai encontrá-lo, e cedo ou tarde terá passado tanto tempo encarando aquele muro que nem enxergará mais um muro; você vai achar que é só parte da vida. Hoje em dia eu faço um esforço consciente para evitar ver esse tipo de vídeo — algumas mudanças são simples.

Quando a nossa mente está buscando o muro, vai enxergá-lo até onde ele não está. Recentemente, tive uma cliente que tinha pavor de se magoar. Assim que sentia que isso era uma possibilidade, afastava as pessoas. Ela estava no início de um namoro com um rapaz que, segundo ela, até então tinha sido um bom parceiro. Até que, em um sábado, ele organizou uma reuniãozinha com alguns amigos do trabalho e não a convidou. Ele não tinha escondido isso dela, mesmo assim ela ficou chateada. Isso despertou seu receio de que ele não sentisse o mesmo que ela, acordando medos ainda mais profundos de que ela não fosse boa o bastante. Quando o sábado chegou, a mágoa tinha se transformado em raiva, e ela enviou uma mensagem: *Por que você não me convidou?* Percebendo a chateação dela, ele pediu desculpas, explicou que era apenas um grupo de amigos com quem tinha o costume de se reunir e perguntou se poderia ligar para ela mais tarde. E ela respondeu: *Não precisa*. Porém, todo dia que passava e ele não ligava para ela — algo que ela tinha pedido que ele não fizesse — só confirmava suas suspeitas de que ela estava certa de ficar com medo. Ela tinha o direito de ficar chateada por não ter sido convidada para conhecer os amigos dele, mas o seu foco no muro transformou uma oportunidade de demonstrar vulnerabilidade e criar intimidade em um motivo para implodir o relacionamento. No entanto, ela só pensava que tinha provado a sua teoria: todos inevitavelmente acabariam por magoá-la.

Precisamos tomar muito cuidado com o tipo de "normal" que criamos para nós mesmos. Existem tantas realidades diferentes, mas o nosso foco e escolhas nos aprisionam em uma que não queremos. Não permita que o seu muro se torne o seu mundo.

4. Nosso valor

Até aqui, estabelecemos alguns motivos cruciais para continuarmos dizendo "sim" para pessoas e situações que nos fazem mal: o medo de não termos tempo nem oportunidade suficientes, que nos faz desenvolver a mentalidade da escassez e acreditar que precisamos aceitar o que aparece; as nossas experiências do passado, que forjam o que conhecemos; e o foco perigoso no muro, que nos direciona para aquilo que é familiar e não para o que queremos. Também discutimos sobre o desconforto intenso que podemos sentir quando tentamos desviar o olhar do muro e direcioná-lo para algo novo. Em vez de aceitar esse desconforto, muitas pessoas voltam para o que conhecem, mesmo que isso as faça infelizes. Parte desse desconforto advém do fato de ser uma experiência nova e o desconhecido pode ser assustador. Por outro lado, existe mais um desafio: quando vivemos algo novo e isso representa mais do que tivemos no passado, não só precisamos nos familiarizar com isso, mas também permitir nos sentir merecedores disso.

Aquilo a que fomos condicionados no passado é responsável tanto pelo que conhecemos como pelo que julgamos merecer. Na nossa cabeça, o passado é um reflexo do nosso valor na vida. Podemos querer mais, podemos até perceber que mais é possível para outras pessoas, porém é difícil acreditar que mais é possível quando se trata de *nós*. Interpretamos mal as nossas próprias experiências e temos a falsa crença de que, se realmente merecêssemos mais, já teríamos recebido mais.

Treinar a nós mesmos para ficarmos confortáveis com receber mais é difícil. No passado, nos disseram coisas ou nos ensinaram a aceitar coisas que afetaram negativamente a percepção que temos do nosso próprio valor. Por isso, aprendemos a nos sentirmos confortáveis com receber menos, a ponto de ficarmos até mais seguros quando isso acontece. E, depois que nos acomodamos nesse lugar, receber mais pode nos causar estranhamento e nos deixar com medo: de não sermos capazes de manter nenhum dos ganhos ou melhorias em nossas vidas; de descobrirem que não merecemos estar na posição em que estamos — a essência da síndrome do impostor. Existe um sentimento distorcido de segurança em receber menos. A segurança é dos males o menor; significa saber o caminho, mesmo em um terreno difícil.

Mesmo quando pedimos mais, receber mais pode instantaneamente gerar insegurança em nós. Você já precisou ser firme com uma pessoa que está acostumado a agradar? Depois de se posicionar, ou de falar com sinceridade sobre os seus sentimentos, quanto tempo levou para que você começasse a se sentir culpado por isso? Quanto tempo levou para que voltasse para a dinâmica que lhe causa ressentimento?

Existe uma segurança em ser quem reclama sobre o egoísmo do outro. Existe uma segurança em ser a pessoa de quem os outros se aproveitam. Nós sabemos desempenhar esse papel. Mas talvez nunca tenhamos aprendido a sermos iguais em um relacionamento.

Quando percebemos que receber *mais* na verdade pode causar mais e não menos insegurança, começamos a entender por que passamos tanto tempo das nossas vidas reclamando das mesmas coisas. É mais fácil reclamar do que treinar para nos sentirmos confortáveis nesse novo lugar.

Talvez só nos sintamos seguros em um relacionamento quando estamos fazendo mais pelo outro do que permitimos que ele faça por nós. Depois de um tempo, pode ser que essa desigualdade fundamental até cause uma sensação de controle. Esse desequilíbrio é ainda mais comum quando decidimos que alguém é atraente ou mais atraente do que nós: ele é particularmente bonito, bem-sucedido, carismático, charmoso e impressionante. A nossa autoestima nos diz que seria querer demais estar com alguém assim sem ter enfrentado algum efeito colateral ruim como parte da barganha: ele trai, a comunicação é inconstante, se entrega menos do que nós, desperta incertezas em nós, só é gentil depois de uma sequência de abuso emocional. Quando você se vê nessa situação e se sente psicologicamente inseguro para ter conversas difíceis por medo de perder a pessoa, o seu valor *preestabelecido* lhe diz que você está pedindo mais do que vale.

Como resultado, só ficamos confortáveis com o amor que recebemos quando ele vem com condições. Isso nos dá permissão para aceitar o presente. Uma vez assisti a uma entrevista com a comediante Nikki Glaser, na qual ela explicava a sua relação com o orgasmo:

> Eu sempre gostei de ficar amarrada. Sou uma pessoa que não acredita que merece sentir prazer sem sentir dor. Por exemplo, eu nunca comemoro nada; só consigo comemorar ou relaxar se tiver me matado de trabalhar por aquilo. Tenho muita dificuldade de aproveitar a vida. Eu preciso me punir primeiro. E com os orgasmos... é difícil para mim ter um e me permitir

ter um. É demais. É como o Natal. Precisamos esperar um ano inteiro pelo Natal; não podemos ter Natal todos os dias. Então, eu gosto de estar amarrada e ser forçada a ter um Natal.

Algumas pessoas podem ficar chocadas pela descrição de Nikki sobre o que precisa fazer para merecer o privilégio de ter um orgasmo. Eu vejo como uma descrição da maneira como muitos de nós vivemos. Tenho dificuldade de acreditar que mereço momentos de alegria e tranquilidade sem antes cumprir um cronograma brutal, segundo o qual preciso monitorar a minha produtividade minuto a minuto. Talvez algumas pessoas consigam usar essa mentalidade do "fazer por merecer" de maneira saudável. Não é o meu caso. A minha versão dessa mentalidade é uma mutação na qual alegria e autocompaixão são suprimidas por um tirano interior que decide se já apanhei o suficiente para o dia. Quando estou prestes a desmoronar, uma voz interior diz: "Ok. Vamos dar a ele meia hora de paz antes de dormir. Mas vamos deixar bem claro para ele que retomaremos de onde paramos, logo cedo pela manhã".

Ter consciência de padrões como esse é um primeiro passo importante. Nos ajuda a exercitar a autocompaixão, a reconhecer a força que nos mantém onde estamos, mesmo quando começamos a sentir que existem mais possibilidades para nós do que nos permitíamos acreditar no passado. Entretanto, em vez de permitir que qualquer insegurança nos convença de que "mais" só é possível para os outros, e não para nós, precisamos começar a nos reeducar sobre o nosso valor. É uma espécie de reparentalização, na qual desaprendemos antigos condicionamentos, profundamente enraizados, de que somos errados e nos ensinamos a fazer novas associações, algumas pela primeira vez, por exemplo, o amor não deveria vir com condições que nos fazem sofrer; não tem problema ter necessidades e verbalizá-las sem vergonha ou culpa; merecemos o mesmo respeito, consideração e gentileza que qualquer outra pessoa — não existe um motivo especial para merecermos um tratamento pior, independentemente de termos aprendido a nos ver como pessoas más e indignas; não importa o quanto alguém pareça ser incrível por fora, porque, no fundo, é só uma pessoa, como nós.

A maioria de nós vive esperando que o outro nos ensine qual é o nosso valor. Mas está na hora de viver com base em uma verdade diferente: embora, de vez em quando, apareçam pessoas especiais em nossas vidas, que têm uma visão única sobre o nosso valor, no fim das contas, cabe a nós ensinar aos outros sobre o nosso valor, e não o contrário.

São coisas difíceis de serem aprendidas. É como aprender a andar de novo. Porém, assim como uma criança aprendendo a andar, precisamos de paciência, gentileza e incentivo à medida que tropeçamos desajeitadamente, descobrindo uma nova forma de caminhar pelo mundo.

5. A sensação é boa

Qualquer análise dos motivos pelos quais seguimos gravitando na direção daquilo que nos faz mal seria incompleta se não revisássemos o nosso comportamento à luz da influência do vício. Inúmeras facetas de um relacionamento são viciantes: o sexo; os períodos de lua de mel; pessoas carismáticas, carinhosas e a onda de oxitocina que sentimos quando nos abraçam; a dose de dopamina que recebemos quando o nome de alguém reaparece na tela do nosso telefone. Até mesmo os ciclos de altos e baixos que vivemos quando namoramos alguém que nos faz sentir amados e depois ansiosos, e depois amados novamente, são viciantes. A psicologia tem um nome para isso: vínculo traumático. As substâncias envolvidas no amor e no namoro são tão viciantes que muitos de nós fazemos ou aceitamos qualquer coisa para continuar recebendo a nossa dose delas.

Procuramos essa dose no caminho que oferece menor resistência: voltando para pessoas que não nos levam a lugar nenhum, em vez de nos esforçarmos para encontrar alguém novo. Voltamos para dinâmicas nocivas porque elas geram uma euforia familiar quando as coisas ficam boas de novo. Aceitamos qualquer conexão no curto prazo, não importa o quanto sejam inferiores, em vez de aproveitarmos a solitude e os períodos prolongados de solteirice.

O que as drogas fazem é oferecer uma solução rápida para emoções dolorosas. O problema é que essa solução rápida não dura muito tempo; uma cadeia de eventos que pode facilmente convencer alguém de que não existe uma solução de longo prazo para a sua vida amorosa. Funciona como uma espécie de crescendo para a mentalidade da escassez, que leva à completa perda da esperança. Quando não existe esperança, o que começa como uma solução rápida pode se tornar um estilo de vida. O comentário a seguir, feito por uma das assinantes do meu canal no YouTube, funciona como um importante choque de realidade:

Quando você começou a listar os motivos pelos quais justificamos namorar a pessoa errada, eu pensei: NOSSA, eu faço isso! Mas, sinceramente? É melhor do que nada. Passei muitos anos, anos extremamente solitários, sem ter ninguém porque estava sempre querendo encontrar a pessoa certa e evitar perder meu tempo com namoros casuais. Enquanto isso, continuava envelhecendo sem nunca encontrá-lo; por isso precisei aceitar a norma, que é o relacionamento casual. Se eu não namorasse os caras errados, ainda estaria solteira. Pelo menos é mais divertido assim do que ter que lidar com a completa e absoluta solidão.

— Sarah, assinante do canal

Como não simpatizar com a Sarah? Quem não é capaz de entender por que ela escolheu simplesmente aproveitar as oportunidades que cruzam o seu caminho, em vez de perder anos da vida esperando por aquele relacionamento que, em teoria, vai ser sério e repleto de amor, mas que nunca parece se materializar? A honestidade dela nos força a confrontar a pergunta: Será que não ter nada é realmente melhor do que ter a coisa errada? Fica claro para mim, quando descrevo os quatro níveis de importância de um relacionamento (admiração, atração recíproca, compromisso, compatibilidade), que uma grande porcentagem da plateia inicialmente me encara, de braços cruzados, porque a experiência dessas pessoas diz que até mesmo a atenção recíproca está longe de ser uma possibilidade. Por que se dar ao trabalho de querer ter compatibilidade de longo prazo nesse caso? Para alguém que não teve ninguém durante anos, a atração recíproca, não importa o quanto seja imperfeita, funciona como um bote salva-vidas, ou, pelo menos, proporciona um pouco de divertimento.

Por outro lado, será que não se trata apenas de um truque da baixa autoestima, juntamente com a falta de amor-próprio, agindo como uma espécie de fatalismo existencial? Será que não é só mais um jeito de nos safarmos, uma desculpa que nos convence a aceitar menos, que nos distrai da possibilidade de encontrar algo incrível que a vida está reservando para nós, para quando conseguirmos romper esse nosso ciclo vicioso? E como seria romper esse ciclo na prática? Como obter o tipo de relacionamento cuja existência passamos a questionar? Como garantir que vamos ficar realmente empolgados com aquilo que é melhor para nós, em vez de ansiar pelo que nos faz mal? E como podemos garantir que nos sentiremos merecedores disso quando conseguirmos? Essas perguntas são a chave para que possamos encontrar satisfação no amor. Para encontrar essa satisfação, precisamos levar a sério o compromisso de criar uma nova realidade em nossas vidas amorosas. Precisamos conscientemente recalibrar o padrão de configuração que governou as nossas decisões até agora. Quer tenhamos vinte ou sessenta anos, sejamos solteiros convictos ou namoremos pessoas erradas uma atrás da outra, precisamos dar passos diários e tomar decisões que, de uma vez por todas, vão reprogramar o nosso cérebro quando estamos apaixonados. Embora não seja uma tarefa fácil, garanto que é possível e que o roteiro para isso é mais prático do que você imagina.

10

COMO REPROGRAMAR SEU CÉREBRO

Todos temos padrões que direcionam automaticamente o curso das nossas vidas durante muito tempo: um padrão de pensamento ansioso que nos leva a sabotar qualquer coisa boa que cruze o nosso caminho, porque, no fundo, tememos não sermos bons o bastante para mantê-la; permitindo que o ciúme e a insegurança assumam o controle e destruam a nossa experiência de estar em um relacionamento; insistindo em pessoas indisponíveis emocionalmente; entrando em padrões de codependência com parceiros tóxicos e até mesmo abusivos; investindo demais e consequentemente afastando a possibilidade de relacionamentos saudáveis assim que começamos a gostar de alguém; encontrando defeitos e fugindo sempre que o período de lua de mel acaba e o relacionamento se torna real, porque no fundo não sabemos como receber um amor saudável.

Não é fácil se desconectar desses padrões dolorosos. Padrões se transformam em hábitos, que, por sua vez, podem se transformar em comportamentos automáticos e que, por fim, se tornam naturais a ponto de serem aceitos como parte da nossa identidade. Essas crenças fundamentais sobre o que e quem somos podem continuar nos fazendo mal. Embora sejam difíceis de mudar, temos a capacidade de causar um curto-circuito no que parece ser automático e, em vez disso, passar a agir com intenção. Assim que identificamos os padrões persistentes que nos fazem mal — algo que tentamos fazer no capítulo anterior —, começamos a reprogramar conscientemente o nosso cérebro para uma vida amorosa que nos deixará mais tranquilos e, quem sabe, mais satisfeitos.

Os cinco passos a seguir estão menos relacionados às atitudes que você precisa ter quando sair pelo mundo conhecendo pessoas novas e mais relacionados às suas condições mentais, suas perspectivas e expectativas antes de fazer isso. Eles envolvem aceitar o ritmo dos nossos comportamentos mais interiorizados, por isso é importante avaliar o seu progresso com compaixão e se lembrar de que as pequenas mudanças também contam.

Passo 1: Faça da mudança uma necessidade

O começo de uma mudança não se baseia na crença, e sim na necessidade. Assim que aprendemos, por experiência própria, que não podemos mais continuar fazendo o que estamos fazendo, fazer algo novo e diferente se torna uma necessidade. Segundo Platão, "A necessidade é a mãe da criatividade". Infelizmente, a compreensão clara dessa necessidade só é alcançada quando sentimos a verdadeira dor e o principal custo de continuar fazendo a mesma coisa.

Qual o padrão que está nos causando essa dor insuportável? Arruinando qualquer bom relacionamento que cruze o nosso caminho e nos fazendo terminar sozinhos, sentindo que nós somos o problema? Correndo atrás de pessoas que sabemos que são encrenca e sendo traídos? Namorando pessoas indisponíveis emocionalmente, que desperdiçam anos das nossas vidas? Nos apegando com tanta ansiedade (ou nos esquivando tanto) que nunca conseguimos relaxar e acabamos sabotando todos os nossos relacionamentos? Nunca conseguindo defender o que queremos em um relacionamento e permitindo que se aproveitem de nós? Ou talvez a dor não seja causada pelos relacionamentos, e sim porque evitamos estabelecer conexões como um todo: ignoramos qualquer parte nossa que deseje encontrar o amor; dividindo o nosso tempo entre o trabalho e jantares com amigos casados, insistindo que "aplicativos de namoro não funcionam para mim", mas sem tomar nenhuma iniciativa para conhecer pessoas na vida real também. E depois vem a autorrecriminação (por não fazermos nada para mudar a nossa situação), que aumenta a nossa solidão.

Um dia a dor atinge um crescendo, quando nos damos conta dos custos: de perdermos a chance de ter uma família biológica (se isso for importante para nós), de desperdiçarmos anos com alguém que nunca mereceu o nosso foco, de nunca realmente nos arriscarmos para encontrar o amor. Para entender isso, só precisamos ver aonde a nossa trajetória atual vai nos levar, e fazer isso não tem relação com viagens no tempo, ou poderes psíquicos, e sim com o bom senso.

Em algumas situações, como voltar para um parceiro abusivo, o custo é óbvio. Em outras, como manter contato com o ex que não supre as nossas necessidades, é mais traiçoeiro. Eu chamo esse impulso de "microdosagem de amor". É quando dizemos para nós mesmos que só vamos continuar saindo com aquela pessoa até que apareça alguém melhor; só que esse relacionamento casual acaba se tornando o motivo de nunca termos o incentivo para encontrar alguém melhor. Toda interação, seja por mensagem, telefone ou sexo, reafirma a marca psicológica dessa pessoa na nossa vida. A intimidade nunca é o bastante para nos satisfazer, mas é suficiente para nos distrair de encontrar outro alguém. Nós não ficamos com aquela pessoa, nem a superamos.

Graças à microdosagem, existem pessoas indisponíveis em todos os lugares, que não estão de fato comprometidas, mas que deixam passar possíveis parceiros, demonstrando enorme indiferença, porque estão semiabsortas em um relacionamento fantasma. O lado bom dessa desilusão amorosa é que ela passa com o tempo. Entretanto, a microdosagem é como um disco de vinil riscado, que faz a agulha ficar pulando: um *looping* de sofrimento.

A microdosagem é apenas um dos padrões que nos impedem de encontrar o amor. Qualquer que seja a sua situação, se não estiver funcionando, aceite essa dor. Decida que não está disposto a pagar o custo futuro desse padrão. Essa decisão faz a mudança se tornar necessária e inevitável, porque, assim que você disser "Chega!", será confrontado pela próxima pergunta: "E agora?". A resposta para essa pergunta exige que você tome outra decisão: "O que é o mais importante para mim neste novo capítulo da minha vida?".

Passo 2: Escolha o que é mais importante

Decidir o que queremos para a nossa vida amorosa é crucial para que possamos distinguir entre o que vale o nosso tempo e o que não vale. É praticamente o oposto, do ponto de vista das prioridades, de uma lista com as principais características de um parceiro ideal — precisamos escolher o que é mais importante para nós primeiro, quais são os nossos critérios principais na hora de escolher um parceiro. Esses critérios se tornam o mapa que nos orientará enquanto navegamos pelo universo do namoro.

Para que lado você vai? Na direção de alguém que traz paz para a sua vida ou da pessoa mais atraente com quem acha que pode ficar? Alguém que está disposto a planejar um futuro com você, ou alguém impossível? Alguém comprometido com o próprio crescimento ou alguém que tem 1,90 metro de altura? Muitos de nós escolhemos como se estivéssemos fazendo seleção de elenco para um desfile, e não buscando um parceiro para a vida. Veja o exemplo da desiludida Natalie, do filme *Amor sem escalas*, de 2009, quando explica o que amava em seu ex, que continuava sendo o tipo de homem com quem ela sonhava ficar:

> Ele realmente preenchia todos os pré-requisitos, sabe? Executivo, 1,85 metro de altura, curso superior, ama cachorros, gosta de filmes engraçados, cabelo castanho, olhar gentil, trabalha no mercado financeiro, mas gosta de estar ao ar livre. Sempre

imaginei que ele teria um nome curto, como Matt, ou John, ou Dave. Em um mundo perfeito, ele tem um utilitário esportivo, e a única coisa que ama mais do que a mim é o seu labrador amarelo. E tem um belo sorriso.

A lista de pré-requisitos da Natalie parece uma chamada para um teste de elenco; praticamente não há nada nela que faria de alguém um bom parceiro. A vida real requer duas pessoas que vão desempenhar inúmeros papéis em uma variedade de crises, e não só fazer uma performance deslumbrante, convertida em um *reel* incrível para o Instagram. Sempre que ajudo uma pessoa a superar alguém, pergunto o que ela amava no outro, já sabendo que raramente as suas respostas citarão aspectos que tenham uma mínima relação com o que faz de alguém um ótimo parceiro. Uma vez, para justificar o fato de continuar investindo em um homem que a enrolava havia meses, uma mulher me disse, sem nenhum traço de ironia: "Ele é muito educado, tem bom coração, é proativo e conquistou um cargo muito importante na empresa em que ele trabalha". Nenhum desses traços estava relacionado com a maneira como ele a tratava ou a fazia sentir. Pode ser chocante perceber o impacto mínimo que as coisas que sempre quisemos realmente têm na qualidade do nosso relacionamento.

Um sinal de que estamos sendo bem-sucedidos em nos reorientarmos é: as características necessárias para a nosso teste de elenco inicial começam a desaparecer. Uma vez conversei com um homem feliz no casamento que me disse que, embora sempre tenha se interessado por dançarinas, a sua esposa era uma das pessoas menos coordenadas que ele já tinha conhecido. Ele riu quando perguntei se isso o incomodava. "Quanto tempo da minha vida eu passo em uma pista de dança? A minha esposa é a melhor pessoa que eu conheço; ela é uma mãe maravilhosa, e adoramos a companhia um do outro. É isso que tem impacto na minha vida todo santo dia."

Enquanto você estiver revisando as qualidades que realmente

importam, considere o quanto o seu ego, e não a sua felicidade futura, tem sido uma força determinante. Uma das minhas clientes particulares, Lisa, é uma das profissionais mais bem-sucedidas que já conheci e desejava muito encontrar o amor. No entanto, quando nos conhecemos, logo ficou claro para mim que era o ego dela, e não o seu bem-estar, que estava comandando as suas escolhas:

> Eu me interesso por homens que outras mulheres acham atraentes. Sempre estou procurando alguém que seja mais desejado pelas mulheres do que eu sou pelos homens. É como se, quando um homem é considerado "o cara" e eu ouço outras mulheres falando sobre o quanto ele é incrível, eu me interessasse ainda mais. Principalmente se achar que ele é mais inteligente do que eu, ou que está se destacando na carreira ou nos negócios. Eu passo a desejá-lo, ao mesmo tempo que fico apavorada com a possibilidade de ser rejeitada por ele.

Apesar de ser extremamente bem-sucedida, Lisa convivia com um profundo sentimento de inferioridade, que se manifestava em seus relacionamentos com os homens. Essa inferioridade a motivava a tentar provar que era capaz de atrair alguém que os outros julgassem ótimos partidos, uma conquista pessoal que finalmente a faria se sentir como se estivesse no topo. Porém, quando esses homens a tratavam mal, isso não era suficiente para convencê-la de que eles provavelmente não eram bons candidatos, nem merecedores do seu investimento; pelo contrário, isso apenas confirmava o seu medo de não ser boa o bastante para alguém como eles. E então ela tentava ainda mais para conquistar a aprovação deles, independentemente do quanto sofresse — um círculo vicioso de autoabuso, além de transformá-la em um alvo fácil para pessoas ruins. Como a sua insegurança estava no comando, ela se desconectou da própria experiência, procurando não por uma pessoa que poderia fazê-la feliz, mas por alguém que pudesse fazê-la se sentir *boa o bastante*.

O que o nosso ego quer e o que o nosso coração precisa geralmente são coisas completamente diferentes. A palavra *ego* com frequência é associada apenas a uma noção exagerada da própria importância, mas o ego também pode ser alimentado pela insegurança, que nos faz desejar ter essa importância antes de mais nada. O ego que diz "Eu sou incrível" é a mesma voz que pode dizer "Eu não tenho nenhum valor" no dia seguinte. São dois lados de uma mesma moeda. É tudo uma questão de ego. Diversos livros foram escritos inteiramente sobre esse assunto, e mentores como Eckhart Tolle são especialistas nessa área. Tudo o que precisamos saber para os nossos objetivos neste livro é que o nosso ego está sempre tentando garantir reforço e validação para si mesmo. Quando acreditamos que somos muito importantes, nosso ego nos faz acreditar que as outras pessoas não são boas o bastante para nós. Quando questionamos o nosso próprio valor, nosso ego nos leva a acreditar que os outros são bons demais para nós. Permitir que o nosso ego tome decisões é uma péssima estratégia para alcançar a felicidade no amor. O seu ego pode querer uma pessoa alta, atraente, empresária de sucesso, que mora em uma cobertura em uma cidade grande — uma pessoa por quem todos os seus amigos o parabenizarão por encontrar. Por outro lado, o seu coração pode se aquecer por alguém que lhe permita ser você mesmo e que te faça sentir aceito.

Se você notar que a falta de esforço de alguém o leva a considerá-lo mais interessante, é o seu ego que está no comando. Enxergamos a nossa capacidade de "conquistar" essa pessoa como uma forma de validarmos o nosso próprio valor. *Se essa pessoa tão importante não acha que eu sou bom o bastante, então não devo ser suficiente*, pensamos. Se essa pessoa é considerada atraente pelos outros, estamos propensos a cair na armadilha mimética de basear o valor dela naquilo que os outros consideram valioso. Esse é o problema de ouvir o nosso ego e não a voz interior que nos diz do que realmente precisamos. O ego nos faz cair na armadilha de valorizar aquilo que a maioria está valorizando. Porém, como diz a minha esposa, Audrey (era minha noiva quando comecei a escrever este livro!): "Ninguém se torna mais importante porque o holofote está em cima dele".

Quando prestamos atenção nas nuances daquilo que nos faz felizes — que são, por definição, específicas para nós —, o nosso interesse se torna o próprio holofote. Quanto mais sintonizados estivermos com o que é importante para nós, menos nos preocuparemos com o que é importante para os outros. Não estamos tentando encontrar alguém que seja certo para os outros; queremos alguém que seja certo para nós.

Para descobrir o que é importante para você, pergunte a si mesmo: "Quando eu estava no meu momento de maior infelicidade com alguém (independentemente de estar tentando desesperadamente mantê-lo), o que estava faltando e me fazendo infeliz?". Em outras palavras: "Antes mesmo de considerar o que eu quero em uma pessoa, tenho que saber do que eu preciso em um relacionamento para ser feliz? O que preciso sentir de alguém para ficar em paz? Que valores preciso que alguém compartilhe comigo antes de qualquer outra coisa?".

Veja algumas possibilidades: um compromisso sério, igualdade, investimento no relacionamento, abertura na comunicação, gentileza, constância, estabilidade, confiança, comprometimento, lealdade, integridade, responsabilidade, parceria, fazer você rir, fazer você se sentir visto, compreendido e aceito, deixar você seguro para ser quem é sem julgamento ou vergonha, saber que o outro reconhece e se preocupa com seus sentimentos, tempo de qualidade, presença, sentir-se seguro no relacionamento, valorização das conquistas a dois (por exemplo, casar ou ter filhos).

No passado, pode ser que tenhamos nos apegado a alguém que tinha charme, carisma, boa aparência ou status, mas, quando uma necessidade crucial não era satisfeita, as coisas que antes julgávamos realmente precisar perderam o seu valor. Mesmo assim, continuamos tentando nos convencer de que eram coisas que não poderíamos nos dar ao luxo de perder, mas o que estava faltando tornava impossível que ficássemos — e muito menos que ficássemos e fôssemos felizes. Que qualidades a vida o fez pensar que não poderia viver sem? Isso não se aplica apenas aos valores de alguém, mas também ao que ele quer da vida — o seu legado. Que tipo de compromisso ele deve estar disposto a assumir para que você seja feliz com ele? A pessoa certa não é apenas isso; é também aquela que está preparada.

Você se lembra do muro e da maneira como podemos passar a vê-lo em todos os lugares, mesmo quando ele não existe? Quando reprogramamos o nosso cérebro, precisamos começar a nos desconectar da ideia de que sempre conhecemos o mesmo tipo de pessoa, ou acabamos em um mesmo tipo de relacionamento, e começar a nos conectar com a ideia oposta: a de que existem pessoas diferentes daquelas pelas quais nos sentíamos atraídos no passado.

Um sinal de que a reprogramação do nosso cérebro está começando a funcionar surge quando as coisas pelas quais costumávamos ansiar não só se tornam desnecessárias como não são mais atraentes. Uma amiga minha sempre se sentia atraída por tipos carismáticos, a alma da festa; tão atraída que ignorava repetidas vezes suas falhas graves de caráter. Eles a traíam, e, o que é pior, ela nunca se sentia aceita por ser quem é. Sempre que relaxava e se comportava como a pessoa gentil e profundamente emotiva que é, eles diziam que era "sensível demais". A necessidade reflexiva deles de controlar o ambiente mal deixava espaço para os sentimentos dela. Depois de anos de sofrimento nesses relacionamentos, ela reconheceu a hierarquia daquilo que era importante para ela, começando por encontrar alguém que valorizasse a sua inteligência emocional como o dom que era. Ela se surpreendeu ao descobrir que estava ficando cada vez menos impressionada e, até mesmo, menos atraída pelo tipo de charme que antes a encantava, um traço que ela passou a interpretar como uma forma de insegurança e carência. Ela passou a valorizar pessoas que tinham um tipo de confiança profunda e tranquila e a prestar mais atenção em conversas que eram verdadeiras e recíprocas com pessoas que a faziam se sentir confortável para ser quem era. O marido dela é alguém com quem a sua versão mais jovem nunca imaginaria que ela ficaria, ela diz, e ela afirma com alegria que nunca foi tão feliz.

Determinar o que é mais importante para nós cria um modelo para a nossa felicidade no amor que é ao mesmo tempo possível e feito sob medida para as nossas necessidades. Isso nos desconecta das exigências supérfluas e às vezes baseadas no ego das nossas versões anteriores, ao mesmo tempo que nos conecta com os ingredientes essenciais para a nossa felicidade de longo prazo, abrindo caminho para que possamos escolher para quem doar o nosso tempo e energia. O próximo passo envolve orientar as nossas vidas na direção desse caminho e segui-lo, mesmo quando os nossos sentimentos ameaçam nos desviar dele.

Passo 3: Siga o seu caminho, não os seus sentimentos

Se temos certeza do caminho que escolhemos — o que deveríamos ter, considerando que já sabemos o que deu errado das últimas vezes —, vamos dizer "não" para as coisas que só oferecem conforto ou empolgação de curto prazo. É quando o antigo adágio se aplica: *Se você quer uma vida difícil, faça o que é mais fácil; mas, se quer uma vida fácil, faça aquilo que é difícil.* Toda vez que tomamos decisões que se alinham com o nosso novo caminho, reafirmamos nossas intenções, sinalizando para nós mesmos (e quem mais notar), sem nenhuma ambiguidade, o que valorizamos.

Infelizmente, nossa vida amorosa é uma área na qual sempre existe alguém para nos dizer para seguirmos o que sentimos. A julgar pelos dilemas que as pessoas que me procuram têm, seguir os próprios sentimentos parece um exemplo clássico de coisa fácil que dificulta a vida. Eu me lembro de um término que levei meses para aceitar que era necessário, bem como da reação confusa da minha mãe, me vendo sofrer depois. Quando ela não conseguia mais assistir àquele triste espetáculo, disse: "Ah, querido, se está doendo tanto assim, não seria melhor que vocês voltassem?". Por mais que eu fosse grato pelo seu misto de confusão e frustração, mesmo sofrendo, eu sabia que se seguisse o conselho dela estaria apenas confundindo aquilo que me faria me sentir bem e aliviado momentaneamente com o que me faria mais feliz no longo prazo.

Esse mesmo dilema está presente no início dos relacionamentos também. Depois de um excelente primeiro encontro, talvez você sinta vontade de enviar uma mensagem que evidencie a sua empolgação, como: *Oi, eu sei que acabamos de nos conhecer, mas acho que te amo. Parece óbvio para mim que deveríamos nos casar e começar uma vida juntos. O que você acha?* Ainda bem que temos um sistema natural de freios que nos impede de enviar essa mensagem pra valer, um botão de pausa emocional que nos permite deixar de lado nossos sentimentos e nos questionar: "Será que isso contribui para o caminho que eu quero seguir?". Essa pergunta, que pode ser instintiva em momentos como esse, é uma das muitas que deixamos de fazer em outros momentos, mas que precisamos começar a fazer com consciência e frequência, enquanto reprogramamos nosso cérebro e remodelamos nossos comportamentos.

Uma vez, fui entrevistado por uma pessoa que usava uma camiseta com a mensagem "Os seus sentimentos são válidos". Eu não disse na época o que vou escrever aqui agora: eu não acho que todos os meus sentimentos *são* válidos. Se os sentimentos são baseados em pensamentos, considere quantos pensamentos inválidos temos por dia, por causa de ansiedade irracional, medo ou estresse, todos provocando sentimentos que estão completamente desconectados da realidade. Uma espécie de "um cego guiando outro cego" dentro do nosso cérebro.

Seguir os meus sentimentos o tempo todo costuma ser uma péssima decisão. Se eu fizesse isso, provavelmente iria à academia no máximo sete vezes durante o resto da minha vida. Em vez de permitir que aquilo que sinto na hora assuma o controle, eu sempre me pergunto: "Será que isso é algo que, no final, me fará dizer 'Ainda bem que fiz isso?'". No caso da academia, a resposta é quase sempre "sim". Em situações parecidas na minha vida, apesar da resistência que sinto inicialmente, eu sei que preciso vencê-la e fazer mesmo assim. Isso, é claro, também vale para situações negativas. Existem coisas que realmente queremos fazer naquele momento, mas que sempre nos farão sentir pior depois que fizermos. Nesses casos, podemos nos perguntar: "O que eu posso deixar de fazer, mas que, no final, me fará dizer: 'Ainda bem que não fiz isso?'". Por exemplo, beber demais a ponto de odiar a vida no dia seguinte. Uma das vantagens de agirmos com esse tipo de intenção em nossas vidas amorosas é a possibilidade de conquistarmos o respeito dos outros. Quando as pessoas percebem que temos parâmetros para darmos abertura a alguém, mesmo quando o nosso coração está acelerado, isso se torna um sinal de integridade, uma evidência de que nos valorizamos, e, ao fazer isso, passamos a ser mais valorizados também. Também sinalizamos que precisamos de mais do que sentimentos momentâneos; precisamos de algo que nos faça sentir bem depois também.

No início do meu namoro com Audrey, ela se viu cara a cara com o tipo de pessoa que eu alerto em vários momentos deste livro que você evite (que horror!). Nos conhecemos em Londres e tivemos encontros muito bons, durante os quais estabelecemos uma conexão. No entanto, depois que voltei para a minha casa em Los Angeles, nos Estados Unidos, havia um oceano e um continente entre nós. Embora tenha começado bem, durante as semanas seguintes minha comunicação foi se tornando mais esparsa. Ligações viraram mensagens de texto. A frequência dessas mensagens caiu para a cada dois ou três dias. Até que, em determinado momento, depois de dias sem nos falarmos, enviei uma mensagem para ela dizendo que estava com saudade. Para ela deve ter parecido algo ao mesmo tempo inesperado e não condizente com o clima da nossa dinâmica naquele momento, porque algumas horas depois recebi uma resposta que foi como levar um soco no estômago: *Oi, espero que você esteja bem. Sinceramente, faz um tempo que não sinto que estamos tão próximos assim, e essa mensagem (independentemente de qual tenha sido a sua motivação) me pareceu uma forma de receber atenção.*

Essa doeu. Não estou exagerando quando digo que foi como levar um soco no estômago. Eu me senti repreendido, exposto. Eu estava querendo atenção. Eu gostava da Audrey; gostava demais, na verdade. Mas não queria um relacionamento a distância. E até mesmo isso era uma desculpa. Eu não queria nenhum tipo de relacionamento verdadeiro, e ela percebeu. Audrey sempre diz que estava gostando muito de mim quando fui embora de Londres, mas, quanto mais percebia que os nossos caminhos não estavam alinhados, menos estava disposta a desperdiçar sua energia comigo. Vale a pena dizer que, embora Audrey e eu hoje estejamos casados e felizes, essa mensagem não provocou uma resposta imediata minha. Seguimos caminhos diferentes durante um tempo ainda depois disso. Contudo, quando finalmente nos reconectamos, eu sabia exatamente com quem estava lidando e o que era esperado de mim. Nesse meio-tempo, ela não tinha desperdiçado nem um minuto do seu tempo com alguém que não conseguia estar onde ela estava.

Agir com intenção nesse estágio exige que reorientemos o nosso foco, para não ceder aos nossos sentimentos, e sigamos no nosso caminho. Essa é a maior demonstração de amor que podemos dar a nós mesmos. O nosso caminho, no qual custamos a chegar, passa a se refletir em nossas decisões, conversas e atitudes diárias. E quando isso acontece pode ser revelador perceber o quanto o outro passa a nos levar a sério e o quanto pode estar disposto a unir o seu caminho ao nosso.

Passo 4: Não tenha vergonha de comunicar o seu caminho

Quando estamos reprogramando nosso cérebro, precisamos ir além de simplesmente viver de acordo com o nosso caminho; precisamos ser corajosos o bastante para dividir isso com os outros também. Fazer isso funciona como um convite para que eles façam o mesmo, o que ajudará ambas as partes a enxergar se seus caminhos têm chances de se alinharem, além de permitir que o outro saiba quais são os nossos pré-requisitos, o que evita que percamos tempo com quem não estiver disposto a cumprir com eles.

A minha amiga Tanya Rad era a produtora do meu programa de rádio *Love Life*, antes que ele virasse o podcast. Desde o dia em que a conheci, cerca de dez anos atrás, ela estava à procura de um companheiro de longo prazo, por isso levava muito a sério tudo o que eu dizia durante os programas. Um comentário que fiz durante um seminário ao vivo fez muito sentido para ela: "Se tivermos cem pessoas solteiras, provavelmente uma ou duas vão ser realmente certas para você; se você conhecer apenas uma pessoa nova por mês, vai precisar viver pelo menos mais cem anos para garantir um resultado positivo". Depois disso, ela passou a considerar seus encontros uma espécie de segundo trabalho: ela não terminaria sozinha porque não tinha conhecido homens o suficiente. Mesmo assim, anos se passaram sem que ela encontrasse o tipo de relacionamento sério que queria.

Quase dez anos depois, Tanya é hoje coapresentadora, junto com Ryan Seacrest, de um dos maiores programas de rádio dos Estados Unidos. E em algum momento nesse meio-tempo ela também encontrou o relacionamento que procurava e ficou noiva. Convidei Tanya para contar a sua história para os membros do Love Life Club, na expectativa de que ela revelasse tudo sobre a única coisa que faltava para ela durante todos esses anos.

Começamos conversando sobre namoro e intimidade, áreas nas quais ela lutava contra uma noção que sempre a deixava desconfortável:

> Eu acho que existe essa mensagem, principalmente para as mulheres, de "Passe o rodo! Podemos ser como os homens! Ter todos os encontros de uma noite só que quisermos". E eu pensava: *Eu não sou assim. Nunca fui programada para isso*. Se você é assim, ótimo, eu respeito, mas eu nunca fui. Nunca consegui

transar sem compromisso. Então eu disse: "Tudo bem, de agora em diante não faço mais sexo fora de um relacionamento sério". E quando falei em relacionamento sério estava pensando em namoro com alguém comprometido comigo. E, bom, isso eliminou vários pretendentes rapidinho.

Essa era uma Tanya diferente da que eu me lembrava. A ideia de ir por eliminação revelou algo crucial: a disposição de aceitar uma perda tática em nome de uma significativa vitória de longo prazo. Tanya conseguiu fazer isso porque tinha chegado ao ponto da necessidade sobre o qual falamos: o primeiro passo para reprogramar o nosso cérebro. Ela tinha avaliado a dor e o custo de continuar no seu padrão antigo. Como resultado, teve mais clareza do que era importante para ela: conhecer alguém com a mesma intenção sobre encontrar o amor que ela. Depois que começou a seguir nesse caminho, ela deixou de tentar agradar os outros ou de ceder ao que parecia empolgante no momento.

Isso a levou até o ingrediente que faltava: como o objetivo dela não era mais um segredo, ela estava realmente disposta a comunicar qual era o seu caminho, independentemente das consequências. Ela explicou como essa abertura funcionava na prática:

Lembro que conheci um cara em um restaurante e dei meu telefone para ele em uma happy hour. Ele me chamou para sair, e eu aceitei. Isso foi numa segunda ou terça-feira, e a ideia era sairmos naquele final de semana. Ele me ligou só para conversar, e eu pensei: "Meu Deus, ninguém faz mais isso". Pareceu bem legal da parte dele. Então, enquanto conversávamos, ele fez uma piada sobre sexo; não lembro exatamente sobre o que era. Não foi grosseira nem nada, mas me deu uma abertura e eu abri o jogo. Eu disse: "Ah, hahaha, bom, eu não transo se não estiver em um relacionamento sério". E ele respondeu: "Nem eu". Então eu disse: "Ah, isso é muito legal". Só que, mesmo ele tendo dito isso, eu ainda tinha a impressão de que ele não queria compromisso. Terminamos a nossa conversa naquela noite e ele nunca confirmou o encontro. Acho que pensou: *Eu não vou conseguir o que eu quero*, e desistiu, o que não é um problema.

Conversar, ela descobriu, proporcionava inúmeras aberturas para que ela pudesse comunicar o seu caminho. Alguns homens faziam piadas, outros não achavam que era tão importante assim. Mas todos entenderam o que ela estava dizendo, e, por ter certeza da sua decisão, ela estava em paz com qualquer reação que recebesse. A postura dela também tinha suas nuances: para ela, sexo significava penetração, então outras coisas ainda poderiam acontecer se ela se sentisse confortável. E acredito que vale a pena mencionar que, meses depois de começar a sair com seu noivo, ela dormiu com ele, antes que estivessem em um relacionamento sério. Veja o que ela me disse sobre isso:

Isso foi bem difícil para mim porque foi no calor do momento. E acho que eu sabia desde o início com ele em específico que ele era a pessoa certa para mim, então eu só me permiti me sentir segura naquele espaço e [a essa altura] ele também não ignorou a importância disso. Fui eu que deixei acontecer; ele nunca me pressionou. E, no fim, isso meio que nos aproximou, porque conseguimos conversar seriamente logo depois. E eu disse: "Eu fiz uma promessa a mim mesma, e sinto que me decepcionei. Eu não me arrependo. Estou muito feliz, e estou feliz com o rumo que as coisas estão tomando, mas não quero fazer mais isso até que estejamos em um relacionamento sério".

Tanya assumiu a responsabilidade, uma atitude atraente por natureza. Apesar de só ter ficado triste pelo fato de considerar que tinha decepcionado a si mesma, ela também deixou claro para ele que não se arrependia. Além disso, também não jogou tudo pela janela só porque tinha desviado do caminho uma vez. Na verdade, quebrar a própria regra se transformou em uma oportunidade para reforçá-la. Os dois não voltaram a dormir juntos até que estivessem comprometidos um com o outro. Um mês depois, eles estavam. Ninguém precisa ser perfeito. Porém, Tanya se manteve consciente do seu comportamento, mesmo quando suas ações a desviaram do caminho.

Ela também foi direta com ele sobre o desejo que tinha de se casar e ter filhos — uma conversa que não deve ter sido fácil, considerando que ele não só era divorciado como já tinha dois filhos. "Nós conversamos sobre as minhas experiências", ela me contou. "E eu disse a ele: 'Eu sei que você já foi casado e tem filhos. Essas são experiências que eu realmente ainda quero viver. Fico empolgada com a possibilidade de me casar um dia e de ser mãe. Quero muito passar por essa fase da minha vida'."

Se Tanya, visivelmente ansiosa, tivesse deixado escapar "Eu quero me casar!", poderíamos perdoar o outro por querer sair correndo. Alguém que mal conhecemos não deveria ficar com a impressão de que já o escalamos para uma posição para qual ele ainda nem fez por merecer. Mas Tanya estava falando sobre algo que a deixava empolgada por ser um desejo seu. Realmente não tinha nada a ver com ele (a não ser pelo fato de ele já ter vivido essas experiências). No entanto, o subtexto estava lá: se você não quiser viver essas experiências novamente, vamos parar por aqui e dizer que foi bom enquanto durou.

Perguntei a Tanya como ela fazia quando não tinha uma abertura do tipo "sou um pai divorciado", e ela me deu uma resposta igualmente prática:

> Eu lidava quase como se fosse uma espécie de transição de carreira, dizendo: "Eu já conquistei bastante coisa na minha vida profissional, mas ainda tem muitas coisas que gostaria de fazer na vida pessoal. Durante muito tempo não me permiti estar em um relacionamento sério porque estava focada na minha carreira. Isso é uma coisa que eu desejo de verdade. Tenho

muitos amigos casados à minha volta, com casamentos maravilhosos. Isso é uma coisa que eu quero muito. O mesmo vale para filhos. Sempre senti que estava trabalhando demais para sequer pensar em ter filhos".

Ela nunca expressava ter urgência (mesmo que a sentisse), o que não seria apropriado assumir para alguém que tinha acabado de conhecer — um erro comum que revela uma ansiedade e que o outro interpreta como pressão. Em vez disso, ela simplesmente definia seu caminho com base na própria empolgação. A mensagem era totalmente positiva.

Como foi fácil para Tanya! Que bom para ela!, podemos ficar tentados a pensar todas as vezes que ouvimos histórias assim. Mas a história dela, como a da maioria, não foi um "sucesso" que aconteceu da noite para o dia. Ela precisou conhecer muitos homens, ter encontros ruins e relacionamentos indefinidos até encontrar alguém que se mostrou receptivo aos parâmetros dela. Ela não decidiu mudar um dia e no dia seguinte conheceu alguém de quem gostava e que estava pronto para o pacote completo. Ela namorou por uma década, pôde se conhecer muito melhor — o que queria e o que não queria —, solidificou o seu caminho e finalmente encontrou alguém alinhado com a sua visão. Uma das principais causas de impaciência na vida amorosa das pessoas são histórias do tipo: "Eu fiz XYZ, e, do nada, a pessoa certa apareceu!". O crescimento na vida real é lento, mas os resultados são reais. Assim como em outras áreas da vida, a batalha na vida amorosa das pessoas é vencida bem antes que elas tenham alguém para mostrar como resultado.

Vamos resumir o que aprendemos até aqui sobre reprogramar o nosso cérebro:

- A necessidade marca o início da mudança. Assim como Tanya, precisamos ser honestos sobre o sofrimento do presente e o custo futuro das nossas atitudes até agora. Essa avaliação honesta não nos deixará outra escolha que não seja fazer diferente.

- O próximo passo é decidir o que é mais importante para nós agora: o nosso novo caminho.
- Precisamos seguir nesse novo caminho em vez de ceder aos impulsos dos nossos sentimentos momentâneos. Felizmente, quanto mais conectados estivermos com os motivos pelos quais o nosso caminho é importante para nós, menos empolgados vamos nos sentir sobre as situações que acabam nos fazendo mal.
- Nos tornamos capazes de nos comunicarmos sem sentir nenhuma vergonha, sabendo que não tem problema perder os outros, não importa o quanto eles sejam atraentes. Ninguém tem passe livre para cruzar o nosso caminho.
- Devemos comunicar aonde queremos chegar de maneira positiva, já que estamos empolgados e seguros, e não ansiosos e inseguros. Não tem a ver com eles; tem a ver conosco.

Se você fizer isso, vai evitar 99% do sofrimento presente na vida amorosa das outras pessoas e abrir caminho para o seu próprio relacionamento saudável. Mas e a pergunta que não quer calar? Aquele receio, lá no fundo, mesmo quando estamos fazendo tudo certo e dizendo "não" para as pessoas e experiências que não estejam alinhadas com o nosso caminho; o receio de nunca encontrarmos alguém que nos faça sentir do jeito que nos sentíamos com outra pessoa, ou que nos disseram que *deveríamos* nos sentir quando encontrássemos a pessoa certa? E a questão de ter química com o outro?

Passo 5: Não compre pelo impulso da comparação, com base na química

Vamos imaginar (ou talvez não seja preciso imaginar) que você encontrou uma pessoa que o trata bem, que está interessada e quer as mesmas coisas que você. Porém, ela não é uma pessoa por quem você se sente atraído, algo que o deixa cada vez mais ansioso. Quanto tempo você espera antes de decidir que esse não é o relacionamento certo? Será que deveria continuar buscando alguém por quem sinta atração ou deveria ficar com essa pessoa porque ela cumpre vários dos seus pré-requisitos?

A resposta curta e enfática é "não". Não só você não deveria desistir da atração como eu não recomendo que faça isso. A química sexual é o fator essencial que diferencia a amizade dos relacionamentos românticos. Se você não consegue se ver tendo um relacionamento sexual com seu parceiro ou desfrutando desse momento com ele, o caminho será longo. Vale a pena se perguntar: será que o nível de química que eu sinto com essa pessoa é algo com que vou conseguir conviver pelo resto da vida? Se a resposta for "não", é hora de cair fora. Não tente forçar; a atração não responde bem à coerção.

Por outro lado, podemos encontrar mais pessoas pelas quais nos sentimos atraídos quando removemos alguns dos obstáculos que criamos. Um deles é o quanto somos rígidos com relação à nossa "política de abertura" para namoros. Hoje, mais do que nunca, dispensamos as pessoas com uma velocidade impressionante. Não existe lugar em que isso seja mais evidente do que nos aplicativos de namoro, nos quais mantemos parâmetros altos e artificiais mais cruéis do que qualquer outro padrão que seguimos na vida real, onde as nossas lentes têm um filtro de foco mais suave. O bufê digital desvaloriza e faz as pessoas parecerem ser descartáveis quando comparado a ter uma pessoa real, diante de nós, dizendo coisas que nos surpreendem. O maior perigo da tecnologia é que inconscientemente rejeitamos pessoas com quem poderíamos ter uma química verdadeira; e fazemos isso com facilidade, sabendo que outra pessoa virá logo depois.

Quem nunca se sentiu sexualmente atraído por alguém que nunca teria escolhido em uma seleção feita pelos aplicativos de namoro? Talvez você tenha até se casado com essa pessoa! Isso acontece porque a atração sexual não é determinada por uma foto; é um jogo — um enredo que se desenrola e ganha vida ou se perde quando as pessoas se encontram pessoalmente. Mesmo de um ponto de vista superficial, podemos dizer que muito da atração advém das movimentações do outro; como ele se move, sorri, se levanta ou anda. Podemos nos sentir atraídos por alguém simplesmente pelo jeito como ele balança a cabeça durante uma música. Essa verdade pode ser verificada em todas as direções. Podemos ver a foto de alguém que julgamos ser objetivamente bonito e simplesmente não sentir nada quando o vemos pessoalmente. Podemos sentir uma atração absurda por alguém que acabamos de conhecer pessoalmente e, para a nossa surpresa, descobrir que as fotos dele nas redes sociais "não lhe fazem justiça". Já aconteceu de uma amiga lhe mostrar a foto da pessoa superatraente com a qual ela saiu na noite anterior e você pensar consigo mesmo *É sério?* A diferença não está necessariamente baseada em uma preferência pessoal. Sua amiga estava lá, você não. Isso não quer dizer que você deveria relevar a sua necessidade de sentir química com o outro, e sim perceber que ter química não é algo simples, logo, pode valer a pena reavaliar a sua "política de abertura", que pode estar dificultando que você descubra se a química existe de fato.

Além disso, a química não só exige mais do que uma foto como às vezes demanda mais de um contexto. Você já teve um *crush* em alguém que nunca tinha notado antes? Até que um dia ele fez algo cativante, ou apareceu usando uma roupa que fez você olhar para ele com outros olhos, ou lhe mostrou o quanto é competente em seu ofício. E assim, de repente, você sentiu alguma coisa. É por isso que precisamos ter cuidado com declarações como "Eu nunca conheci alguém por quem me senti atraído". A atração é mais do que um encontro, da mesma forma que uma praia é mais do que um balde de areia e uma garrafa de água salgada.

Também precisamos ter consciência de como o ego pode interferir na química. O ego diz: "Essa pessoa não se veste como as outras com quem namorei" ou "Não é uma pessoa que gosta de fazer coisas ao ar livre" ou "Meus amigos e familiares não a acharão atraente". Critérios assim, ao mesmo tempo que são retrógados e críticos demais, afetam a nossa capacidade de fazer uma escolha verdadeira, colocando muito mais valor em fatores externos, como boa aparência e estilo, do que em outras qualidades pelas quais podemos nos sentir sexualmente atraídos quando estivermos presentes e envolvidos. A atração sexual é pessoal, e podemos senti-la intensamente com alguém que não teria se encaixado nas nossas noções preconcebidas sobre o que faz o nosso tipo.

O ego não só prejudica uma possível química como pode falsamente identificar uma. Faz alguém que se mostra esquivo e difícil de conquistar se transformar em uma pessoa valiosa e desejável. Por que correr atrás de alguém indisponível? Os altos inesperados e baixos turbulentos são confundidos com sensações de química — o que não faz nenhum sentido. Tenha cuidado para não confundir um ciclo de ansiedade e alívio temporário com química.

Quando isso vira um hábito (ou até mesmo um vício), pode gerar distorções nos resultados. Meg, que é membro do meu clube, uma vez me disse: "Já me machuquei muito em relacionamentos no passado; mesmo assim, tenho dificuldade de sentir o mesmo tipo de atração com os outros homens com quem me relacionei depois. O que devo fazer? Também tenho medo de me machucar de novo. Quais qualidades deveria procurar?". Meg resumiu o estranho dilema que está presente em tantas vidas amorosas: como encontrar outra pessoa igualzinha àquela que me magoou sem me machucar de novo?

No entanto, quando Meg e eu começamos a destrinchar o seu último relacionamento, ficou claro que o namorado não a magoou só quando terminou com ela. Mesmo quando os dois estavam supostamente em um relacionamento, ela nunca se sentiu segura e tranquila. E é o que ocorre em muitos relacionamentos: nunca sentimos que conquistamos definitivamente a pessoa. Quando isso acontece, a corrida nunca termina. Nós seguramos com toda a força, como se a nossa vida dependesse disso. Como o sentimento de segurança nunca aparece, a turbulência emocional do início do relacionamento nunca termina. Era essa a situação da Meg, que criava condições impossíveis para os novos pretendentes; eles precisavam fazê-la sentir o mesmo nível de desejo que ela sentia pelo ex — com a exceção de que sempre fora um desejo baseado em fazê-la se sentir desconfortável. Saiba que nunca vamos estar seguros com quem permanece fora de alcance. E lembre-se: em qualquer relacionamento, você se apaixona pela presença da pessoa, não pela sua ausência.

Também tome cuidado quando o pico da química cresce e atinge níveis que você não consegue reproduzir tão facilmente: o romance de férias; o entusiasmo de um caso; o relacionamento de dois meses que adquire uma enorme importância só depois que termina abruptamente. Todos amamos fogos de artifício, mas para prender a nossa atenção eles precisam garantir duas condições primárias: a atmosfera romântica da noite, e saber que tudo vai acabar muito rápido. Retire um desses fatores, e todos os fogos se tornam comuns. Quantas experiências que consideramos serem o ponto alto de nossas vidas foram breves e hoje se tornaram distorcidas pelas lentes turvas da memória? E se o seu amante dos trópicos tivesse voado de volta para casa com você? E se o seu ficante de dois meses enviasse uma mensagem pedindo um favor? Você não pode comparar a reação química rápida de uma corrida romântica de velocidade com a estamina necessária para a maratona de um noivado. No mínimo, precisamos moderar quaisquer sentimentos de romance motivados por situações como essa a partir da realidade do fato de que realmente não temos noção de como teria sido se tivéssemos ficado com aquela pessoa no longo prazo.

Resumo da ópera: ter química é crucial, mas não é a única qualidade a ser buscada em uma parceria de longo prazo. É verdade que é algo extremamente importante na fase inicial, mas, se estamos escolhendo com base na química, por que também não buscamos a pessoa mais gentil, ou a mais incentivadora, ou a que mais nos entende, qualidades que são tão importantes, se não forem mais, quanto a química para nos fazer felizes no longo prazo?

Isso não quer dizer que você precisa começar a preencher seu diário com pessoas por quem não sente nenhuma atração física, ou continuar saindo com pessoas com quem, desde o início, não sentiu nada. É simplesmente um convite para não tomar decisões no calor do momento sobre química e atração sexual, que precisam de um pouco de exposição e abertura para se manifestarem; para parar de colocar os sentimentos que nutrimos no passado — sentimentos que, por definição, nunca tiveram que resistir ao teste do tempo — em um pedestal; e para atribuir à química o nível de importância apropriado, mas não em um nível mais alto do que as outras qualidades necessárias para um relacionamento feliz. Por fim, precisamos lutar contra a nossa necessidade de estar sempre fazendo comparações. Quando nos comprometemos a encontrar um relacionamento completo, a química é um componente vital, mas não é uma competição que uma nova pessoa precisa vencer.

PADRÕES COMO OS QUE DISCUTIMOS nos dois últimos capítulos podem se tornar normais para nós sem que sequer percebamos, e é por isso que não podemos confiar na esperança de que um dia vamos simplesmente acordar e começar a nos sentir melhor ou a tomar decisões melhores. A mudança não é algo que acontece com a gente; ela precisa vir de nós, o que exige mais do que uma simples epifania. Epifanias (talvez você tenha tido algumas lendo este livro) apenas iluminam o caminho. É a intenção que reordena o nosso modo de ser — é uma guerra de resistência contra o que fazíamos antes. Quando algo não está funcionando para nós, precisamos identificar imediatamente o que é, como um sentinela que guarda os portões da nossa felicidade e, assim que conseguimos, tomar a decisão de parar de fazer ou de dar abertura para isso e começar a fazer o que será melhor para nós no futuro. Preste atenção naquilo que te faz sentir melhor consigo mesmo. Alie-se com algo mais importante, como os valores que passou a admirar nesse estágio da vida. Decida com antecedência o que é importante para você em uma pessoa. Saiba que tipo de energia quer que o rodeie, e quais qualidades lhe trazem tranquilidade na vida e nos relacionamentos. Oriente cada parte da sua vida ao redor dessas qualidades: como você gasta o seu tempo, a energia que coloca no mundo, o tipo de pessoa no qual investe até mesmo como amigo. Sature a sua vida com o tipo de energia que quer atrair. Não é algo que acontece da noite para o dia, mas é mais poderoso do que você imagina. Quanto mais você faz, mais vai notar e ser notado por outras pessoas com essas qualidades.

Nada disso é fácil. É mais fácil ir atrás daquilo que nos faz sentir melhor momentaneamente do que fazer as coisas que nos farão sentir bem no longo prazo e ter fé que elas em algum momento vão atrair a pessoa certa para as nossas vidas. Fazer isso requer sacrifício, paciência e comprometimento. Requer que continuemos treinando o foco todos os dias para o nosso novo objetivo: a nossa paz e felicidade. Envolve disciplina e requer que levemos a nós mesmos e ao nosso bem-estar a sério.

A coisa certa pode não parecer tão valiosa no início, e é essencial nos momentos de tentação continuarmos conscientes das coisas que nunca funcionaram no passado e do porquê. No entanto, se seguirmos tentando, logo veremos que gradualmente vamos chegar a um lugar mais saudável, um lugar de calma e objetividade. Vamos nos libertar das correntes frenéticas da ansiedade e do vínculo traumático e entrar nas águas calmas de um relacionamento com atenção plena, no qual ficará mais claro para nós o que é uma atração saudável e o que não é. As pessoas erradas vão começar a perder a importância e até mesmo o apelo. O tipo de pessoa que entraria na sua vida no passado e acabaria com a sua paz de repente deixa de ser atraente e de estar sintonizado com o ritmo da sua nova vida.

Quando nos libertarmos do ciclo do vício no amor, podemos começar a encontrar uma espécie de química mais serena, embora não menos valiosa, com novas pessoas, que talvez não considerássemos antes. Você não começará a achar todo mundo magicamente atraente, mas pode ser que comece a notar pessoas que nunca tinha notado antes e, ao fazer isso, descubra que a sua gama de possibilidades aumentou. Isso gera esperança. A dor que propiciou essas mudanças em você diminui, abrindo caminho para a noção de que novas coisas são possíveis: não só existem pessoas que nem sabíamos que existiam como elas estão entre nós. Fica claro que as nossas versões mais jovens não eram de fato as especialistas que julgavam ser naquilo de que precisávamos para sermos felizes. Com alguma distância, podemos desfrutar de uma nova possibilidade de encerramento, que se torna disponível para nós: a capacidade de rir com leveza e carinho das nossas confusões do passado.

11

A DÚVIDA SOBRE TER OU NÃO FILHOS

Durante esses anos nos quais compartilho ideias e filosofias sobre a temática da confiança e do amor-próprio com mulheres, percebi que para muitas delas existe um medo oculto afetando suas capacidades de manter os padrões que estabeleceram enquanto trabalhamos juntos. O grupo do qual sou o porta-voz aqui é o das mulheres que sentiam ter um tempo limitado para decidir se queriam ou não ter filhos.

Não tenho lugar de fala para me sentir confiante ou confortável para opinar sobre esse assunto. Mas o meu desconforto não é a questão, e sim a discussão sobre isso. Muitas das minhas clientes sabiam que gostariam de ser mães desde pequenas. Talvez elas não tenham verbalizado isso quando adultas por medo de serem vistas como antiquadas pelas outras mulheres, ou intensas demais pelos homens; porém, para várias delas, ter uma família sempre foi um dos seus maiores objetivos de vida. Uma das minhas amigas mais bem-sucedidas me confessou recentemente que, apesar de todo o seu sucesso — invejado por muitos —, o seu maior sonho era, e continuava sendo, ter uma família, e esse sonho era muito maior do que qualquer sonho de carreira que tivesse, mesmo depois de trabalhar tanto.

Para outras mulheres, o desejo de ter filhos as pegava de surpresa. Depois de anos focando outras áreas de suas vidas — carreira, viagem, amigos —, de repente e sem nenhum aviso viram tudo isso ir para segundo plano, superado por uma necessidade intensa e arrebatadora de satisfazer algo que repentinamente parecia instintivo. Apesar de estarem satisfeitas com a própria vida, elas começaram a sentir a pressão. E não precisa ser explícito. Talvez elas nunca tenham sofrido pressão familiar, nem de amigos presunçosos, nem mesmo cogitado que ter filhos era algo que poderiam querer e ainda assim acabavam colocando essa pressão sobre si mesmas. Quer essa mensagem venha sorrateiramente de fatores externos ou apareça sutilmente como uma voz interior, agora era impossível ignorá-la.

É claro que nem todas as mulheres sentem essa necessidade. Já trabalhei com inúmeras delas que tiveram que terminar um relacionamento porque o parceiro queria ter filhos e elas não. Para outras, a família, a sociedade e a pressão social que cresce à medida que envelhecem as deixam confusas, sem saber se sua ansiedade é simplesmente resultado da pressão cultural ou social ou motivada por algo que realmente desejam.

Existe também a angústia comum das pessoas que, embora não tenham ouvido nenhum chamado da maternidade, se sentem inclinadas a ter um filho como uma espécie de apólice de seguros contra um possível arrependimento futuro de não ter seguido por esse caminho. Esse desalinhamento interior as faz sentir isoladas e exaustas, enquanto lutam contra a vergonha e o medo de terem que se convencer de algo que "supostamente" seria uma das melhores experiências que existem, mas que para elas se assemelha a uma estratégia desconexa de aversão ao risco.

Mesmo assim, para quem sente, o desejo profundo de ter filhos é uma necessidade que, com o passar do tempo, pode dominar o seu foco, além de afetar a autoconfiança, ao mesmo tempo que alimenta a ansiedade e até mesmo o pânico que pode levar à tomada de decisões perigosas e às vezes desastrosas em termos de relacionamentos.

O que é esse medo? É o medo de que esse processo essencial da vida que muitas pessoas querem vivenciar, e julgam ser fundamentais para suas felicidades e sentimentos de realização, possa não acontecer. Isso não se aplica somente para aquelas que estão sempre solteiras, ou pulam de um relacionamento para outro até que seja tarde demais; também se aplica para muitas que têm parceiros dispostos e empolgados, e que descobrem que ter uma gravidez de sucesso é muito mais complicado do que imaginavam (devido a dificuldades em um ou ambos os lados), ou impossível como um todo.

Trabalhei com um casal que, mesmo tendo acesso aos melhores médicos e a inúmeras inseminações artificiais ao longo dos anos, não conseguia ter uma inseminação bem-sucedida. Outra mulher, juntamente com seu parceiro, estava nessa jornada da fertilidade fazia nove anos, tinha tentado a fertilização in vitro (FIV) várias vezes (hipotecando sua casa para isso), sem sucesso. A vida não é tão simples quanto pensar *Se eu não conhecer a pessoa certa a tempo, não poderei ter filhos.* Conseguir ter filhos biológicos não é garantia em nenhum dos casos. Para ter filhos dentro de uma estrutura tradicional, a cultura dita que você precisa encontrar alguém com quem tê-los, a biologia exige que você e seu parceiro concebam dentro da janela de fertilidade, ambos precisam ser compatíveis em termos de fertilidade e, finalmente, precisam levar a gravidez até o final, ou pelo menos o mais longe que for possível. Não surpreende que esse objetivo de vida faça muitas pessoas se sentirem impotentes. Existem inúmeras variáveis pelo caminho que podem ser obstáculos para que consigam alcançá-lo.

O meu primeiro contato com os desafios que surgem a partir do desejo de ter filhos não veio durante um estudo sobre a ciência por trás desse processo, e sim de um curso intensivo sobre o sofrimento causado por ele: não só na forma da ansiedade e do pânico causados quando o relógio biológico desperta, mas também pelo sofrimento agravado por decisões ruins tomadas sob influência desses sentimentos. Muitas vezes, parece que o meu único trabalho é tentar baixar a temperatura de relacionamentos durante um aquecimento global irreversível que acontece dentro da mente das pessoas assim que o desejo de formar uma família se intensifica. Enquanto, de um lado, tento incentivá-las a desacelerar e a não investir tanto nem tão rápido, enquanto essa força contrária lhes manda acelerar, ignorar os sinais de alerta e ir para a mesa de negociação como alguém que precisa de um bote salva-vidas.

Sem dúvida não entendo completamente as amarras profundas de medo e isolamento que podem controlar algumas mulheres que sentem a janela de tempo ir se fechando para algo que parece ser fundamental para sua existência. Mas eu conheço o terror nauseante de sentir que não temos o controle daquilo que parece uma questão de vida ou morte. Pode ser paralisante. Muitas mulheres com quem trabalho tentam seguir com suas vidas compartimentalizando — silenciando esse anseio interior com uma obsessão pelo trabalho, as obrigações do dia a dia e relacionamentos inconsequentes.

Entretanto, essa voz nunca se cala por completo como gostariam, e elas seguem ansiando por algo que, de alguma forma, parece já fazer parte delas, mesmo que ainda não tenha acontecido. Eu sei disso porque qualquer sinalização de que vamos abordar esse assunto difícil durante um evento já é o suficiente para levar muitas das mulheres da plateia às lágrimas instantaneamente. Isso pode se tornar um tipo de ansiedade silenciosa e crônica que passa a atormentar as pessoas: um desejo desesperado por algo que naquele momento parece ser a chave para a sua felicidade.

Se você estiver em um estágio em que não pode mais ter seus filhos biologicamente, pode se ver vivendo uma espécie de luto não resolvido, ou se sentir condenada ao sentimento de que falta algo em sua vida. Ainda que pareça que muito deste capítulo está voltado para quem está no início desse processo, a minha esperança é que o conteúdo desperte uma sensação de alívio para você também.

Quanto mais me aprofundo nesse assunto, mas compreendo e sinto a desigualdade nisso tudo. Muito homens acreditam que não há pressa, já que podem, pelo menos em teoria, engravidar uma mulher até o final de suas vidas. A biologia da mulher diz o contrário. Além disso, os homens têm que lutar contra a própria biologia também: existe uma superestimação no que tange à fertilidade masculina, ou a viabilidade de seus espermas, à medida que envelhecem. Essa superestimação só exacerba a assimetria biológica entre homens e mulheres. Os homens usam essa assimetria para fazer piadas irônicas e frequentemente cruéis sobre mulheres serem "intensas demais", ou "loucas", simplesmente porque elas querem ter clareza sobre um assunto com o qual eles fingem não se importar. Enquanto isso, esses homens seguem agindo com toda a tranquilidade de quem acredita que tem tempo de sobra (independentemente de isso ser verdade ou não). Eu sempre me pergunto que tipo de desespero visível esses homens demonstrariam se ouvissem que o maior sonho de suas vidas — seja ter filhos, abrir uma empresa ou tornar-se milionário — só pode ser realizado nos próximos três ou cinco anos (e também dependeria de outra pessoa para que acontecesse!), do contrário se tornaria impossível independentemente do que fizessem.

Considerando esse desequilíbrio, e sendo eu um maníaco por controle em recuperação, não pude evitar pensar no enorme ressentimento que poderia sentir só de cogitar ter que esperar para que a minha parceira concordasse com um dos meus maiores objetivos de vida. Esse instinto foi reforçado durante uma conversa, há muitos anos, com a editora deste mesmo livro, Karen Rinaldi, quando perguntei qual era a sua opinião sobre esse assunto. Ela não precisou pensar duas vezes: "Por que diabos deveríamos depender de um homem para isso?". A verdade era que, apesar de no fim ter tido filhos dentro de um relacionamento — um relacionamento que, é importante destacar, já acabou —, Karen já tinha decidido que teria filhos sozinha, mesmo que encontrasse um parceiro para a vida disposto a dividir isso com ela. Essa não era uma declaração contundente de uma feminista de carteirinha, o que de fato ela é, mas sim um reflexo do quanto esse assunto era importante para ela.

Embora eu não estivesse prestes a dizer para as mulheres desistirem dos homens por completo — eu mesmo ainda queria encontrar uma namorada —, comecei a ficar impaciente, e até mesmo com raiva, quando via mulheres desperdiçando tempo com homens que não se importavam nem compartilhavam dos seus objetivos. *É o sonho da sua vida o que está em jogo! Será que você não percebe? Esse cara não está nem um pouco preocupado com o tempo que você ainda tem, ou com o arrependimento que você vai sentir mais tarde se passar da hora de começar uma família porque estava passando um tempo em um destino remoto com ele... E mesmo assim você continua transferindo a responsabilidade para ele sobre esse assunto!* Eu nem sempre dizia isso (embora às vezes dissesse, como você pode conferir nos vídeos do meu canal no YouTube), mas era algo que sempre esteve presente enquanto eu lutava para esconder a minha frustração com uma situação na qual mulheres continuavam enfatizando a enorme conexão que sentiam com alguém ao mesmo tempo que confessavam, quase como se fosse um segredo, que ele tinha deixado claro que não estava pronto para um relacionamento. Às vezes eu acho que isso me deu a reputação de ser uma espécie de Scrooge do amor, um assassino do romance, que está sempre questionando as histórias que ouve. Mas eu sou um romântico. Eu só ficava com raiva toda vez que percebia que a nossa cultura faz uma lavagem cerebral nas mulheres para que elas renunciem ao controle quando o assunto são os seus futuros. Eu não ficava com raiva delas, mas com raiva do quanto estamos predispostos a julgar mulheres pelas suas necessidades e a relevar quando os homens se recusam a entendê-las.

Testemunhei mulheres aceitando continuar em relacionamentos abusivos porque eles possibilitavam que elas tivessem os filhos que sempre quiseram. Trabalhei com mulheres do outro lado dessa dinâmica também, que lutavam para criar os filhos com alguém determinado a atormentar as suas vidas e a envenenar seus filhos contra elas sempre que possível. Vi mulheres se autossabotarem no início de um namoro porque a ansiedade de estar ficando sem tempo as impedia de serem elas mesmas.

Nunca vou esquecer de uma participante de um dos meus retiros que entrou debaixo da mesa durante uma das sessões e chorou muito porque tinha continuado casada com um homem que ela esperava que "mudaria de ideia" sobre ter filhos, enquanto a sua janela para que isso acontecesse se fechava gradualmente, até que ele acabou colocando um ponto-final no casamento. Sentei ao lado dela enquanto ela sentia o luto pelo filho que nunca teve.

O tipo de sofrimento profundo que testemunhei nessa área me fez chegar a duas conclusões: a primeira é que qualquer conselho voltado para o empoderamento de mulheres de vinte, trinta ou no início do seus quarenta anos será incompleto se não incluir uma conversa sobre esse assunto. O segundo é que nunca vou me esquivar de começar essa conversa difícil (que, aparentemente, é uma das mais difíceis) por medo de errar. Esquivar-se pode ser a opção mais fácil, considerando que sou um representante de uma parte do problema, para além do desconforto gerado pela conversa em si. Acho que todos concordamos que é impossível para mim sentir o peso desse assunto da forma que uma mulher sente, mas você pode confiar que já fui testemunha do sofrimento resultante inúmeras vezes. Eu só peço que você releve, como outras fizeram no passado, qualquer falta de jeito que eu demonstre enquanto insisto em falar sobre esse assunto que acredito não ser discutido o suficiente por inúmeros motivos.

O medo que as mulheres sentem de serem percebidas como desesperadas e pouco atraentes é potente. Assim como a vergonha que sentem, mesmo quando estão entre amigas bem-intencionadas que têm filhos, de admitir algo que as deixa profundamente vulneráveis: *Eu queria tanto ter o que você tem, mas acho que estou ficando velha e meu tempo está acabando*. É como se as mulheres tivessem sido forçadas a se envergonhar ou a pensar que não é permitido, legal ou atraente ter essa conversa enquanto a enorme maioria dos homens não sente necessidade de falar sobre isso por acreditar ter todo o tempo do mundo.

Escrevi este capítulo para que pudéssemos falar sobre esse assunto abertamente. Juntos podemos destrinchar tudo e discutir todas as nuances sem nenhuma reserva. Assim como acontece em todas as conversas difíceis: antes de termos essa conversa com outra pessoa, precisamos ser corajosos o suficiente para tê-la conosco primeiro. Isso significa fazer uma análise completa e consciente do que queremos, e de quais são as nossas opções para que isso aconteça; dessa forma estaremos mais bem equipados para tomar a melhor decisão para nós mesmos.

Por onde começamos essa conversa? Bom, em tese já começamos; uma vez que você já chegou até aqui, já deve estar aceitando o fato de que a possibilidade de ter filhos não é uma garantia, não importa quais sejam as suas circunstâncias. Essa falta de garantia é ainda maior se você não tem um parceiro. Mas, além disso, está na hora de aceitar radicalmente quanto tempo ainda tem à sua disposição agora e em qual momento seria seguro admitir não mais ser possível ter filhos da forma que você originalmente desejava.

Não se trata de derrotismo. Esse tipo de aceitação é necessário para que você possa considerar honestamente quais são as suas opções e colocar um plano em prática. Esse plano é a chave para retomar o seu poder pessoal nessa área.

O quanto isso é importante para você?

Antes de traçarmos um plano, pense sobre isso:

O quanto é importante para você ter filhos? E por quê?

Saber a resposta para essas duas perguntas informará todas as outras decisões. Podem parecer perguntas simples, mas as suas respostas são profundamente importantes. Elas fazem você questionar: O quanto esse meu desejo é real? De onde ele vem? Qual necessidade estou tentando preencher?

Vamos começar com a primeira pergunta. *O quanto é importante?* Independentemente de qual seja a sua resposta para essa pergunta, ela vai guiar suas decisões sobre o que fazer daqui em diante. Se a resposta for *não existe nada mais importante do que isso*, então isso deve determinar quem e quais situações são merecedoras do seu tempo. Por que namorar alguém que não compartilha da sua opinião sobre ter filhos quando isso é um objetivo de vida fundamental para você?

Se, por outro lado, você não tiver certeza de que quer ter filhos, esse é um tipo diferente de clareza. Você pode tomar providências que vão lhe dar mais tempo para ter certeza sobre o que realmente deseja.

Quando o assunto é *por que* você quer ter filhos, sempre noto que as respostas para essas perguntas são o mais variadas possível quando as faço para a plateia. Algumas pessoas dizem que querem ter alguém que as amará não importa o que aconteça; outras dizem que querem ter alguém por quem sintam um amor incondicional. Algumas dizem que gostariam de vivenciar a experiência biológica de serem mães, enquanto outras alegam querer saber como é o sentimento de ser mãe de alguém (uma distinção vital quando o assunto é avaliar as suas opções). Algumas pessoas querem alguém que cuide delas quando envelhecerem. Outras dizem querer deixar um pedaço de si mesmas que continuará existindo depois que elas se forem.

É divertido considerar sobre a possibilidade ter filhos podendo oferecer uma boa dose de humor em uma conversa que tende a ser pesada. Eu sempre lembro às pessoas que não existem garantias de que seu filho vai amá-la apesar de tudo, ou cuidar de você na velhice... você não pode nem garantir que eles vão retornar as suas ligações ou responder às suas mensagens. Com relação a querer deixar um pedaço de nós que continuará existindo depois que partirmos, sempre gosto de brincar que isso parece ser um traço narcisista bastante humano: "EU preciso continuar existindo!". É claro que estou ciente de que se trata de um instinto comum, que não tem uma origem ruim, mas não falo isso só de brincadeira, existe um fundo de verdade por trás.

Outros motivos são difíceis de levar na brincadeira: querer oferecer uma vida melhor para alguém do que a que você teve, ou o desejo de *ser* mãe. Porém, mesmo nesses casos, às vezes, quando ouço os motivos que as pessoas usam para justificar quererem filhos, sempre existe uma flexibilidade inerente à própria resposta que elas ainda não perceberam. Uma mulher chamada Andrea me contou que o seu desejo era uma tentativa de tentar "salvar a criança em mim que não tinha ninguém por perto para salvá-la". Quando ela disse isso diante da plateia, também disse que estava confusa, sem saber se queria dar à luz seu próprio filho ou adotar. Eu queria que ela percebesse que havia espaço na sua resposta para que ela pudesse ser feliz em ambos os casos e que, portanto, a incerteza dela era, na verdade, um sinal positivo. A sua confusão sobre o que deveria fazer, no fim, significava ter liberdade para decidir o que ela *poderia* fazer. Não é um tipo de liberdade que todos se permitem ter. Muitas pessoas se apegam à ideia de que só serão felizes se tiverem um filho biológico, dentro de uma família tradicional; já testemunhei o instinto materno sendo direcionado para causar impactos impressionantes ao longo da minha carreira. Percebi que existem muitas mães extraordinárias nesse mundo, e nem todas elas deram à luz.

Os seus critérios

Quanto mais cimentamos a visão do que desejamos para a nossa felicidade futura, mais sufocamos os outros cenários possíveis para a nossa felicidade. Nos tornamos prisioneiros de um caminho que pode acabar sequestrando a nossa felicidade. Quando isso acontece, inicialmente entramos em pânico, depois nos resignamos, e em seguida vem a depressão.

Explorar outras opções, como a adoção, ou ser mãe/pai solteira(o), pode parecer que estamos mudando de religião. Pode significar rejeitar tudo o que já nos disseram. Porém, precisamos estar abertos à liberdade de pensamento que nos impede de aceitar cegamente as expectativas da sociedade ou de familiares, e sim aquelas criadas sob medida para nós. Conectar-nos ao que se mostra ser unicamente certo para nós e para o nosso futuro requer que recuemos: dando um passo atrás, deixando de ouvir outras vozes e passando a ouvir a nossa própria voz. A confusão da Andrea, na verdade, colocava-a um passo à frente da maioria das pessoas, pois sinalizava que ela estava explorando o que poderia ser o certo para *ela*.

EM ÚLTIMA INSTÂNCIA, EXISTE UMA lição nisso tudo que sempre considerei ser uma das mais importantes da vida: tudo o que temos e valorizamos supre um tipo de necessidade nossa, ou, pelo menos, uma necessidade que acreditamos que será suprida quando conquistarmos essas coisas. Uma das formas mais poderosas de recuperar o controle sobre a nossa felicidade é perceber que a própria crença de que uma experiência ou coisa específicas são o único caminho para suprirmos aquela necessidade não passa de uma história que contamos para nós mesmos. Com um pouco de imaginação, e talvez de experiência, nos damos conta de que as nossas necessidades podem ser supridas de inúmeras maneiras, muitas das quais jamais cogitamos ser possíveis. Não existe apenas um jeito de viver uma vida realizada. Pelo contrário, todos temos uma série de critérios sobre aquilo que precisamos para sermos felizes, e existem inúmeras formas criativas de preencher esses critérios. Muitas pessoas acreditam que ter filhos cumprirá alguns dos seus critérios mais fundamentais, e talvez estejam certas sobre isso; porém, o que elas não percebem quando se apegam ao projeto imutável que desenvolveram para seu futuro é que existem vários outros caminhos que as levariam ao mesmo resultado.

Isso não quer dizer que não deveríamos ter um Plano A e segui-lo. Sermos honestos conosco sobre o quanto esse Plano A é importante para nós informa as nossas decisões, sejam elas grandes ou pequenas. Se queremos conhecer uma pessoa e ter um filho com ela, então precisamos fazer o possível para que isso se torne inevitável, incluindo dizer "não" para as coisas que diminuem as chances de isso acontecer: por exemplo, passar anos em um relacionamento com alguém que não tem nenhum interesse em dividir conosco o mesmo futuro (independentemente da química que sentimos com essa pessoa). Saber qual é a nossa opção número um nos diz o que deveríamos ou não valorizar. Na minha experiência como *coach*, pude trabalhar com inúmeras mulheres que só cogitavam um determinado tipo de homem — o playboy, o viciado em sucesso, o que tem pavor de compromisso, o que não tem nenhum interesse em formar uma família no futuro — porque ainda não tinham realmente decidido ou sido honestas consigo mesmas sobre o que mais valorizavam.

O Plano A, quando analisado com a lente do "critério", nos mostra que existe mais de um caminho capaz de satisfazer esses critérios. Podemos considerar os Planos B, C, D, E e até mesmo o F — todas opções que nos deixariam satisfeitos se nos proporcionassem o resultado que desejamos. Sermos flexíveis com relação à forma como conquistaremos o nosso objetivo nos ajuda a alcançá-lo mais facilmente.

Desconsiderar o que faríamos se o nosso plano original não der certo é apenas um outro jeito de enterrarmos a cabeça na areia e evitarmos conversas difíceis conosco e com as pessoas que nos apoiariam. Eu acho interessante que a associação que a maioria dos adultos faz em relação ao termo "Plano B" é a pequena pílula que a pessoa toma quando não quer engravidar (pelo menos nos Estados Unidos, onde a pílula do dia seguinte tem esse mesmo nome). Mas, na minha experiência, existem muitas pessoas que não sabem qual seria o seu Plano B se quisessem realmente engravidar. Se algo é essencial, então é muito importante saber como ainda podemos conquistá-lo quando o nosso cenário ideal não se concretiza. Essa é a essência da resiliência e da adaptabilidade; o reconhecimento de que tudo em nosso mundo pode ser alterado ou mudado, e, ainda assim, encontraríamos o nosso equilíbrio e a nossa felicidade em outro lugar. Isso é um superpoder.

A ironia é que essa expansão da nossa mentalidade, criada por esses pensamentos e planejamentos, nos permite relaxar e agir com mais confiança em nossas vidas amorosas (nas nossas vidas como um todo, na verdade), contribuindo para aumentar as chances de o Plano A se concretizar — se o Plano A for ter um filho com o seu parceiro e isso for o que você quer. Aceitar a necessidade de ter Planos B, C ou D pode ser um dos principais segredos para a realização do Plano A. Talvez não pareça uma coisa romântica se planejar para aquilo com que não temos familiaridade ou ainda desconhecemos; no entanto, por mais estranho que possa parecer, planejar alternativas pode realmente nos ajudar a voltar a ter romance e presença em nossas vidas amorosas.

Nada disso tem a intenção de desmerecer a dificuldade presente em cada uma dessas alternativas. Em nenhum momento finjo conhecer os desafios enfrentados durante um processo de adoção, ou quando se é uma mãe solteira sustentando uma família. Mas eu sei que as pessoas o fazem e são capazes de fazê-lo. Também sei que existe vida depois desses cenários e que essas pessoas acabam conseguindo encontrar o amor, porque eu as ajudei a fazer exatamente isso. Isso não quer dizer que você deveria adotar ou optar por ser mãe solteira — essas são decisões extremamente pessoais, que devem ser tomadas individualmente. Christopher Hitchens uma vez disse que, na vida, "Você precisa escolher os seus arrependimentos futuros". Os arrependimentos são inevitáveis. Todo mundo se arrepende de algo (e, se não se arrepende, não vejo como conseguiu aprender ou viver qualquer coisa). Quando você contempla o seu futuro, qual seria o seu pior arrependimento? Esperar para ter a sua família tradicional até que não seja mais possível que ter um filho biológico? Ou criar uma criança sendo mãe solteira? Não pergunto isso para induzir a sua resposta. Para algumas pessoas, criar um filho sozinha pode ser algo que nunca será uma opção viável. Outras entendem que terão dificuldade de se perdoar se esperarem pela pessoa certa até completarem quarenta anos, sem terem tomado as providências necessárias. O que é certo para os outros não importa. O que importa é que tenhamos essas conversas conosco e com quem confiamos, para que possamos tomar decisões informadas, sem inconscientemente ficarmos reféns dos nossos medos.

Também é importante lembrar que ficamos mais propensos a agir quando estamos tentando sair de um sofrimento do que quando estamos confortáveis. Então, se pensar sobre essas coisas é doloroso para você, pode ser algo positivo — ao antecipar a dor, também estamos antecipando as decisões; decisões que talvez fossem deixadas para um momento em que haveria menos opções disponíveis para escolha.

Aceitando as suas opções

Para conhecer as suas opções, você precisa obter informações claras sobre sua própria situação. A possibilidade de ter que fazer um teste de fertilidade pode ser mais uma conversa potencialmente difícil que as pessoas evitam ter. *E se eu receber uma resposta desagradável?* Lembre-se: informação é poder. Saber que o seu corpo produz menos óvulos do que você imaginava pode criar um sentimento de urgência, que pode ser positivo. Essa urgência pode fazer você antecipar um cronograma que, do contrário, teria negligenciado. Uma resposta desagradável agora pode ser a chave para a sua felicidade futura porque vai influenciar os seus próximos passos. A mesma lógica se aplica quando adotamos uma postura realista sobre o percentual geral de fertilidade: saber que existe uma queda importante da fertilidade em mulheres acima de 35 anos e um declínio significativo a partir dos quarenta, com maiores chances de complicações durante a gravidez. Por isso, é importante fazer uma autoavaliação honesta à luz dos fatores de saúde e de estilo de vida que contribuem para a fertilidade. Eu faço o mesmo apelo para os meus leitores homens. Nós também temos responsabilidade, assim como as mulheres em nossas vidas, de buscar informações sobre janelas temporais e sobre a fertilidade de ambos, e de tomar decisões como um time. Se ter filhos é algo que queremos "um dia", então ignorar ou sempre adiar essa conversa é uma forma de abdicar dessa responsabilidade e simplesmente forçar as mulheres das quais gostamos a carregar o peso das dúvidas e das ansiedades sozinhas.

Talvez você decida que, por não ter conhecido ninguém ainda, precisa se dar a maior janela temporal possível para engravidar. O congelamento de óvulos pode ser um caminho viável para isso. Deixando de lado questões de saúde, que sem dúvida são tanto complexas quanto custosas, congelar os óvulos pode lhe dar alguma paz de espírito e um sentimento de independência, além de evitar que você se torne dependente de outra pessoa ou permaneça em uma situação não ideal — ou até possivelmente perigosa. Já ouvi muitas histórias de pessoas que congelam os óvulos como um Plano B imediato — mesmo que pareça improvável que elas venham a precisar ou que talvez isso só seja necessário em um futuro remoto — e percebem um impacto significativo em sua confiança. Isso deu a elas o poder de estabelecer as próprias condições, de dar as costas para situações sem sentir que estão prejudicando seu futuro.

Quando falei sobre os méritos do congelamento de óvulos em um podcast recentemente, recebi uma resposta de uma ouvinte de longa data, Elizabeth, uma enfermeira, que tinha congelado seus óvulos. Mesmo sendo alguém que ainda tinha esperanças de ter uma família e filhos do jeito tradicional, Elizabeth fez o cálculo financeiro e emocional e decidiu realizar o procedimento. Embora fosse uma profissional da área da saúde e tivesse todas as informações necessárias, ainda assim ela enfrentou inúmeras dificuldades, que detalhou em sua carta. Devido a essas dificuldades, que ela julgou que eu tinha subestimado ao me concentrar em passar uma mensagem de confiança, ela achava que a minha percepção do procedimento era otimista demais — despreocupada a ponto de soar arrogante.

Graças à mensagem de Elizabeth, a quem agradeço imensamente, fiz outro episódio de podcast para poder ler a sua carta ao vivo e tirar um tempo para realmente avaliar como se trata de uma decisão difícil. Em primeiro lugar, ela queria lembrar a todos (a mim, especialmente) que congelar os óvulos não é a solução mágica que parece ser às vezes. Ela enfatizou o peso financeiro, que aumenta a cada rodada de coleta de óvulos, porque muitas mulheres precisam fazer mais de uma rodada para garantir o máximo de óvulos viáveis para serem usados com sucesso no futuro. E, mesmo quando o procedimento (que é mais complexo, e para algumas mulheres mais doloroso, do que a maioria das pessoas imagina) é bem-sucedido, ainda não é garantia de que você será capaz de gerar um bebê saudável quando decidir engravidar no futuro. Quando isso acontece, todos os mesmos gastos e complicações da fertilização in vitro se aplicam. No intervalo desses dois estágios, entre a coleta inicial e a fertilização futura, você precisa arcar com os gastos de armazenamento para os óvulos que congelar. É muito tempo, energia e despesa para assumir sozinha, Elizabeth diz em sua carta. No fim, ela avaliou que a análise de custo-benefício foi bem equilibrada, embora tenha optado pelo processo mesmo assim.

Na segunda parte da sua carta, ela chamou a minha atenção por ter sugerido que o congelamento de óvulos, de alguma forma, iguala homens e mulheres em termos de fertilidade ao tirar o relógio biológico da equação, fator que está incluído no cálculo, mas que ela considera um atributo inerente e valioso de ser mulher. Ela via uma falha em todo o conceito: quando o assunto é formar uma família, não são as mulheres que deveriam fazer coisas doloridas e caras em seus corpos para poderem simplesmente desfrutar da mesma liberdade que os homens; são eles que precisam pensar com maturidade sobre a formação de uma família em vez de simplesmente abraçar a ideia quando estão prontos, aos 35 ou 55 anos ou nunca. "É razoável que mulheres adultas esperem que homens adultos saibam o que querem nessa área e que sejam capazes de conversar sobre o assunto sem, erroneamente, interpretar isso como uma forma de pressioná-los."

Em seguida, ela apresentou a sua humilde proposta sobre o assunto: "eu acho que em vez de dizer que, em um mundo ideal, todas as mulheres deveriam congelar seus óvulos aos 21 anos, deveríamos dizer que todos os homens deveriam fazer vasectomias reversíveis aos quinze anos; um procedimento que é muito menos invasivo, e que pode ser revertido quando eles estiverem prontos para ser pais. Se isso soa ridículo para você, então você sabe quão ridículo soa para mim ouvi-lo dizer que eu deveria simplesmente congelar os meus óvulos". Amei essa parte da carta! É *realmente* ridículo que, além da janela temporal contra a qual as mulheres precisam lutar, já que se trata de um aspecto biológico delas, agora exista uma pressão prática sobre elas para resolver o problema de retardar uma gravidez. Por que as mulheres deveriam enfrentar um procedimento invasivo, doloroso e custoso sozinhas, só porque os homens não são capazes de tomar uma decisão ou de dizer algo mais esclarecedor do que "Vamos ver o que acontece" quando o assunto é essa questão fundamental da existência? E os homens podem fazer isso com um sorriso presunçoso no rosto, porque sabem que insistir no assunto pode ser visto como um tipo de pressão que vai afugentá-los.

Eu realmente acredito que, além do que Elizabeth disse, existem mulheres que abordam esse assunto a partir da própria ambivalência que sentem sobre ter filhos (como as pessoas rapidamente apontaram na seção de comentários do podcast). Mas se eu estivesse trabalhando, digamos, com uma mulher que deseja progredir em sua carreira e ainda ter a opção de formar uma família, acho que debater pontos de vista não ofereceria nenhuma ajuda prática. As perguntas seriam praticamente as mesmas que costumo fazer quando sou *coach* de alguém: "Quais soluções temos disponíveis hoje para ajudá-la a alcançar seus objetivos?". É nesse espírito que eu discuto a possibilidade de congelar os óvulos, porque estaríamos lidando com o mesmo tipo de análise de custo-benefício feita pela Elizabeth quando ela decidiu fazer o procedimento. Congelar os óvulos não é garantia de paz de espírito, e só você pode saber se aumentar as suas chances dessa forma vai lhe proporcionar uma sensação de controle, ou pelo menos de ter feito tudo o que podia.

Graças à eloquente carta da Elizabeth, me senti inspirado a aprofundar essa conversa, por isso fiz outro episódio de podcast, dessa vez contando com a participação de duas médicas. Serena H. Chen, especialista em fertilidade e sócia fundadora do Institute for Reproductive Medicine and Science [Instituto de Medicina Reprodutiva e Ciência, em tradução livre], e Ioana Baiu, cirurgiã-residente em Stanford, compareceram para falar sobre suas perspectivas pessoais e profissionais sobre o assunto. A Dra. Chen argumentou que os tratamentos para fertilidade não deveriam ser procedimentos oferecidos apenas pela rede particular, e sim ter uma cobertura universal, pública, uma vez que contribuem para um propósito tão vital. A Dra. Baiu falou do ponto de vista pessoal: como uma mulher com mais de trinta anos em uma profissão na qual existe muita pressão. Ela contou que tinha escolhido passar por duas rodadas de tratamento para congelar seus óvulos. Como tinha pouco tempo para namorar, queria ter a opção de poder começar uma família mais tarde, quando as pressões inevitáveis que fazem parte do treinamento cirúrgico tivessem diminuído o suficiente para permitir que ela começasse sua família. Ela deu detalhes das dificuldades não antecipadas que enfrentou. Mesmo sendo uma cirurgiã familiarizada com procedimentos cirúrgicos complexos, ela se sentiu intimidada quando chegou em casa com centenas de seringas e medicamentos que precisava misturar em dosagens de microgramas, bem como procedimentos que deveria realizar em diversos momentos do dia e deviam ser cronometrados com precisão. Houve níveis hormonais que precisaram ser ajustados de um ciclo para outro e, inesperadamente, um período de desequilíbrio hormonal e fadiga posterior à coleta que lhe custou semanas de recuperação.

Quando perguntei à Dra. Baiu se ela achava que no fim tinha valido a pena, apesar dessas dificuldades, ela respondeu que sim, que fazer isso havia tirado a pressão de cima dela, que passou a se preocupar menos se poderia um dia ter uma família. Sabendo que a saúde dos óvulos diminui com a idade, ela se sente mais aliviada com os óvulos saudáveis que tem armazenados agora, prontos para quando decidir que está pronta.

É preciso dizer que não cheguei nem perto de cobrir esse assunto com a profundidade que ele merece. Todo mundo que estiver considerando seriamente fazer esse procedimento deve procurar orientação profissional. Fiquei impressionado com a empatia demonstrada por ambas as médicas, e com a maneira como se esforçaram para apresentar a discussão da forma mais ampla possível, sabendo como o interesse das pessoas por esse assunto pode ser variado.

Isso também se verificou nas reações on-line ao podcast, que recebeu milhares de comentários. Uma francesa de 34 anos escreveu contando que tinha acabado de iniciar o processo para congelar seus óvulos (gratuito para todas as mulheres na França) e esperava que os

Estados Unidos seguissem esse exemplo de cobertura universal. Outra mulher relatou ter viajado para Barbados, no Caribe, para fazer o procedimento em um ambiente hospitalar, mas com custos significativamente menores. Uma mulher que foi adotada por uma mãe solteira disse que adotaria também se não conhecesse ninguém até que completasse quarenta anos. Outra que tinha sido "mãe muito nova" queria que as pessoas soubessem que não tem problema não ter tudo decidido antes de começar uma família. Uma mulher que aos 44 anos "ainda não tinha encontrado a pessoa certa" estava começando o processo de FIV com um doador de esperma, rezando para não ser tarde demais. Outra mulher que tinha comparecido a uma festa oferecida pela sua academia de CrossFit mencionou que quatro das cinco mulheres que conheceu lá, com idades variando entre 32 e quarenta anos, tinham congelado seus óvulos. Uma mulher que tinha parado de namorar aos quarenta anos e decidido ter um filho (que agora estava com dez anos) sozinha, recorrendo a um doador, estava feliz de voltar a namorar sem a pressão de ter que encontrar um pai para seu filho.

É muito comovente ver tantas pessoas considerando o procedimento e expandindo suas opções, assumindo o controle dos seus destinos, apesar das dores envolvidas ou das desilusões que viveram. É claro que não é para todo mundo. Continua sendo um procedimento caro demais para muitas mulheres. Outras não o consideram por questões religiosas. Em alguns casos, o procedimento não está disponível ou nem é viável em muitas partes do mundo. E mesmo aquelas que passam pelo tratamento nem sempre usam seus óvulos, e, se usarem, o procedimento para fertilizá-los anos depois pode não ser bem-sucedido, ou as circunstâncias de ter um filho se revelam impossíveis quando chega a hora.

Trata-se de uma solução imperfeita para uma fonte real de sofrimento para muitas mulheres, embora continue sendo uma opção empoderadora, que liberta muitas delas de um fator estressor crônico em suas vidas já tão atribuladas. Sempre serei a favor da criação de escolhas que potencialmente resultem em maior liberdade e menor ansiedade.

Para mim, a parte mais importante não é a ênfase no congelamento dos óvulos (ou, em alguns casos, no congelamento de embriões), mas sim entender que o Plano B está ligado a outras grandes aceitações que você terá que cogitar para obter liberdade e tranquilidade. Alguém pode decidir que o Plano A é conhecer alguém e se apaixonar hoje, enquanto congelar seus óvulos se torna seu plano de segurança. O Plano B seria conhecer alguém em um futuro não tão distante e usar os óvulos viáveis do procedimento se não for possível engravidar naturalmente naquele momento. O Plano C pode ser definir uma idade máxima para poder usar um doador de esperma e ter um filho, mesmo que isso signifique ser mãe solteira. O Plano D pode ser a adoção, se nada mais funcionar. O plano E pode ser encontrar outras formas de ser mentora de crianças, ou amar seus sobrinhos e sobrinhas como se fossem seus filhos.

A liberdade resulta de saber que, a qualquer momento, você está preparada para transformar os planos B, C, D ou E no seu novo Plano A. Tem a ver com *escolher*, em vez de esperar. O Plano B não é um prêmio de consolação. Na verdade, quando sabemos que o Plano B é o caminho que vamos seguir, podemos resolver torná-lo extraordinário. Quase como um ato de rebeldia, no qual você diz a si mesma: se o Plano A não pode acontecer, então vou fazer um Plano B tão incrível que eu nunca precise olhar para trás, e que o maior presente da minha vida seja que as coisas tenham acontecido dessa forma. O Plano B não pode acontecer? Tudo bem, então vou transformar o Plano C na melhor coisa que eu poderia imaginar, para que possa ficar verdadeiramente grata pelo Plano B nunca ter acontecido. Nenhum plano segue sendo um "plano reserva". Assim que você se decide pelo Plano C, imediatamente ele se torna o novo Plano A e faz com que ele seja tão maravilhoso que você nunca se arrependerá.

Para mim, é assim que a adaptabilidade funciona na prática, tanto nessa área quanto na vida em geral. Não é uma solução mágica, mas sim uma fórmula consciente que pode levá-la de volta a um lugar de aceitação sobre sua situação atual. Tem a ver com se dar a confiança de alguém capaz de ser feliz, não importa o que aconteça. Isso não quer dizer que não podemos ficar de luto nos momentos em que maneiras que dizer adeus a uma ideia cuidadosamente cultivada sobre como seria a nossa vida; e esse luto pode sim ser necessário, antes que possamos ser felizes em um novo lugar. Descobrir como seguir em frente depois de uma grande desilusão pode inicialmente gerar um sentimento de isolamento, como se você tivesse sido deixado para trás depois que a vida que queria, ou com a qual contava, escapou por entre seus dedos. Perder o emprego, terminar um relacionamento, não se casar, descobrir que desperdiçou anos de sua vida com uma pessoa narcisista — a lista de desilusões desse tipo é enorme. Uma das formas mais simples e reconfortantes nessas circunstâncias é perceber o quanto essa experiência dolorosa de alienação é realmente comum, profundamente humana. Quando entendemos isso, podemos nos libertar ou desacelerar e notar quantas pessoas dividem uma versão desse sofrimento conosco; talvez isso possa até nos confortar.

Nos próximos capítulos (principalmente em "Confiança interior"), focaremos esse passo crucial para nossa evolução. É um processo de reformulação pelo qual quase todo mundo passa, o de ver essas desilusões sob uma nova luz. Acho incrível o fato de que não precisamos mudar nada circunstancialmente em nossas vidas para que possamos nos sentir melhor. Você pode ficar sentado exatamente onde está agora e mudar por completo a sua experiência e as emoções que ameaçam sobrecarregá-lo assim que decidir reescrever a sua história. Isso não quer dizer que esse processo de reescrita será simples, mas pode fazer você recuperar o seu poder e escrever uma história melhor.

12

COMO TERMINAR QUANDO ISSO PARECE IMPOSSÍVEL PARA VOCÊ

Às vezes são as diferenças entre as pessoas que as aproximam, e a imprevisibilidade dessa atração pode ser empolgante, principalmente no começo. O velho ditado de que "os opostos se atraem" se mantém por algum motivo. Quando exploramos o que existe entre a nossa natureza e a do outro, podemos sentir as fronteiras da nossa própria identidade mudando e se expandindo. É por esse mesmo motivo que as pessoas recomendam viajar — nós entramos em contato com novas maneiras de viver e pensar, e a sensação de possibilidade se expande de formas que seguem conosco muito depois de voltarmos para casa.

No entanto, às vezes podemos chegar ao limite do universo que conhecemos e convidar para entrar uma força que não só desconhecemos como também estranhamos; uma força com a qual nunca poderemos coexistir verdadeiramente, porque ela opera de acordo com leis diferentes das que nos governam.

Semana passada, caí na armadilha de ver um vídeo na minha *timeline* que começava de maneira inocente, com um bando de crocodilos deitados juntos em um zoológico. Ficar deitado é provavelmente a tarefa principal de um crocodilo, e inicialmente a cena parecia bastante tranquila para mim. Em seguida o funcionário do zoológico jogou um pouco de carne dentro da jaula, e, à medida que os crocodilos começaram a despertar, um deles mordeu a perna do outro, girou em um movimento fatal, arrancou o pé inteiro do seu companheiro e engoliu aquele pedaço todo ensanguentado de uma só vez. É possível ouvir gritos ao fundo do vídeo. Depois disso, ambos os crocodilos se deitaram novamente como se nada tivesse acontecido. Existem muitos animais com os quais me identifico; mas, depois de ver esse vídeo, posso afirmar com certeza que o crocodilo nunca será um deles.

Algumas pessoas podem ser tão perigosas de se relacionar quanto aqueles crocodilos. Não podemos dialogar com elas como dialogaríamos com qualquer outra pessoa. Suas ações são indecifráveis, assim como as suas reações quando as confrontamos, porque — precisamos reconhecer —, assim como os crocodilos, essas pessoas não têm o sentimento de responsabilização pessoal que possuímos. Elas acham que deveríamos aceitar o inimaginável sem questionar. ("Era só um lanchinho!", elas dizem.) Considerando que elas não parecem sentir empatia como o restante de nós, não conseguem entender do que você está falando. Elas podem até mesmo demonstrar irritação, porque, enquanto você continuar chateado, não poderão ter o que elas querem: amor, bajulação, ou simplesmente que você pare de insistir e elas possam voltar a relaxar.

Esse tipo de pessoa recebe inúmeros rótulos dependendo de com quem você conversar: ególatras, narcisistas, sociopatas; qualquer que seja a conclusão à qual você chegar, todas descrevem um animal fundamentalmente diferente de nós.

Este é um teste revelador para identificar com qual tipo de animal você está lidando: tente se lembrar de algo que tenham feito que o magoou, ou algo que fizeram de forma descuidada ou maliciosa, visando causar destruição em sua vida. Isso é algo que você faria não apenas com elas mas com qualquer outra pessoa?

Por que será que você nunca faria isso? Porque tem uma consciência. Saber que as magoou o magoaria também, o que é a reação apropriada quando machucamos alguém que amamos. Agora, sabendo o quanto *você* sofreria se tivesse feito com elas o que acabaram de fazer com você, reflita sobre que elas realmente fizeram. Quando você as perdoou e seguiu em frente, elas tiveram dificuldade para se perdoar como você teria tido? Será que redobraram seus esforços para garantir que você se sentisse seguro e amado? Ou será que simplesmente voltaram a relaxar, como um crocodilo boiando em um pântano?

Geralmente, depois que pessoas assim criam o caos na sua vida, elas querem que as coisas simplesmente voltem ao normal o mais rápido possível. Tentam diminuir a importância do que fizeram, ou agir como se a sua reação fosse exagerada ou desproporcional (*gaslighting*), para fazer você acreditar que a culpa, de alguma forma, é sua, ou para virar o jogo, atacando você e suas falhas. Se nada disso funcionar, elas passam a adotar uma tática diferente, como demonstrar chateação, arrependimento ou os seus lados mais amorosos, na tentativa de recuperar o seu afeto. Porém, é preciso que você lembre que, independentemente do que essas pessoas tentem fazer para reconquistá-lo, não estarão motivadas pelo remorso, e sim pelo medo de perder que sentem quando percebem que você pode se afastar.

Isso não quer dizer que elas não estejam sofrendo. E é claro que vê-las chorar nos causa sofrimento também. Pode ser ainda mais confuso quando, em um esforço para decifrar o comportamento delas, passamos muito tempo nos convencendo de que elas são frias e incapazes de ter empatia; e vê-las sofrer nos faz duvidar da análise que fizemos inicialmente: se são capazes de sofrer tanto assim, talvez as tenhamos interpretado mal, afinal.

Também pode ser tentador se convencer que são lágrimas de crocodilo, mas isso pode não ser verdadeiro nem necessário. Elas estão sendo sinceras do jeito delas. Entretanto, não importa o quanto pareçam ser genuínas, não é o mesmo tipo de tristeza — motivada pelo arrependimento, pela empatia e pela culpa — que você sentiria se estivesse no lugar delas. Elas não estão sofrendo porque *você* está sofrendo, estão sofrendo em função do *próprio* sofrimento. É uma espécie de sofrimento egoísta, como uma criança que chora quando é colocada de castigo. Não se deixe enganar pelas lágrimas que podem ser *por sua causa*, mas nunca são *por você*.

Aceitar isso é difícil. Se você estiver em um relacionamento longo com um réptil semiaquático, pode levar anos para aceitar isso e pagar um preço alto. Geralmente são os seus admiráveis instintos emocionais que dificultam esse processo, porque você projeta o mesmo misto de arrependimento, empatia e culpa que o motivariam se a situação fosse inversa. O seu registro funcional de emoções — que pode ter muito trabalho, ainda que unilateral, nesse relacionamento — dificulta que você termine com alguém que já provou que é capaz de magoá-lo (de novo e de novo) sem demonstrar nenhum sinal de remorso.

Na vida real, mesmo o mais esclarecido de nós é cauteloso. Levamos o nosso melhor sorriso estilo Dalai Lama para todos os lugares; mas, na cidade grande, encontramos gigantes engravatados que dizem "Não, não, pode voltar. Você não pode estar aqui". É exaustivo. Com quem conhecemos, queremos tirar essa máscara e ser nós mesmos. É por isso que gostamos tanto de cachorros. Quando chegamos em casa, eles mal conseguem conter o seu amor por nós. (Na verdade, os cachorros não têm o mesmo gene que algumas pessoas com a chamada síndrome de Williams-Beuren; pessoas com essa condição precisam ser treinadas, para a sua própria segurança, para não abraçar estranhos.) A questão é que *crocodilos não são cachorros*, embora pessoas apaixonadas cometam esse erro o tempo todo. Por isso, considere este aviso: se tiver a aparência de cachorro mas se mover e morder como um crocodilo, pare de tentar entendê-lo. Você não vai conseguir. Simplesmente se encaminhe para a saída mais próxima. Este capítulo vai ajudá-lo a parar de se enganar e a identificar quando chegar a hora de partir.

Não se distraia

Em Tóquio, todo prédio alto tem luzes vermelhas em cada um dos quatro cantos do telhado, para alertar helicópteros e aviões que voam baixo enquanto navegam em meio à escuridão. Mas, para quem está nas ruas, cercado pelos vertiginosos letreiros em neon piscando nas laterais dos prédios, oferecendo uma distração a cada passo, é impossível enxergar a pulsação ritmada daqueles sinais de alerta. Acontece a mesma coisa quando nos aprofundamos em um relacionamento: todos os sinais de alerta que você enxergaria com facilidade de fora se perdem em meio às distrações que o cercam.

Alguns relacionamentos têm um alto teor de drama, são repletos de picos vertiginosos e quedas bruscas, tão intensos e instáveis, tão dolorosos e exaustivos que, para permanecer neles, nos permitimos ser completamente monopolizados pela experiência, que consome todo o nosso tempo, energia e pensamentos. E, quando uma pessoa domina toda a nossa vida por tanto tempo, essa vida fica irreconhecível sem ela. Passamos a depender tanto dessa pessoa que chegamos a duvidar dos nossos próprios instintos, nos raros momentos em que temos a oportunidade de ficar sozinhos e pensar.

Não estou me referindo aqui àqueles momentos inevitáveis em um relacionamento nos quais nos cansamos momentaneamente do outro, apesar de ele costumar ser um bom parceiro; quando nos vemos fantasiando sobre ir embora, mas tendo, ao mesmo tempo, medo do desconhecido e pouca familiaridade com o tipo de pessoa que éramos quando estávamos solteiros. Não estou falando de tédio. Estou falando do parceiro que não passou no teste fundamental de ser uma força do bem na sua vida; alguém cuja presença em sua vida se tornou um veneno para a sua saúde mental; que o convenceu, de alguma forma, de que a sua mente ou as suas necessidades é que seriam o problema, e não a impossibilidade de conviver com ele.

Anteriormente neste livro, fiz um alerta para que você não entrasse para uma seita com apenas duas pessoas. No entanto, as seitas são complicadas, e nem sempre você conseguirá saber que está em uma até que tenha perdido o chão e renunciado às suas economias e à escritura da sua casa. Muitas pessoas que conseguiram escapar ilesas de uma seita falam sobre esse momento de euforia do início, quando parecia que estavam no único lugar da face da Terra onde eram realmente vistas e compreendidas. Soa familiar? Se você estiver lendo isto atentamente e se reconhecendo em algumas dessas situações, pode ser que seja uma dessas pessoas.

Estar em uma seita é muito trabalhoso. Alguém precisa estar constantemente fazendo uma lavagem cerebral em você (sutilmente no início, depois cada vez mais abertamente), cortando o seu contato com qualquer pessoa que seja capaz de fazê-lo enxergar a realidade da situação; roubando a sua independência; e distorcendo a sua realidade até que às vezes pareça que vocês dois vivem isolados em um planeta só de vocês.

Para justificar a sua permanência em uma situação como essa, você pode se ver apegado aos bons momentos que tiveram juntos. Você vive para esses bons momentos, tanto pela memória que tem deles no passado quanto pela esperança de ter mais bons momentos em um futuro próximo. E esses bons momentos parecem ainda mais valiosos quando acontecem logo depois de um grande revés no relacionamento; um ponto alto, que parece criado artificialmente em função da diferença que existe entre ele e os desconfortos diários do restante do seu cotidiano.

Existem psicólogos que dedicam suas carreiras para entender as motivações que nos mantêm ligados a pessoas assim. De certa forma, não importa quantos desses comportamentos você reconhece na sua própria situação. O que importa é o que você vai fazer depois que perceber que um ou outro desses comportamentos, sozinhos ou combinados, está impedindo você de viver uma vida tranquila e feliz e vai continuar fazendo isso enquanto você continuar com essa pessoa.

Nas próximas páginas, vamos adotar uma abordagem prática, começando com os passos necessários para um processo de separação. Esses passos foram pensados para ajudar você a encontrar forças para agir, para evitar que queira voltar atrás (quantas vezes forem necessárias) e prepará-lo para a angústia inevitável do processo. Os passos a seguir estão numerados, não só porque estão correlacionados, mas também porque, depois de anos trabalhando como *coach*, pude verificar o quanto é importante observar uma sequência. Não pule nenhum deles. Passar rapidamente por eles é menos importante do que cumpri-los até o final.

1. Presuma que essa pessoa nunca vai mudar

Sendo um *coach*, preciso acreditar que as pessoas podem mudar; do contrário, qual seria o objetivo de fazer o que faço? No entanto, no caso das pessoas que nos maltrataram de inúmeras formas, geralmente durante vários anos, presumir que elas não vão mudar é um ato de autopreservação essencial. Existem três bons motivos para prever a não mudança:

Elas não querem mudar

Eu não sei se você já fez terapia. Se leu até aqui, eu diria que é o tipo de pessoa que pelo menos já considerou fazer terapia. Pela minha própria experiência, o simples ato de comparecer à terapia requer um grande esforço, e quando você está lá não é uma atividade agradável. Sempre que eu faço uma piada, o terapeuta presume que estou escondendo algo. O progresso é geralmente medido em lágrimas. E essa é a parte boa!

Se você já insistiu com alguém em sua vida que você sabe que precisa fazer terapia — sua mãe, irmão ou melhor amigo —, sabe que é mais difícil ainda convencê-los dessa necessidade do que foi convencer a si mesmo. Primeiro, eles precisam estar dispostos a admitir que estão repetindo padrões nocivos. Em seguida, precisam querer mudar esses padrões e, por fim, precisam se comprometer a seguir o processo lento e geralmente doloroso de tentar mudá-los. Já é pedir muito para quem não é egoísta e tem boas intenções. Se, em vez disso, a pessoa for desmotivada, egoísta, despreocupada, arrogante e/ou narcisista, então rapidamente se torna uma causa perdida.

O que será que faz as pessoas reavaliarem as próprias vidas e mudarem? O sofrimento. Foi isso que me motivou a procurar a terapia quando estava prestes a completar trinta anos. Eu não estava tentando implementar um belo planejamento de vida; eu queria parar de sofrer. Era como se eu tivesse quebrado um osso: precisava resolver o problema rapidamente.

Será que é assim que o seu parceiro se sente? Antes de responder, evite cair na armadilha de dizer "Sim, Matthew, eu sei que no fundo ele está sofrendo". Se você quer que ele faça o que é preciso para mudar, ele não só precisa estar ciente do próprio sofrimento "aparente" e do sofrimento que está causando a você como também estar motivado para mudar.

Vamos começar com o fato de que provavelmente a pessoa não estará muito motivada para mudar se nunca tiver sentido medo de perder você. Pode ser que você já tenha dito que estava no seu limite e ameaçado ir embora, mas você de fato foi? Será que essa pessoa realmente aprendeu que seus comportamentos geram consequências que o afetam também? Se não aprendeu, é provável que não tenha sentido essa motivação extrínseca para mudar seus comportamentos.

Agora, vamos considerar se o seu sofrimento é uma motivação genuína para que ela mude. Quando você ou eu percebemos que estamos constantemente machucando alguém que amamos, uma reação natural nossa seria: "Preciso mudar isso. Estou magoando essa pessoa, e me sinto mal com isso". Compare isso com o que uma pessoa sem empatia poderia responder: "Nossa, que chatice. Por que você precisa ser tão sensível o tempo todo?". Mesmo quando a compaixão está motivando o nosso desejo de mudar, isso continua não sendo um processo fácil para nós. Então, imagine o quanto é minúscula a probabilidade de mudança de uma pessoa desprovida de compaixão.

Lembre-se: se a única coisa por trás do desejo de mudança do outro é a nossa insistência para que ele mude, isso quer dizer que não há nada no caráter dele que deseja promover essa mudança ou que vai sustentá-la no longo prazo.

Mesmo com ajuda especializada e bastante motivação, mudar

coisas em mim mesmo foi complicado; eu tropecei, dediquei bastante tempo, e é um processo contínuo. As batalhas que venci foram difíceis, e muitas ainda requerem manutenção e vigilância constantes. Não tenho dúvidas de que com você foi assim também. Por que, então, mudar seria fácil para o outro? Como Jacob M. Braude diz: "Considere o quanto é difícil mudar a si mesmo e você entenderá como as suas chances de mudar os outros são pequenas".

As mudanças são grandes demais
Mudar mesmo que seja 1% do nosso comportamento já é difícil, e manter essa mudança também não é fácil. Aqueles que conseguem ser fortes o bastante para mudar tendem a fazer isso devagar e em pequenas quantidades. Quando as mudanças necessárias são fundamentais — quando envolvem traços de personalidade e valores básicos —, é necessário muito mais força de vontade e comprometimento. Se você sentir que este capítulo foi escrito para você, então as mudanças que o seu parceiro precisa fazer provavelmente são drásticas. Os meus clientes que mudaram são geralmente os que precisavam fazer mudanças sutis mas que tiveram impactos profundos em suas vidas. Eles não precisavam de um transplante de personalidade.

Veja este exemplo de experimento mental conduzido pela dra. Ramani Durvasula, uma das maiores especialistas em narcisismo, em uma das minhas conversas com ela. Vou tentar adivinhar e presumir que você, querido leitor (pelo menos você é o mais querido dos leitores que leu até aqui!), compartilha algumas características com a maioria das pessoas que comparecem aos nossos eventos presenciais, o que quer dizer que você é uma pessoa empática, carinhosa, que pensa nos outros e faz o possível para vê-los felizes. Então, o que seria necessário acontecer para que você parasse de se preocupar e começasse a mentir, a manipular e a agir com base apenas no seu próprio interesse, mesmo que isso machuque alguém que você ama? Você seria capaz disso? Eu sou capaz de apostar as minhas economias que isso seria praticamente impossível, não importa o quanto você tentasse. Não seria remotamente plausível que você conseguisse mudar tanto esse aspecto fundamental da sua natureza — mesmo que tivesse uma arma apontada para a sua cabeça.

Considerando o quanto seria difícil para você mudar a sua natureza, e sabendo o quanto a sua natureza difere da de outras pessoas, você consegue entender agora que é tão improvável que o seu parceiro consiga ficar mais parecido com você quanto é para você ficar mais parecido com ele? Basta aplicar esta regra: se, para fazer alguém se comportar como você gostaria, seria necessário submetê-lo a um transplante de personalidade, então você pode presumir que isso nunca vai acontecer.

Não são simples diferenças de comportamento, e sim de caráter
Costumamos cometer o erro de nos identificarmos tão intensamente com as pessoas que estão próximas a nós que simplesmente presumimos que elas estão fazendo o mesmo conosco também. Porém, proximidade e dependência nem sempre são recíprocas, e elas não criam ou refletem automaticamente valores compartilhados. Na verdade, com frequência, quando dividimos uma rotina diária com alguém, podemos não enxergar que temos tão pouco em comum com essa pessoa. Ainda assim, a identificação com o nosso parceiro continua a crescer pela força absoluta da nossa proximidade. Depois de um tempo, essa identificação cega se torna um elemento necessário ao relacionamento, principalmente se estivermos em uma posição de dependência, seja por algo tão pragmático como nossas finanças, seja por algo tão fundamental como as nossas identidades. Frequentemente essa conexão unilateral nos leva a criar fantasias sobre como a vida vai se desenrolar — fantasias que se tornam tão elaboradas e familiares que podem se tornar parte inseparável da nossa própria identidade. Para manter essa fantasia, você precisa acreditar que o seu parceiro, no fundo, é como você e vai fazer o que for preciso para ajudá-lo quando você mais precisar. A versão alternativa dessa fantasia é uma versão infernal, na qual percebemos que estamos emocionalmente casados com um alienígena; uma pessoa vinda de outro planeta

qualquer, com quem não conseguimos nos identificar. Infelizmente é bem isso que acontece com muita gente que percebeu, um pouco antes de se divorciar, que mentiu para si mesma durante anos, criando do zero um universo de emoções e valores compartilhados no qual seus parceiros nunca chegaram a pisar.

No entanto, antes que chegue a esse ponto, você continua esperando que o outro seja como você. Se você é gentil, não consegue entender a insensibilidade do outro quando faz algo que o magoa. Se você tem consideração, não consegue entender como o outro pode tomar decisões importantes (grandes investimentos, mudanças de emprego) sem nem ao menos consultá-lo. Se você valoriza o espírito de equipe, então o seu choque vai ser verdadeiramente genuíno quando descobrir que, apesar de todo o apoio que lhe ofereceu durante anos, quando chega a vez de fazer o mesmo por você, o outro se mostra completamente desinteressado.

Se a sua definição de amar alguém é baseada no cuidado, na empatia, na compaixão, na consideração e na gentileza, e se a definição do outro for baseada em ter alguém ao seu lado o tempo todo para atender às suas necessidades sempre que precisar, então você não só terminará completamente infeliz como ficará exausto de viver em um mundo que não consegue decifrar. O outro não "ama" como você, e não existe nenhuma comparação.

Isso não quer dizer que você e a pessoa com quem ficar precisam ser idênticos. Parte do charme dos relacionamentos que funcionam advém das diferenças e perspectivas únicas que oferecemos um para o outro; aquele atrito agradável entre surpresa e desafio que surge quando duas pessoas fortes e independentes navegam juntas pela vida. No entanto, se não conseguirmos concordar no básico — sobre a necessidade de honestidade, lealdade ou de assumirmos a responsabilidade quando erramos —, então estamos condenados a confiar nos momentos de alegria que só acontecem quando as nossas necessidades comuns se cruzam ao acaso. Momentos assim nunca duram o bastante para gerar confiança; são interlúdios breves como os dois momentos do dia em que um relógio quebrado acerta a hora. Por favor, não atribua a essas duas coincidências nenhum significado especial. Você tem todo o direito de ser amado durante os demais 1.438 minutos do dia também.

2. Não permita que a sua empatia se torne uma inimiga

A empatia é algo maravilhoso. Ela nos ajuda a ver os outros como eles são e permite que compartilhemos de suas dores, fracassos, alegrias e triunfos. Aumenta a nossa curiosidade, incentiva a nossa bondade, cala o nosso preconceito, ameniza o nosso julgamento, ativa a nossa compaixão. No nível mais básico, nos ajuda a conhecer os outros, tanto estranhos quanto os nossos amigos mais próximos. E, quanto mais os conhecemos, mais fácil fica ajudá-los; mais fácil é fazer aquilo que vai ajudar diretamente as pessoas que conhecemos de inúmeras formas, grandes ou pequenas.

No entanto, a empatia pode sofrer mutações e se transformar em algo extremamente perigoso. Quanto maior é a nossa tendência à empatia, mais capazes nos tornamos de identificar e perdoar os piores comportamentos de nossos parceiros. E, quanto mais conhecemos os nossos parceiros, mais contexto temos para racionalizar até o mais doloroso dos seus comportamentos. Pode se tornar um distintivo que usamos com orgulho. ("Eu conheço ele melhor do que ninguém. Pode até parecer loucura para você, mas não para mim."). Temos orgulho de ser as pessoas em quem eles confiam, seus contatos de emergência, os únicos na posição privilegiada de perdoá-los, mesmo quando a maioria das coisas pelas quais eles precisam de perdão é formada por aquelas que eles continuam fazendo conosco.

Com frequência é esse o problema com esse nível de empatia: toda a nossa capacidade de compreensão não consegue ajudá-los a mudar. Continuamos sendo a primeira pessoa a sofrer por eles serem como são. Talvez sejamos os únicos a saber por que eles estão nos magoando tanto, mas isso não muda o fato de que continuam agindo assim, às vezes com tanta frequência e facilidade que fica parecendo que é a nossa capacidade de ter empatia que faz com que eles nos magoem.

Existe, ainda, um segundo problema: o simples fato de termos essa enorme capacidade empática já nos torna vulneráveis àqueles que podem se aproveitar disso. E se aproveitar da nossa empatia pode servir a vários propósitos. Se eles "compartilham" conosco alguma experiência ruim de suas infâncias, que parece ser a chave para todo o sofrimento deles, não só isso pode parecer uma forma de criar intimidade ("Meu bem, você sabe que eu não sou um monstro") como também os faz deixar de ser os causadores de sofrimento no aqui e agora para se transformarem em vítimas de algum tipo de trauma oculto e profundo que aconteceu muitos anos atrás.

Essa é uma das formas como uma pessoa assim pode tentar usar a sua empatia contra você. Toda vez que você releva os comportamentos nocivos mais recentes dela, demonstrando simpatizar com eles e pela dor que ela carrega há tanto tempo, essa pessoa o recompensa por "entendê-la". ("Ninguém mais me entende!") Isso se torna ao mesmo tempo reforçador (você ganhou o prêmio) e um modo de isolá-lo (você é o único outro habitante desta ilha). Além disso, cria um péssimo precedente. Você se demonstrou tão tolerante com essa pessoa agora que ela se sentirá traída toda vez que você não for tolerante no futuro. ("Eu simplesmente não consigo acreditar que, depois de tudo o que eu contei sobre mim, minha vida, meu sofrimento, você ainda não entenda por que eu sou como sou. Eu pensei que você me conhecesse.")

É assim que a nossa empatia pode deixar de ser um instinto protetor para se transformar em uma compulsão que alimenta a codependência. Beth Macy, a autora de *Raising Lazarus* [Ressuscitando Lázaro, em tradução livre], um livro que fala sobre superar o vício em opioides, argumenta ser um equívoco acreditar que existe um fundo do poço para as pessoas e que, assim que elas chegam a esse estágio horrível de sofrimento, voltam imediatamente para suas vidas normais. Em vez disso ela explica que, na verdade, existe um porão no fundo do poço e nele há um alçapão, e por aí vai. Em outras palavras, seria completamente possível continuar caindo em um poço que nem nos nossos piores pesadelos poderíamos imaginar não ter fundo. Descobri que a mesma lógica se aplica quando uma capacidade sem fim para demonstrar empatia se encontra com uma disposição infinita para se aproveitar dessa empatia. Se você tiver empatia o bastante, realmente não existe nada que não consiga justificar:

> Eles mentem para mim compulsivamente: Bom, os pais deles nunca permitiram que eles fizessem nada, e a única maneira que encontraram de poder realmente viver suas vidas foi mentir sobre o que faziam.

> Eles continuam me traindo: É um vício que não conseguem controlar e que também os machuca de verdade, pois parecem sempre atormentados pela culpa porque me amam demais. De qualquer forma, como eles poderiam ter uma relação saudável com o sexo, considerando a criação que tiveram?

> Eles nunca me consultam antes de tomar grandes decisões financeiras ou de negócios que podem afetar nossas vidas. Mesmo assim, isso é algo que eles entendem melhor do que eu, e, embora me magoem quando não me consultam, no fundo eu sei que eles só estão tentando fazer o que é melhor para nós como família.

Assim como o vício em opioides, a nossa empatia não tem fundo. Não existem limites para os horrores que somos capazes de suportar antes de desistirmos: destruição financeira, isolamento de família e amigos, aniquilamento da nossa confiança e de sentimento de individualidade, mesmo em situações de vida ou morte. Não há outra saída que não seja mudarmos as regras da nossa empatia.

Mudar as regras da nossa empatia não significa mudar quem somos. Podemos continuar demonstrando compreensão, mas precisamos substituir a nossa tolerância por uma compaixão distante. Podemos escolher ter pena de alguém a distância, até mesmo de alguém capaz de fazer coisas terríveis, mas não podemos ter essas pessoas em nossas vidas. A nossa empatia é defeituosa se só a usamos unilateralmente. Não podemos permitir que a nossa compaixão por uma pessoa se torne um instrumento de tortura usado em outra pessoa, principalmente quando somos nós essa pessoa! Já não se trata mais de empatia. É algo mais profundo e mais destrutivo, que disfarçamos com a nossa empatia.

3. Não permita que a empatia se torne um disfarce para o seu medo

Pode ser que, com um parceiro ou membro da família, pareça aceitável, e até mesmo nobre, fazer concessões em nome do amor que sentimos por eles. Em um passe de mágica capaz de enganar até a nós mesmos, usamos a nossa enorme capacidade de sentir empatia — uma de nossas melhores qualidades — para justificar a persistência em um relacionamento quando, na verdade, grande parte dos nossos motivos para ficar está enraizada nos nossos próprios medos:

Tenho muito medo de perder essa pessoa.

Não consigo nem pensar na possibilidade de ficar sozinho novamente.

Nunca mais vou encontrar uma conexão como essa. Ninguém nunca vai me amar do mesmo jeito.

Nunca mais vou amar ninguém assim.

Vou ter que recomeçar do zero.

Desperdicei anos da minha vida.

Não vou conseguir fazer tudo sozinho.

Quando confrontamos esses medos, eles rapidamente assumem um caráter existencial: "Se eu perder essa pessoa, a quem dediquei tanto tempo da minha vida, qual terá sido o significado da minha vida até aqui? Passei grande parte da minha vida com essa pessoa; como posso aceitar quem ela é de verdade sem invalidar a minha vida adulta inteira? Quem sou eu sem ela? Quem vou ser aos olhos dos outros?". Por isso não surpreende que, em vez de encarar esses medos, nós procuremos motivos mais palatáveis e até mesmo válidos para ficar. É fácil dizer para seus amigos que só você realmente conhece essa pessoa, ou que existem fatores complexos e únicos sobre a situação. É mais difícil admitir que você não sabe quem é, qual é o seu valor e como vai viver sozinho.

Lembre-se: você pode ser uma pessoa gentil, leal, preocupada, consciente e empática, mas não permita que a facilidade que tem para desempenhar esse papel mascare o verdadeiro motivo que o mantém em um relacionamento nocivo (e até mesmo perigoso). Para se libertar e ter uma vida melhor, você precisa enxergar para além da máscara que a sua empatia proporciona, se libertar desse disfarce e encarar os seus medos existenciais.

4. Você precisa estar disposto a acender o pavio que explodirá a sua própria vida

Às vezes, um relacionamento explode sem que possamos fazer nada para evitar. É horrível — como uma colisão emocional —, mas, quer você tenha sido pego de surpresa ou praticamente tenha assistido a tudo em câmera lenta, se alguém não lhe deu uma escolha, você nunca experimentou a sensação de estar no controle dessa decisão. Em situações como essa, contamos como se fosse algo que nos aconteceu, como se fôssemos vítimas indefesas. Quer a pessoa tenha terminado com você do nada ou ido embora depois que uma série de pequenas traições acumuladas levou ao término definitivo, a sensação que fica é a de que terminou antes que você tivesse uma chance.

Mas o que dizer daquele outro tipo de término, aquele no qual você precisa ser a pessoa que acende o pavio que explodirá a sua vida? Isso requer atitude e resolução. Você não pode simplesmente esperar até que o relacionamento morra de causas naturais. Deve iniciar o processo e concluí-lo. Para isso, você precisa de um tipo poderoso de coragem: aceitação plena. Esse não é um tipo de aceitação no qual você reconhece as suas limitações ("Eu nunca vou correr uma maratona"), mas sim o tipo em que você reconhece a realidade de uma situação difícil. ("Essa não será a última vez. É provável que não seja nem a última vez nesta semana.") É preciso aceitar plenamente o fato de que as suas necessidades não estão sendo supridas, que esse relacionamento (assim como talvez as condições de vida geradas por ele) é insustentável, que você está profundamente infeliz e que nada vai mudar até que você admita que a sua versão fantasiosa desse relacionamento não se parece em nada com a sua vivência real.

Para assumir o controle, você precisa admitir o quanto está infeliz e que tem se sentido assim há muito tempo, bem como o quanto continuará sendo infeliz se ficar. Você precisa respirar fundo e admitir:

Não estou em um relacionamento/casamento funcional, e ele acabou.

Não tenho futuro com essa pessoa se o meu objetivo for ficar em paz.

Essa pessoa não fará mais parte da minha vida.

Vou sentir saudade dessa pessoa, mesmo depois de toda a dor

que ela me causou. Primeiro, vou precisar enfrentar a abstinência dolorosa, o luto e a solidão inicial que ficarão em seu lugar.

Eu tenho [insira a sua idade aqui] e vou ficar solteiro(a) novamente.

Todo o tempo que investi nesse relacionamento não fez dele um sucesso, como eu esperava. Simplesmente tornou evidente o fato de que nada nunca vai mudar.

Não estou onde os meus [amigos/familiares/colegas de trabalho/conhecidos] acreditam. Estou sofrendo muito mais do que deixo transparecer, e não tenho o tipo de relacionamento que todos acham que eu tenho.

Vai ser um choque para várias pessoas, e eu vou sentir vergonha, principalmente se sustentei ativamente a imagem falsa de um relacionamento feliz diante das pessoas que me cercam.

Esse é o passo mais difícil. Exige aceitar radicalmente a sua situação, coragem e a capacidade de se adaptar e se reinventar. Por outro lado, vem acompanhado de um enorme presente — a rejeição de uma identidade falsa e o presente da verdadeira confiança. A analogia a seguir ajuda a explicar o que eu quero dizer:

Digamos que você tenha dito para todos os seus amigos que tem 100 mil dólares no banco quando na verdade está devendo 20 mil. Toda vez que você menciona esses 100 mil dólares, esse valor se torna mais real para você. A validação que recebe faz parecer verdade para você e se torna parte da sua identidade com os amigos. Agora, imagine que você trabalhou horas extras, cortou seus gastos e conseguiu diminuir a sua dívida para 10 mil dólares. Isso é importantíssimo, metade da dívida. Mas você não pode comemorar porque todo mundo acredita que você tem aqueles 100 mil! Você teria que abrir mão de toda essa validação (e lidar com as consequências de tanta enganação) antes que qualquer pessoa pudesse ficar feliz por você.

Devemos nos orgulhar muito das nossas conquistas verdadeiras. No entanto, nunca vamos conseguir fazer isso enquanto não formos honestos conosco sobre a nossa real situação. É apenas quando aceitamos o fato de que nunca teremos paz e felicidade se ficarmos — nosso verdadeiro ponto de partida — que criamos a coragem para acender o pavio que vai explodir essa parte danificada da nossa antiga vida. Pode parecer que estamos dando cinquenta passos para trás, mas basta um passo honesto para a frente para que comecemos a nos sentir vivos e orgulhosos novamente.

5. Quando a realidade dessas escolhas difíceis se apresenta, sua mente vai tentar convencê-lo a acreditar que essa pessoa e a vida que vocês têm juntos não são tão ruins, afinal

Quanto mais perto chegamos de agir — de dar aquele passo decisivo para sair da nossa antiga vida e adentrar o desconhecido —, os nossos medos e tormentos aparecem para desafiar a nossa decisão. É uma espécie sutil de barganha que fazemos conosco quando estamos diante de uma mudança difícil, que ressuscita os nossos maiores medos: de ficar sozinho, de não saber como sobreviver no mundo, de ter que redescobrir a nossa identidade ("Eu já nem sei mais quem sou sem essa pessoa"), reconhecendo e vivendo o luto pelo fim de uma vida que não se concretizou.

Essa nova voz nos diz: "Você ficou louco. Vai querer passar por tudo isso porque brigou com essa pessoa semana passada?". Ela nos acusa de estar tendo uma reação exagerada ao que aconteceu. Imagine todas as coisas que essa voz tenta dizer para você nesse momento decisivo:

No fundo essa pessoa te ama, e você sabe disso.

Essa pessoa faz tanta coisa por você, pelos seus filhos, pela sua família. Lembra quando ela ajudou seu irmão naquela vez que ele precisou de dinheiro? Lembra quando vocês fizeram aquela viagem caríssima para a Itália? Lembra quando ela pagou a matrícula da escola das crianças?

Quando está em um bom dia, essa pessoa é tão maravilhosa. Você realmente quer perder isso?

Apesar de tudo, essa pessoa tem boas intenções. É verdade que é uma pessoa complexa. Talvez seja um dos desafios de estar nesse relacionamento. Você quer mesmo jogar tudo isso fora?

O amor verdadeiro é incondicional. Se quiser ter alguém que te ame incondicionalmente, não deveria fazer o mesmo por ele?

Você vai ficar sozinho(a)... já pensou nisso?

Isso não passa de uma tentativa dessa voz interior de desviar a nossa atenção, dizendo "Olha tudo o que você está perdendo, ignora a montanha de sofrimento que teve que enfrentar para chegar até aqui". Esse é o primeiro de muitos testes para verificar se você está finalmente decidido a acabar com esse sofrimento em sua vida. Você já esteve nessa mesma situação e voltou atrás, só para descobrir que a mesma dor e sofrimento continuavam ali esperando por você mais à frente. Quantas vezes essas vozes o convenceram a voltar atrás? Elas são boas no que fazem, levando você a duvidar se deveria mesmo atender ao apelo da sua exaustão, angústia, raiva e total incapacidade, ou indisposição para continuar suportando essa situação, ou se deveria ceder às tais vozes que lhe dizem parar continuar.

Lembre-se: você quer um relacionamento. Você queria esse relacionamento, que não é fácil de terminar, do contrário já teria terminado antes, não só uma vez, mas centenas de vezes. Você não precisa de ajuda para continuar. Porém, de alguma forma e apesar de todos os seus instintos, você permanece em uma situação que não consegue mais sustentar. O quanto um relacionamento que você realmente deseja precisa ser ruim para que deixe de desejá-lo?

A resposta para essa pergunta revela a questão principal: é necessária uma quantidade intolerável de dor para fazer você desistir de algo que realmente deseja. Logo, uma quantidade intolerável de dor é o que você tem agora.

Nessa parte do processo você vai descobrir que, toda vez que vencer um medo, outro aparecerá. E você se verá comparando o seu relacionamento com outro, no qual o abuso é mais óbvio ou extremo, para justificar o que sofre como não sendo "tão ruim assim"; ou, no outro lado do espectro, tentar comparar com um relacionamento tão "tedioso" que você não consegue imaginar trocar de relacionamento. Se você conseguir ignorar essas vozes, uma última voz aparecerá; uma voz que sabe que, se as outras não foram suficientes para convencê-lo de que a sua situação atual é boa, pelo menos pode conseguir fazer você se sentir mal:

Você se acha uma pessoa perfeita? Veja tudo de errado que fez ao longo dos anos. E você tem a sua parcela de culpa nos erros dessa pessoa. Na metade do tempo, foi o seu comportamento que a fez agir assim. Ei, pelo menos essa pessoa quer estar com você. Quem mais poderia querer? Pense bem. Talvez isso seja o melhor que você vai conseguir. Você não é flor que se cheire também. Pelo menos essa pessoa te ama e quer ficar com você, apesar de tudo.

Toda mensagem que oferece resistência em sua cabeça tem a intenção de distraí-lo da única verdade que importa nessa situação:

6. Se você continuar onde está, nunca será feliz, nunca terá paz

O antídoto para todas as dúvidas do Passo 5, a resposta para todos os medos, é, a rigor, uma não resposta. Você não precisa se convencer de que não fez nada de errado no relacionamento (mesmo que seja verdade), não precisa fingir que não tem motivos, não precisa acreditar que encontrará outra pessoa. A única coisa da qual precisa se convencer (às vezes, centenas de vezes por dia) é que, não importa o que mais possa ser verdade, você não pode continuar nessa situação.

Quando a experiência lhe ensinou que alguém vai devastá-lo ou criar o caos em sua vida — de forma confiável e previsível —, ficar não só causará mais dor como será uma quantidade de dor que o fará se sentir mal fisicamente, quando imaginar ter que passar por isso. Não existe mais esperança para toda a esperança que você já teve para o relacionamento. Já falei sobre Pandora, que fechou a caixa antes que a esperança pudesse escapar. Não consigo ignorar o quanto esse mito se aplica aos relacionamentos que discutimos neste livro. Quando abrimos a tampa de um relacionamento assim, podemos ficar cegos para todas as crueldades que saltam para fora dessa caixa.

No entanto, talvez a esperança continue sendo a pior e mais perigosa de todas. A esperança pode convencer você a ficar quando não há mais motivos para isso. A esperança pode começar como um sentimento positivo — dando a você a força para acreditar no melhor do outro —, porém ela rapidamente se torna uma espécie de negação que permite que você bloqueie a realidade. No fim, a esperança pode roubar o nosso sentimento de independência, a nossa capacidade de agir e até mesmo o nosso instinto mais básico de autopreservação. Contanto que você consiga algum consolo na esperança, vai continuar, passivamente, se submetendo a coisas a que ninguém deveria se submeter. O que é assustador é o quanto a situação parece ser diferente para quem está do lado de fora do que é para você. De fora, entretanto, esse comportamento parece muito semelhante ao vício.

É por isso, por mais estranho que pareça, que precisamos matar essa esperança, para que possamos nos salvar. Quando destruímos a esperança, abrimos caminho para uma atitude mais ativa, assertiva e mais no controle. Só depois que deixamos a esperança de lado e admitimos que sim, que nossa situação é insustentável, podemos ter clareza suficiente para dar os passos necessários para nos protegermos e mudarmos a situação. Não importa se você não é forte o bastante ou digno de algo melhor; quando percebemos que o futuro que queremos não será possível nesse relacionamento, encontramos a força para fazer o que for preciso. Não é incomum, quando algo se faz extremamente necessário, descobrir reservas de forças escondidas, como a mulher de 22 anos da Virginia, nos Estados Unidos, que tirou um BMW525i de cima do seu pai e ainda realizou uma manobra de reanimação cardíaca nele. A necessidade é um ótimo antídoto, tanto para a esperança quanto para a insegurança.

7. Só porque dói, não significa que está errado

Este é o teste final: a dor definitiva da perda.

Quando você finalmente consegue terminar esse relacionamento, a sua mente vai tentar pregar novas peças em você. Quando as noites solitárias chegam — não importa quantos amigos você tenha ou quanto seja próximo da sua família —, há um momento em que você sente um peso no estômago e uma dor no coração. Quando você atinge esse ponto, não precisa muito para convencê-lo de que cometeu um grande erro.

Porém, a dor não é um indicador confiável de uma escolha ruim. Se você cometer esse erro — se voltar atrás na primeira fisgada de dor —, pode acabar sentenciando a si mesmo a uma vida de infelicidade confortável. Você pode se convencer a voltar para algo que parece ser confortável, ou pelo menos mais confortável do que a solidão que parece ser tudo o que você sempre terá. Mas conforto não é felicidade. O que é confortável pode ser um inferno (já foi uma vez). E a dor costuma ser precursora da felicidade.

Quando começamos pensando "Isso dói demais" e concluímos "que eu só posso ter cometido um erro quando resolvi terminar", fazemos uma conexão sem lógica nenhuma. Não existe nenhuma correlação entre a dor que sentimos e a suposição de que só sentiríamos uma dor assim se aquele amor que acabamos de deixar fosse de alguma forma especial e importante. Esse raciocínio já fez muitas pessoas voltarem correndo para alguém que só irá magoá-las e envenenar suas vidas novamente.

Precisamos parar de considerar a intensidade da dor como um indicativo do amor. Quando os viciados estão tentando parar de beber, usar heroína, consumir pornografia ou usar o celular obsessivamente, sentem uma dor emocional considerável durante o processo. Mas isso não quer dizer que a heroína era especial e eles nunca deveriam ter parado de usá-la. Ninguém em uma clínica de reabilitação diz: "Olha só como eles estão péssimos; talvez não devessem ter parado de beber afinal". Em vez disso, consideramos a intensidade da dor que eles sentem como uma medida da gravidade dos seus vícios, e não da importância daquilo que acabaram de cortar das suas vidas.

Quando comecei a praticar o jiu-jítsu brasileiro, fui advertido que me sentiria como se tivesse sido atropelado por um trem depois da primeira luta (a luta no jiu-jítsu é o mesmo que o combate no boxe: você enfrenta outra pessoa). E foi o que aconteceu. Um sinal claro de que você é um iniciante é: você não consegue controlar a respiração depois que começa a lutar. Os nervos ficam à flor da pele, o ego se envolve, os seus movimentos se confundem enquanto você tenta conseguir uma vantagem; e, depois de mais ou menos um minuto que você passa tensionando todos os músculos do corpo e esquecendo de respirar, é como se estivesse se afogando. Aprendi isso rapidamente na minha própria experiência.

Nesse momento, o meu treinador de jiu-jítsu me disse que, quando treina com outros faixas-pretas, ele às vezes coloca o cronômetro para marcar sessenta minutos e eles lutam durante todo esse tempo! Quando viu a minha expressão de choque, ele disse: "Quando você precisa lutar durante uma hora inteira, sabe que vai ser difícil, então, por mais incrível que pareça, você para de entrar em pânico porque sabe que não vai acabar logo. Assim, em vez de tentar acabar logo com aquilo, você decide controlar a sua respiração; e, quando passa a se sentir mais calmo, com o tanque cheio de oxigênio, se prepara para a jornada". Desde então, aprendi que, quando fazemos isso, paramos de sentir como se estivéssemos nos afogando. Ainda pode parecer uma maratona, mas quando estamos cientes e aceitamos isso fica mais fácil descobrir como correr até a linha de chegada.

Terminar relacionamentos funciona da mesma forma. A dor pode parecer insuportável por semanas, meses ou até mais; porém, quando ficamos desesperados para fugir da dor e não existe uma solução à vista, o pânico toma conta. Mas, se, em vez disso, aceitamos que essa parte da vida vai ser sofrida por um tempo, podemos parar de prender a respiração — durante minutos, durante meses — e realmente nos render ao processo de enfrentar a nossa dor.

É importante lembrar que, embora esse caminho seja sofrido, o outro é pior. Nesse momento, você só vai conseguir recuperar a sua felicidade seguindo em frente na direção do desconhecido, e não de volta para uma situação que sempre o deixou infeliz. Nenhum desses caminhos é fácil, por motivos diferentes. Se você escolher ficar, vai renovar um contrato que funcionará como uma garantia para maus--tratos, de que as suas necessidades não serão supridas e de que você não terá nenhuma chance de ter paz ou de melhorar de vida. Se você decidir ir embora para sempre, vai se aventurar pelo desconhecido, vai ter que lidar com a falta que sentirá da pessoa que deixou para trás e com o luto — não só pelo fim do relacionamento, mas também por finalmente e definitivamente aceitar que essa pessoa não vai mudar. Se você optar pelo segundo caminho, no fim vai aprender a ficar bem sozinho. Ambas as escolhas são garantias de sofrimento. Porém, só uma libertará você da escuridão.

13

IDENTIDADE DE CONFIANÇA

Já conversamos neste livro sobre o fato de que o estágio mais perigoso da atração chega no momento em que você decide que gosta de alguém. Esse é o momento no qual você está mais propenso a renunciar aos seus parâmetros, a ficar disperso no trabalho, a cancelar sua sessão de ioga das terças-feiras ou a desmarcar o encontro no restaurante mexicano com seus amigos para poder passar todo minuto livre com a sua nova obsessão; como se para você não houvesse vida antes dessa pessoa. (É muito fácil cair na armadilha de pensar: *Essa nova pessoa é capaz de satisfazer todas as minhas necessidades!*) Mesmo que você se esforce para não cair nessas armadilhas — controlando a comunicação, evitando checar as redes sociais da pessoa a todo momento etc. —, ainda assim pode ter problemas se passar todo o seu tempo livre imaginando um futuro com uma pessoa com quem teve apenas dois encontros. Porque, mesmo que o objeto da sua atração não tenha conhecimento dessas fantasias, a sua fascinação privada vai se tornar evidente assim que vocês se encontrarem novamente. No lugar de apenas curtir o seu tempo juntos, agora você se vê preocupado com a possibilidade de se magoar. Você consegue perceber os pequenos sinais de que talvez tenha se precipitado, o que se transforma em uma fonte de frustração, fazendo você demonstrar apreensão em vez de simplesmente aproveitar o filme ao ar livre que vocês decidiram assistir no quinto encontro.

Você poderia alegar que a culpa não é toda sua, uma vez que a intensidade no romance é um mar no qual todos nadamos. Muito do entretenimento popular — filmes, músicas, livros, propagandas — reforça a noção de que a verdadeira felicidade é impossível sem o amor. Essa ofensiva pode fazer com que nos sintamos inúteis toda vez que precisamos encarar o mundo sem o sentimento de validação que sempre acompanha quem está em um relacionamento.

No Capítulo 8 analisamos algumas técnicas para evitar nos empolgarmos demais nos primeiros encontros, enquanto ainda estamos tentando identificar a diferença entre atenção e intenção. No entanto, mesmo quando a pessoa que temos diante de nós demonstra uma intenção verdadeira, ainda corremos o risco de perder de vista tudo mais que é importante em nossas próprias vidas. Uma regra extremamente útil para seguir na vida é: tendemos a valorizar aquilo em que investimos. Por isso, quando deixamos de investir naquilo que não está diretamente ligado ao nosso relacionamento, acabamos diminuindo o valor de tudo que existe em nossa vida fora dele, ao mesmo tempo que aumentamos a certeza de que esse relacionamento é a nossa principal fonte de felicidade. Quanto mais conseguirmos permanecer conectados aos outros aspectos da nossa vida, mais difícil será para alguém que ficou sem nos responder por três horas afetar o nosso equilíbrio.

Pode parecer contraintuitivo, mas o momento em que acreditamos ter encontrado a pessoa dos nossos sonhos é também a hora de fazer qualquer coisa para não alimentar essa obsessão. É a hora de reforçar as outras fontes de significado em nossas vidas: nossos hobbies, nossa família, os livros que estamos ansiosos para ler, as atividades que nos renovam e motivam, qualquer coisa que nos conecte conosco e com o nosso sentimento de propósito. Você precisa se concentrar em atividades que fortaleçam a convicção de que, não importa o quanto seria bom se essa nova pessoa em sua vida sentisse o mesmo que você, a sua própria vida, assim como ela é, com tudo pelo qual trabalhou, é suficiente para você.

Sempre tento formular esse conselho de forma prática, dizendo para as pessoas que a melhor coisa a fazer antes de um encontro que você julga importante é ter uma semana corrida. Essa é uma estratégia segura de curto prazo, que tira a ansiedade do foco da sua mente, reduz as oportunidades de exagerar as expectativas e, em tese, faz você ficar tão ocupado com as coisas que gosta de fazer (ou que precisa terminar, ou que começou a fazer há pouco tempo, ou que ficava adiando começar) que não existe espaço para a ansiedade e preocupação com o próximo encontro. Graças a todas essas atividades, você faz uma transição tranquila para ter um momento divertido com alguém em quem não teve tempo para pensar demais. Além de ter muito para contar como resultado de tudo o que fez desde a última vez que vocês se encontraram.

Você provavelmente já ouviu falar da ideia de "dinheiro para chutar o balde", que é a quantia necessária para que você possa dizer "não" para tudo aquilo que não quer fazer — dizer "não" para trabalhos, chefes, estar com pessoas que o fazem infeliz.

E se pudéssemos alcançar esse mesmo efeito no âmbito da autoconfiança no lugar do dinheiro? Imagine que a sua confiança é o tampo de uma mesa, com toda a firmeza das pernas que o mantêm de pé. As várias formas de apoio em sua vida dão a esse tampo de mesa a estabilidade necessária. Se o tampo é a sua confiança, cada uma das pernas é uma parte diferente da sua vida que lhe confere força, significado, propósito e amor.

Não há nada de errado em admitir o quanto é importante para você encontrar um parceiro para a vida. Mas investir nas outras pernas que sustentam a nossa mesa faz com que, quando um parceiro em potencial aparecer, não precisemos confiar apenas nessa pessoa para nos manter de pé. A "confiança para chutar o balde" resulta de já contar com formas de apoio firmes na sua vida antes que essa nova forma apareça.

O instinto de esquecer tudo o que você tem se torna mais tentador quando a pessoa que aparece é alguém particularmente bonito, carismático ou bem-sucedido. No entanto, nenhum desses traços torna o seu mundo menos importante. E daí que essa pessoa é "mais bonita"? E daí que ela se destaca em um lugar cheio de pessoas? E daí se todos os que a cercam a consideram importante? Nenhum desses atributos diminui o tamanho e o valor intrínseco da sua vida e de tudo que há nela.

No filme *O homem que não vendeu sua alma*, Sir Thomas More aparece aconselhando o ambicioso Richard Rich, que acredita que o seu valor está atrelado à conquista das suas maiores ambições. More quer que ele saiba que existem formas mais profundas de alcançar um sentimento de importância:

More: Por que não ser professor? Você seria um bom professor, talvez um excelente professor.
Rich: Se eu fosse, como eu saberia?
More: A sua percepção; a dos seus a alunos; a dos seus amigos; Meu Deus. Não é uma plateia ruim.

Sempre que namoramos alguém que tem uma vida empolgante, ficamos tentados a desvalorizar a nossa própria vida, como se, de alguma forma, ela tivesse se tornado insignificante diante de uma presença ofuscante. No entanto, mesmo a vida que aparenta ser a mais normal de todas pode ter uma profunda importância. Quem é capaz de dizer que a vida de um cuidador que passa os dias ajudando alguns poucos pacientes com demência é mais insignificante do que a de alguém que gerencia centenas de funcionários em uma empresa de tecnologia? Procure permanecer conectado ao que há de mais rico no seu mundo; à diferença que você faz na vida das pessoas que o cercam; à sua família e aos seus amigos; ao trabalho que você tem; aos hobbies que ama; às práticas que segue. Se você fizer isso, ninguém que aparecer será capaz de intimidá-lo. Ninguém pode ser capaz de fazer você sentir que precisa trabalhar em dobro para conquistar sua atenção, como se ele tivesse algo que você não tem. E, quando as pessoas veem que você está profundamente conectado ao valor que cria e/ou ao amor que tem dentro do seu próprio mundo, você já tem o que todos anseiam e desejam ter por perto: amor, propósito e realização. Nem a maior das vidas pode garantir essas coisas.

As diferenças entre as pessoas são ótimas para os relacionamentos. Porém, se alguém não é capaz de reconhecer você como igual, parta para outra. Esse é um aspecto importante para prestar atenção desde o início: quanto tempo essa pessoa atraente demora para reconhecer você como igual? "Logo de cara" provavelmente é a melhor resposta nesse cenário. Não importa o quanto o seu pretendente em potencial seja atraente, este é um teste essencial: nenhum relacionamento será duradouro ou proporcionará uma felicidade verdadeira se não for um relacionamento entre iguais.

A matriz de identidade

Existe um exercício, que aplico há anos nos meus retiros, chamado "A matriz de identidade", que sempre se mostrou uma ferramenta extremamente prática para que possamos identificar o que precisamos mudar em nossas vidas, para que possamos desenvolver a tal da "confiança para chutar o balde" sobre a qual falamos.

Inicialmente eu peço que os presentes façam uma lista dos vários aspectos de suas vidas dos quais derivam seus sentimentos de autoconfiança: suas amizades; os cargos que alcançaram em suas carreiras; a capacidade de tocar um instrumento ou de falar uma segunda língua; os hobbies que cultivam; a segurança financeira que garantiram para si mesmos. Qualquer coisa que nos faça nos sentir orgulhosos, atraentes ou importantes; que nos faça nos sentir interessantes, que nos faça nos sentir seguros em nossas vidas são itens que tendem a entrar nessa lista; sobretudo se for algo que frequentemente contribui para a nossa confiança ou para a nossa identidade. Para alguém que lutou para obter a cidadania de um novo país, o seu novo passaporte pode entrar na lista. Outra pessoa pode listar a casa que passou anos construindo com carinho. Para outra, pode ser o quanto ela estudou, ou o quanto já viajou pelo mundo para vivenciar outras culturas. O que quer que entre na lista de cada um é um reflexo direto da identidade que essa pessoa construiu para si mesma, durante a sua vida até agora.

Em seguida, peço para cada membro da plateia desenhar um quadrado e dividi-lo em quadrados menores, igualmente espaçados, como em um jogo da velha, embora maiores. Depois peço que dediquem cada quadrado menor a um item diferente de suas listas. O resultado é uma matriz de quadrados que compõem o que denomino suas "Identidades de Confiança".

No entanto, enfatizo para quem está participando da atividade que, na realidade, o tamanho ocupado por esses quadrados em nossas vidas é tudo menos uniforme. Por isso, peço que desenhem suas matrizes novamente, mas dessa vez ajustem o tamanho dos quadrados para que reflitam o quanto o item em cada quadrado é importante para a construção das suas identidades. Geralmente um ou dois quadrados são muito maiores que o resto, porque todos nós temos coisas das quais derivamos uma quantidade desproporcional da nossa validação. Para muitas pessoas, é a carreira. Para outras tantas, o quadrado dominante é o seu relacionamento. A matriz, como um dos presentes bem descreveu, deixa de se parecer com uma cartela de bingo e passa a se assemelhar a uma pintura de Mondrian, com um ou dois grandes quadrados, cercados por quadrados menores.

Construir uma matriz de identidade nem sempre é um exercício confortável. Se você for honesto consigo mesmo, pode olhar para a sua matriz e perceber que vem dando mais ênfase a algumas áreas da sua vida do que gostaria e dedicando a outras áreas menos atenção do que elas mereciam. Algumas pessoas chegam a descobrir que não conseguem pensar em muitas coisas para colocar em suas matrizes. Se você for uma delas, não se preocupe; provavelmente terá mais ideias do que pode compor a sua matriz à medida que avançar na leitura.

Um dos aspectos-chave para que possamos interpretar as nossas matrizes é o fato de que o tamanho dos nossos quadrados tende a ser um reflexo daquilo com o que nos identificamos mais. Tendemos a nos identificarmos com os aspectos das nossas vidas que nos proporcionam maior sentimento de validação e propósito. A pessoa que sempre foi recompensada na infância por estar sempre disposta a ajudar, depois de adulta é considerada uma funcionária "exemplar" por trabalhar até tarde, por nunca reclamar sobre o volume excessivo de trabalho e por sacrificar sua vida e sua saúde em nome do trabalho. A pessoa que costuma chamar bastante atenção por sua aparência se torna obcecada em mantê-la à medida que envelhece, porque acredita que essa é a sua principal fonte de valor. Em muitos casos, o cenário tende a ser desenhado desde o início para o formato que a nossa matriz de identidade assumirá no futuro, em função do que descobrimos que "funcionava para nós" durante a infância. Não é fácil dizer se a nossa matriz de identidade reflete certos aspectos intrínsecos da nossa personalidade que inevitavelmente se manifestariam, ou se simplesmente seguimos as migalhas de validação ao longo do caminho de menor resistência, até que em algum momento a nossa identidade se transformou naquilo que pensamos que somos. Provavelmente é um misto de ambas as possibilidades. Todos estamos tentando suprir alguma necessidade: segurança, propósito, uma maneira de nos identificarmos no mundo; a nossa matriz simplesmente reflete as nossas melhores tentativas de fazer isso. Entretanto, a matriz de identidade que desenhamos hoje nunca é um retrato definitivo; é mais como uma fotografia do momento atual, que revela os músculos que mais utilizamos para chegar até este momento das nossas vidas.

Talvez seja mais fácil de visualizar na página do que na sua cabeça. Por isso, a seguir apresento duas versões para uma matriz de identidade; a primeira é a minha matriz de identidade aos 21 anos; e a seguinte sou eu agora, aos 36. Eu poderia ter acrescentado mais quadrados para essas matrizes, mas optei por restringi-los aos mais óbvios para facilitar a ilustração. (Desenhei ambas as matrizes na mesma semana, então existe a possibilidade de ter deturpado alguns elementos da minha versão mais jovem, embora eu duvide disso!)

Aos 21 anos

Boxe	Estar em forma	*Sucesso*
Falar um pouco de mandarim	Sucesso na vida amorosa	
Ser bem-informado e considerado inteligente	Sustentar/cuidar da minha família	Segurança financeira
Amizades		

Como você pode observar, com 21 anos eu baseava grande parte do meu valor no quanto eu acreditava ser bem-sucedido aos olhos dos outros, e na ideia de estar estabelecido financeiramente. Eu também sustentava a minha família, o que, embora baseado em um misto de generosidade e sentimento de obrigação, também me fazia sentir bem comigo mesmo, tornando-se parte da minha identidade. A vida amorosa também era muito importante, mas tinha menos a ver com realmente encontrar o amor e mais com sentir que eu era, egoística e heroicamente, bom em namorar e atrair mulheres. Eu lutava boxe, e isso contribuía para a minha confiança.

Eu não colocava muita ênfase nas minhas amizades; estava focado demais nas minhas ambições, mas elas desempenhavam um papel pequeno na minha matriz, apesar disso. Por ter trabalhado alguns meses em Xangai, eu havia aprendido um pouco de mandarim, o que se tornou algo que eu achava que fazia de mim uma pessoa mais interessante. Estar em forma era importante, mas estava relacionado àquela ideia de "ser desejado". Eu gostava da noção de que era bem-informado (independentemente do quanto eu realmente era) e de que as pessoas me achavam inteligente quando conversavam comigo. Nem preciso dizer que uma boa dose de insegurança estava por trás de todas as coisas que direcionavam as minhas decisões sobre onde alocar meu tempo e energia, bem como o que me dava um sentimento de importância.

Aos 36 anos

Morar nos Estados Unidos		
Jiu-jitsu	Sentimento de propósito	Casamento
Crescimento interior	Sucesso	
Estar em forma	Estabilidade financeira	Ter conexão e proximidade nos relacionamentos
Estar saudável	Experiências de vida	
Ser bem-informado e considerado inteligente	Habilidade para falar em público	Habilidade de escrita

Agora vamos analisar a minha matriz aos 36 anos. Não há como negar que a carreira ainda ocupa grande parte dela. Mas não está mais focada apenas na percepção de sucesso validada pelo outro. Uma parte dela ainda considera esse tipo de sucesso — eu estaria mentindo se dissesse que eliminei todos esses traços de ambição (e você não acreditaria em mim de qualquer forma) —, mas hoje em dia eu valorizo muito mais ter um sentimento de propósito, mesmo que isso signifique que a carreira não crescerá tão rápido. O meu crescimento interior é um dos aspectos que mais me causam orgulho, por isso ocupa um quadrado significativo hoje em dia. Quando eu tinha 21 anos, o crescimento interno só era importante se me proporcionasse mais sucesso validado externamente, algo que eu realmente desejava naquela época.

Estar em forma ainda é importante para mim — não vou negar essa vaidade —, mas igualmente importante hoje é o sentimento de estar realmente saudável. Um novo e também proeminente quadrado é o das "experiências de vida", que reflete o fato de que, hoje em dia, grande parte da minha confiança e da minha identidade vem da vontade de viver também, em vez de só trabalhar. Na minha matriz de identidade atual, você verá que eu não tenho um grande quadrado dedicado a "cuidar da família". Agora ele se transformou no quadrado "Ter conexão e proximidade nos relacionamentos". Eu ainda procuro ajudar a minha família, da mesma forma que eles me ajudam, mas isso não é mais de onde eu tento derivar significado para a minha vida. No lugar da obrigação, eu agora escolho amor e reciprocidade como a base desses relacionamentos — eu recebo as recompensas de estar realmente conectado nessas relações, sem precisar me sentir importante ou valioso em função do que posso fazer pelas pessoas. Hoje em dia, eu também derivo a minha confiança da força do meu casamento e não de quantas pessoas podem me achar atraente.

Os relacionamentos em geral desempenham um maior papel na minha vida atualmente, e consequentemente recebem quadros maiores na minha matriz. Sou muito grato por todo o amor presente na minha vida; um amor que, inconscientemente, eu achava que era algo garantido. Antes eu achava que os relacionamentos na minha vida — as amizades e a família — meio que ficavam onde estavam, como insetos pré-históricos congelados em âmbar, para sempre preservados, sem que eu precisasse investir neles de alguma forma. Agora, estou muito mais focado na maneira como posso me fazer ainda mais presente nesses relacionamentos. Mais do que nunca, tenho consciência de que o tamanho do meu quadrado "Ter conexão e proximidade nos relacionamentos" é um reflexo direto do volume de energia que dedico a ele — já sou muito grato por esse amor, essa energia aumentou exponencialmente. É assim que ciclos de autorrealização ocorrem nas nossas matrizes — quanto mais gratos somos por algo em nossas vidas, mais respeitamos e investimos nisso; quanto mais respeitamos e investimos nisso, maiores os nossos quadrados se tornam.

Preencher uma matriz de identidade é uma forma clara de ser honesto sobre onde estão as suas prioridades e o que você precisa mudar para ficar mais feliz e ter mais confiança. Essa tarefa não requer meses ou anos de terapia. Existe uma qualidade orgânica nesse exercício, principalmente se você se dedica a desenhar matrizes regularmente, pois elas acabam revelando que as suas prioridades se transformam e mudam. Com essa leitura visual em mãos, você fica menos propenso a sentir que as circunstâncias estão ditando a direção que deve seguir, e mais propenso a sentir que é você quem está no comando. Você consegue ver onde estão as suas vulnerabilidades, bem como em quais áreas está investindo mais, podendo redirecionar a sua energia de acordo. Evite pensar demais enquanto estiver desenhando a sua matriz; esse é um exercício inevitavelmente grosseiro e imperfeito. Simplesmente tente fazer um desenho aproximado de como você acha que seria a sua matriz hoje, e depois decida o que precisa mudar para ter uma matriz mais robusta.

Você pode ver que, aos 36 anos, não só a minha matriz tem mais quadrados como é, no geral, bem maior. É como se eu tivesse acrescentado um segundo andar à matriz anterior! Isso acontece porque a minha identidade se expandiu ao longo dos anos, e as minhas fontes de confiança e de onde derivo o meu senso de identidade se tornaram mais numerosas. É ao mesmo tempo um reflexo de onde eu coloco meu foco e de como gasto o meu tempo. Se o tamanho da sua matriz de identidade estivesse diretamente relacionado apenas ao tempo gasto nas coisas, sempre seria um jogo de soma zero entre os aspectos diferentes da sua personalidade que competem entre si e a vida que lhe dá um sentimento de confiança. Para mim, a possibilidade de morar e trabalhar nos Estados Unidos contribui para uma parte da minha identidade de confiança, mas não é algo que "consome" o meu tempo como o meu hobby de praticar o jiu-jítsu brasileiro tem consumido nos últimos anos; simplesmente existe como algo de que me orgulho e que me dá uma sensação de segurança. O mesmo vale para a minha habilidade para falar em público, que, apesar de não ter aparecido na minha matriz da juventude, não necessariamente reflete um aumento do tempo alocado para ela (eu dava palestras aos 21 anos também). O quadrado alocado para ela agora reflete apenas o fato de que agora estou muito mais consciente e conectado com o quanto é maravilhoso ter essa habilidade de me comunicar. Eu gosto de ter esse quadrado na minha matriz, principalmente porque é algo que ainda estaria ali mesmo que eu não ganhasse um centavo com isso. É o mesmo caso da minha habilidade para escrever, que considero uma habilidade central, que eu manteria mesmo se perdesse todo o meu negócio. Quando renovo o meu foco para a sorte que tenho por contar com essas habilidades, o tamanho da minha matriz aumenta apenas em função daquilo pelo qual escolho ser grato.

Ainda assim, a maioria das coisas que nos dão uma sensação de confiança costuma consumir o nosso tempo; por isso, naturalmente, uma boa parte do que a matriz revela é como ou onde estamos gastando o nosso tempo e o nosso foco, nos dando a oportunidade de considerar se estamos dividindo esse recurso finito de uma maneira que contribui para os nossos objetivos de longo prazo e valores permanentes.

Tenha consciência das suas mutações e diversifique

Para o bem ou para o mal, tendemos a formar o que consideramos ser a nossa "identidade" com base nos quadrados em nossas matrizes. Na vida, lutamos para manter a nossa identidade porque é o que nos dá uma sensação de segurança — é "o que conhecemos". Podemos até não gostar do nosso trabalho, mas o cargo, o status e o dinheiro que vêm com ele passam a fazer parte da nossa identidade, podendo se tornar indispensáveis para nós. Podemos chegar ao ponto de achar que perder tudo isso seria como perder uma parte do corpo. O perigo aqui é que passamos a confiar tanto nas nossas fontes primárias de validação que elas se transformam em mutações nossas. Se não formos cautelosos, esses músculos se tornam os únicos que sabemos como usar. Aos poucos, essas mutações se transformam nas nossas maiores vulnerabilidades. Se perder toda essa validação pode ser devastador para a nossa ideia de quem somos, então podemos facilmente nos tornar prisioneiros daqueles um ou dois quadrados superdesenvolvidos em nossas matrizes. Se no início você teve dificuldade para descobrir quais seriam os maiores quadrados na sua matriz, basta se fazer a seguinte pergunta: "O que mais afetaria a minha confiança se fosse tirado de mim?".

No caso de algumas pessoas, podemos claramente identificar a mutação: o rapaz na academia com bíceps enormes; a influenciadora do TikTok que usa maquiagens elaboradas, dignas de tapete vermelho, para ir ao supermercado. Outros casos são menos óbvios mas ainda assim evidentes, como o pai viciado em trabalho, que inicialmente era apenas ambicioso mas que anos depois não consegue se desligar quando sai de férias com a família; ou as pessoas casadas que fazem do outro o seu único foco, correndo o risco de perder a chama da individualidade que mantém vivo o desejo. Christopher Hitchens, provavelmente o maior debatedor da sua geração, confessou tomar muito cuidado para não usar suas incríveis habilidades em casa com a família, uma vez que claramente existem situações em que é melhor perder uma discussão e outras nas quais o silêncio é a melhor opção. Todos conhecemos pessoas que gostam de agradar e, por isso, acabam ficando sobrecarregadas e exaustas; ou pais que ficam sempre tão preocupados com os filhos que estes acabam fazendo de tudo para escapar desse controle. Existem inúmeras formas pelas quais podemos nos exceder.

Uma boa pergunta que deveríamos nos fazer é: "Quem eu seria sem o maior quadrado na minha matriz?". Mostre-me a sua resposta para essa pergunta e eu lhe direi o quanto você está vulnerável a fracassos, crises ou tragédias. É inquestionável que contar demais com a confiança resultante de um único elemento na nossa matriz de identidade é uma proposição precária. Em parte porque quase todas as coisas que nos dão confiança estão suscetíveis a mudança. Pessoas próximas de nós morrem, relacionamentos terminam, perdemos o emprego, nos machucamos, envelhecemos ou desenvolvemos uma doença crônica. As habilidades que cuidadosamente cultivamos se deterioram se deixamos de praticá-las (às vezes podem se deteriorar até mesmo quando as praticamos o tempo todo!). Além disso, podemos perder o acesso aos lugares onde elas podem ser exercidas ou ao equipamento necessário para praticá-las.

Existem pessoas que consideram as coisas com as quais mais nos identificamos uma espécie de armadura, como se a nossa própria matriz (assim como toda a confiança que advém dela) fosse uma espécie de muleta, talvez até mesmo um dos impedimentos centrais para ter acesso ao espectro total da experiência humana. Essas pessoas não estão erradas. Essa é uma observação que seria rapidamente feita em círculos de atenção plena. Definitivamente, existe um nível de confiança mais profundo e mais imutável que você pode acessar, que vamos abordar em mais detalhes em um dos próximos capítulos. Porém, estamos todos vivendo vidas imperfeitas diariamente, encarando o mundo pelo menos tanto quanto (ou provavelmente até mais) encaramos internamente a nós mesmos.

Uma das melhores estratégias que podemos usar para contrabalançar os riscos negativos dos elementos principais do nosso caráter é garantir que a nossa vida não gire em torno de uma única coisa. Existem três formas de diversificar a sua matriz: 1) dedicar-se mais a um dos quadrados ao qual você não tem alocado muito tempo nem atenção, para que ele possa crescer a partir desse aumento de investimento; 2) encontrar novas formas de valorizar aquilo que você já tem — faça isso e você descobrirá fontes de confiança às quais já tem acesso, como eu fiz com as minhas habilidades para escrever e falar em público; 3) acrescente um quadrado completamente novo, colocando nele algo que você nunca fez ou tentou antes. Tenho certeza que você consegue pensar em quadrados na sua matriz que, se você voltar no tempo o suficiente, não existiam antes. Para mim é o jiu-jítsu, um esporte que eu comecei a praticar quando as minhas lesões comprometeram minha capacidade de continuar praticando o boxe. Atualmente tento treinar pelo menos três vezes por semana, não importa o que mais eu tenha que fazer naquela semana. Passei a me importar com o meu progresso nessa área, e costumo me pegar pensando nas lições que aprendi com esse esporte.

Ao contrário do que acontece quando focamos a gratidão recém-descoberta por algo que já temos, o problema de acrescentar um quadrado, ou de dedicar mais esforço a um quadrado menor que você gostaria de aumentar, é que, considerando que a vida é um jogo de soma zero, fazer isso pode tirar a sua atenção e esforço diários de onde estão concentrados os seus pontos fortes. Isso nem sempre é ruim. Tenho uma amiga que é mestre em ser sarcástica, e ela usa isso para fazer todos rirem, dominar a conversa e manter o clima leve e dinâmico. Às vezes isso significa que ela acaba destruindo por completo vários tópicos interessantes antes mesmo de alguém conseguir falar uma única palavra, e geralmente significa que quase não há espaço para vulnerabilidade ou curiosidade enquanto ela está falando — duas coisas que demandam abertura e sinceridade, e algumas vezes silêncio, no lugar de piadas e ironias.

Já tentei, mas não cheguei nem perto de conseguir fazê-la maneirar, provavelmente porque ela se sairia muito pior nessas situações de socialização se seguisse o meu conselho. Ela, com certeza, se sentiria menos poderosa, interessante, confortável e confiante, pelo menos por um tempo. Para ela seria uma espécie de retrocesso, mesmo que do ponto de vista da sua matriz de identidade fosse considerado um avanço, na direção da força e da diversidade, em vez de depender apenas de uma habilidade que claramente está se tornando um tipo de esquiva. Quem quer voltar a ser um estudante desengonçado — embora seja uma experiência que nos ensina bastante —, principalmente quando sabemos que existem lugares melhores para estarmos e coisas que faríamos melhor?

Minha amiga e editora Karen Rinaldi escreveu um livro que poderia ser uma ode à diversificação da sua matriz, chamado *É ótimo ser péssimo em algo*. Karen gosta de surfar, mesmo que, como ela costuma dizer para todo mundo, não seja uma boa surfista. Isso não a impediu de comprar uma casa na Costa Rica, para onde poderia ir e passar horas pegando ondas, caindo, subindo novamente na prancha e remando de volta para o final da fila. Ela escreveu um artigo para o *New York Times* sobre algumas coisas que aprendeu falhando com tanta regularidade. (*Failing is OK. Better still, isn't it a relief?* [Falhar faz parte. É até bom, que alívio, né?, em tradução livre]). Para acompanhar o artigo, ela postou um vídeo seu surfando, e uma colega de trabalho foi até seu escritório para dizer:

— Nossa, você é uma péssima surfista mesmo!

— Você achou que eu estivesse sendo modesta?

Sua colega descreveu a imagem que tinha de uma Karen descolada, surfando na Costa Rica, e completou:

— Realmente não foi isso que vi naquele vídeo que você postou... Você é terrível mesmo!

— E?

— Fico feliz de saber que você é tão ruim!

Rinaldi argumenta que o "descolada" (e a atitude de autoproteção que geralmente está por trás desse adjetivo) pode ser um inimigo: que nos impede de tentar fazer coisas novas, da alegria que podemos encontrar no aprendizado, da resiliência que surge de não nos preocuparmos com a impressão que passamos ao fazer algo que nunca fizemos com maestria e que talvez nem tenhamos a expectativa de um dia chegar a fazer. Existe uma recompensa em tentar coisas novas. Isso diminui o controle exercido pelo perfeccionismo e abre caminho para a postura do iniciante que brinca e se surpreende. Talvez um dia você chegue a sentir que tem habilidade naquilo, mas os benefícios são muito maiores. Quando você tenta fazer algo novo, diminui o impacto das coisas das quais dependia demais anteriormente. E graças a essa chama de esperança você se torna menos vulnerável à possibilidade de colapsar se circunstâncias em sua vida roubarem algo seu com o qual sempre contou.

Pareamentos únicos

Existe outro motivo para diversificar que vai além das recompensas internas. Quando a nossa confiança resulta de múltiplas fontes, ela oferece um bônus maravilhoso de nos tornarmos mais atraentes aos olhos dos outros. Isso gera o que eu chamo de "pareamento único": duas ou mais características em uma pessoa, que isoladas já seriam atraentes, mas que combinadas criam algo muito mais potente. Por quê? Porque são inesperadas. Elas nos fazem perceber, quase imediatamente, que ainda não conhecemos completamente aquela pessoa; que ela é um enigma, imprevisível. Elas nos fazem pensar não só "O que mais eu não sei sobre essa pessoa?" como também "Em que lugar do mundo eu poderia encontrar outra pessoa assim?". Um traço chama sua atenção; o segundo retorna a pessoa irresistível.

Como Rinaldi (editora/surfista) provou, você não necessariamente precisa ser bom em ambos os elementos do seu pareamento. Mas precisa ter paixão por eles. Os dois polos distintos criam uma espécie de campo energético no qual tudo parece possível. É fácil encontrar exemplos entre pessoas que já são famosas por algo, como o ator Seth Rogen e sua obsessão pelas cerâmicas que faz. Ou o ex-presidente George W. Bush, que talvez ganhasse alguns votos retroativos quando começou a se dedicar a pintar quadros extremamente sensíveis de veteranos e imigrantes.

Tenho um amigo, Jesse Itzler, que é um empreendedor apaixonado por desafios de resistência. Ele realiza um desses desafios no próprio quintal, que dá para uma colina íngreme, no qual ele convida as pessoas para subir essa colina cem vezes seguidas. Ele chama de "Colapso na Colina", e eu posso atestar que é o tipo de desafio diabólico que só quem já completou uma prova do Ultraman (competição de triatlo na qual homens nadam dez quilômetros, pedalam 276 quilômetros de bicicleta e correm 85 quilômetros) poderia ter inventado. Uma vez ele me convidou para tentar (foi o desafio físico mais difícil da minha vida); quando ele me convidou novamente, perguntei se a minha noiva, Audrey, poderia participar também.

Pode, sim! Ela vai amar! Foi a resposta que ele me enviou. Ficamos noivos nesse mesmo ano, então pode ser que uma parte de mim achasse que talvez valesse a pena descobrir como ela se sairia no desafio da colina antes que eu fizesse oficialmente o pedido. (Não conte para ela que eu disse isso.)

Ela tinha assistido aos vídeos nos quais eu aparecia semimorto ao final do desafio no ano anterior, sendo amparado por dois amigos que me ajudaram a completar a última subida; e eu acho que ela pensava que tinha só sido um dia ruim, em que eu não estava tão bem e que provavelmente não era assim tão difícil. Eu sempre falava para ela: "Não, na verdade foi horrível"; e, apesar da minha insistência para que ela treinasse para o desafio, ela casualmente deixou de comparecer a algumas das sessões de treino comigo, convencida de que eram apenas uma forma que eu tinha encontrado para ter companhia durante aquelas horas solitárias na academia.

Quando chegamos à casa do Jesse em Connecticut, nos Estados Unidos, no final do verão, havia uma mesa de bufê de bananas, daqueles tipos de gel de energia e misturas com eletrólitos que costumam ser encontrados nos bolsos das pessoas que escalam o El Capitan, uma formação rochosa localizada no Parque Nacional de Yosemite, na Califórnia. Quando o Colapso começou e até as primeiras vinte subidas, Audrey continuou sendo Audrey: pegando água e uma fatia de laranja para nós dois antes do início de cada subida. Lá pela quadragésima subida, na segunda hora do desafio, já estava claro para ela que não só era tão intenso quanto eu tinha dito mas que exigiria muito mais de nós se quiséssemos terminar. Por volta da septuagésima subida, com três horas de desafio, o ritual de cuidado da Audrey já tinha sido esquecido. Na octogésima subida, eu já sentia a raiva silenciosa dela, que estava muda. A música estava alta, pessoas gritavam incentivos umas às outras, mas Audrey não fazia contato visual nem dizia uma palavra.

Isso era algo sem precedentes no nosso relacionamento. Audrey é a pessoa mais genuinamente preocupada, gentil e bondosa que eu conheço. Ela não só nota o que os outros estão sentindo como descobre o que pode fazer para que se sintam melhor. Mas naquele momento ela estava direcionando todos esses recursos para si mesma. No topo da colina, Jesse gritava "Nós não chegamos até aqui para só chegar até aqui!", o que vagamente reconheci na hora ser um bom mantra para a vida. Quando percebeu o nosso colapso iminente, ele abaixou seu megafone e disse:

— Ei, Huss, Audrey, uma dica para vocês: cada vez que vocês terminarem uma subida — ele apontou para um barril cheio de gelo —, coloquem suas mãos e braços lá dentro por dez segundos e em seguida mergulhem a cabeça. Confiem em mim.

Nós confiamos nele e seguimos seu conselho; e pareceu funcionar, o bastante para nos ajudar a terminar a subida seguinte. Então repetimos o processo a cada subida daquele momento em diante. (Depois que terminamos, ele revelou que o seu "truque de mergulhar no gelo" era algo que tinha inventado de improviso naquela hora.)

Quatro horas tinham se passado, e o meu treinamento extra tinha valido a pena. Eu estava me sentindo melhor do que no ano anterior, tanto que ao final da nonagésima nona subida eu virei para a Audrey e perguntei:

— Ei, amor, por que não subimos uma última vez e vamos nos divertir?

Audrey não pensou duas vezes:

— Não — ela respondeu, direta e irredutível, entre respirações ofegantes e pesadas.

Nós dois concluímos o desafio. Audrey tocou o sino na linha de chegada, mais para marcar o fim da tortura do que para celebrar qualquer grande vitória. Alguém pendurou uma medalha de "Vencedor" no pescoço dela, e ela desmoronou na grama, chorando. Depois, de tempos em tempos, envergonhada, repetia:

— Não sei por que estou chorando.

Mas eu sabia. Aconteceu com ela exatamente o que tinha acontecido comigo no ano anterior.

Eu já sabia que amava a Audrey antes de completarmos o desafio, e acho que a atração que sentia por ela era evidente desde a primeira vez que lhe disse "Oi". Mas eu nunca tinha ficado tão impressionado com ela. Quando estávamos treinando, ela era a pessoa que insistia para que ficássemos em casa e pedíssemos uma pizza em vez de ir para a academia. Naquela colina, porém, a guerreira surgiu. Eu soube, quando vi de perto aquela determinação, que ela era o tipo de colega de equipe que eu precisava ter do meu lado nos momentos difíceis. Eu sabia que ela era forte, mas tinha uma força extra que eu não imaginava; e eu sabia que seria um tonto se alguma vez duvidasse dela. Pareamento único.

É isso que os pareamentos únicos fazem. Você vê duas partes de uma pessoa que nunca imaginou encontrar juntas naquela mesma pessoa. Mas você também nota uma terceira coisa: tudo que está entre esses dois lados da pessoa e que você não vê; um vale inteiro encoberto por nuvens que você ainda precisa explorar.

14

SOBREVIVENDO AOS ROMPIMENTOS

Existem dois tipos de término: aquele em que é algo que acontece conosco e aquele em que nós tomamos a iniciativa. Essas duas experiências podem parecer tão distintas que dificultam a tarefa de pensar em conselhos ou estratégias de vida que se apliquem a ambas as situações. Mas os resultados em ambos os casos não são tão diferentes quanto você imagina. Ambos deixam um vazio em nossas vidas que, como qualquer vácuo, oferece um perigo real. Ambos podem nos causar arrependimentos duradouros, e até mesmo um profundo sentimento de vergonha. Ambos são difíceis de ser superados. (Isso é válido mesmo quando pulamos direto para o próximo relacionamento.)

"Seguir sempre, retroceder jamais" é um bom mantra para rompimentos, em ambos os casos. É especialmente verdadeiro quando acabamos de sair de uma situação tóxica ou abusiva. Embora também seja verdadeiro quando alguém termina conosco: não podemos romantizar o amor que achávamos que estávamos recebendo de um parceiro, mas que não existia de fato. Não importa o que tenha levado ao término, existem coisas práticas que podemos fazer para seguir em frente — para evitar que fiquemos presos no mesmo lugar, ou pior, que voltemos para o relacionamento problemático do qual acabamos de sair. Todo rompimento parece causar uma dor única e individual — aconteceu com você e mais ninguém —, mas existem passos que podemos dar e que nos ajudam a voltar à vida. As cinco estratégias apresentadas nas próximas seções não precisam ser seguidas na ordem, porque a desilusão amorosa é assim: você pode passar semanas ou meses se sentindo bem, e de repente um tsunami de emoções surge e você se sente de volta à estaca zero. Por isso sinta-se livre para segui-los como quiser, bem como repeti-los quantas vezes forem necessárias.

Conecte-se com o sentimento de paz recém-descoberto

Na sua situação atual, pode parecer que estou sugerindo que você faça uma prancha de surfe com aqueles espaguetes de piscina; mas todos os dias eu trabalho com pessoas cujas vidas melhoraram após o rompimento. É verdade que a pessoa com a qual contávamos se foi, e o peso emocional dessa ausência pode ser devastador. Parece impossível não pensar nessa pessoa, ou esperar encontrá-la quando viramos a esquina, exatamente como acontecia quando tudo estava bem. Por outro lado, enquanto ficamos obcecados pelo passado, costumamos ignorar todas as melhorias visíveis em nossa vida agora que estamos sozinhos.

Você pode identificar essas melhorias de duas formas distintas. A primeira pode ser difícil de ser notada devido a todas as emoções negativas que acompanham qualquer término — mas não permita que isso ofusque todas as emoções negativas das quais você acabou de se libertar. Reconhecer esse peso tirado das costas pode ajudá-lo agora. Lembre-se de todos os momentos em que o outro fez (ou deixou de fazer) algo que o deixou triste, ansioso, com raiva, ou que tirou a sua felicidade. Talvez essa pessoa se comportasse mal nos jantares com a sua família; talvez nunca tenha se interessado pelas coisas que são importantes para você; talvez diminuísse o seu trabalho; talvez o mantivesse sempre em estado de alerta. Pode ser que fizesse você se atrasar para todas as viagens que fizeram juntos; de forma que, desde o início do que deveria ser um momento de relaxamento, você já embarcava no avião estressado, sem fôlego, envergonhado, evitando olhar para as fileiras repletas de passageiros irritados.

Courtney fazia parte do Love Life Club, um grupo on-line composto por pessoas de todos os lugares do mundo, com as quais trabalhamos de forma contínua. Ela acabava de passar por um término difícil, depois que descobriu que não só o marido a traía fazia anos como também tinha deixado a família com uma enorme dívida financeira. Foi um duplo desastre: ela e seus dois filhos tiveram que começar uma nova vida sozinhos, e ela precisou encontrar uma forma de tirá-los daquela situação de risco financeiro.

Porém, apesar de todo o contratempo familiar repentino, e da ameaça real que pairava sobre sua segurança financeira futura, em nossas sessões por telefone ela só conseguia focar em sua desilusão amorosa. Nesse caso, eu tinha uma única missão: reorientar o foco dela, para que saísse da dor de perder o marido e fosse para a sua paz recém-descoberta, à qual ela teria acesso agora que ele não estava mais por perto. Eu queria que ela percebesse o contraste. Ela não precisaria mais passar os dias morrendo de preocupação por causa do que ele não estava lhe contando, nem noites esperando-o chegar, enquanto ele estava com outra mulher. Ela não precisaria mais passar semanas se sentindo completamente invisível para o homem com quem dividia sua casa, enquanto ele fugia tanto dela quanto da realidade da dívida que se acumulava em torno deles. Quando mencionei tudo isso, ela respondeu:

— Eu sei, Matthew; mas, apesar disso tudo, ele ainda estava lá comigo. É tão difícil agora ficar longe dele.

Em seguida examinamos com que frequência ele realmente estava lá, e a verdade apareceu. Todos os finais de semana nos quais ele trabalhava até mais tarde ou simplesmente não dormia em casa porque era "mais fácil ir para um hotel", todos os finais de semana em que ele se trancava no escritório com o seu computador. Ela se sentia apavorada de ter que viver sem ele, mas não tinha conseguido perceber há quanto tempo já vinha fazendo isso. Ela estava sobrevivendo sozinha fazia muito tempo já; aquilo que temia fazer era algo que já tinha aprendido a fazer. Embora ela ainda não tivesse se dado conta, sua vida tinha ficado mais fácil em diversos aspectos.

Essa é a segunda maneira pela qual a sua vida melhora depois de um término: ela enriquece de um jeito positivo. Agora, em vez de ficar presa em casa como um criminoso de colarinho-branco que usa uma tornozeleira eletrônica, ela saía com as amigas. Em vez de precisar dizer que não podia sair com elas porque não queria deixá-lo "sozinho", ela estava fortalecendo relacionamentos que foram negligenciados durante anos, passando finais de semana inteiros na companhia de amigos e da família. O seu sofrimento diminuiu assim que ela parou de se concentrar na fantasia daquilo que tinha perdido. Ela começou a perceber que estava perdendo muito menos do que imaginava e ganhando muito mais do que julgava. Ela agora estava livre para dizer "sim" para o que enriquecia a sua vida, e levava a mais conexões e aventuras. Ela estava se redescobrindo.

Eu sei o que você deve estar pensando: *Matthew, talvez isso funcione quando o seu ex é um ladrão narcisista e traidor abusivo, mas o meu ex era maravilhoso em todos os aspectos, exceto por não querer mais ficar comigo. Como eu supero isso?*

Existem situações nas quais alguém com quem erámos felizes termina conosco de um jeito que parece inesperado. Términos assim podem ser devastadores tanto para a nossa autoestima quanto para a nossa capacidade de confiar no nosso julgamento em relacionamentos futuros. No entanto, quando alguém que fingia estar perfeitamente feliz de repente vem e puxa o seu tapete, pode ser útil procurar pelos sinais de alerta naqueles momentos nos quais essa pessoa deixou escapar que o caráter dela não era tudo aquilo que você se permitiu acreditar que era. Identificar sinais de alerta retroativamente — formas como essa pessoa mentiu, ou agiu de maneira estranha, ou as coisas negativas que os outros lhe disseram sobre ela e que você escolheu ignorar na época — pode se mostrar um modo extremamente válido de retirar os seus sentimentos por essa pessoa do pedestal em que estavam, em vez de permitir que sejam preservados naquele estágio de pico do amor. Você pode encontrar paz quando perceber que não perdeu a pessoa que pensava ter perdido.

No entanto, talvez você não consiga encontrar sinais de alerta como esses durante o tempo que passou com essa pessoa. Talvez ela fosse mesmo incrível, vocês eram felizes juntos, até que ela terminou com você. Mesmo se isso tudo for verdade, nunca se esqueça de uma verdade mais profunda e fundamental: o amor da sua vida só pode ser aquela pessoa que escolhe você para dividir a vida. Não pode ser nunca a pessoa que não escolhe você. Por isso, não importa o quanto vocês tenham sido felizes por um tempo, não era o relacionamento dos sonhos porque, por definição, o seu relacionamento dos sonhos é aquele que dura. Seguir em frente fica mais fácil quando percebemos que perdemos algo que apenas temporariamente simulava um relacionamento verdadeiro, mas que em aspectos fundamentais não chegava nem perto de um.

Contudo, vamos dar um passo atrás por um momento — será que você estava mesmo tão feliz quanto a sua tristeza insinua? Será que você sempre se sentia feliz na presença (ou na ausência) dessa pessoa, ou será que a sua felicidade era marcada por um sentimento constante de insegurança? Uma pessoa não precisa ser ruim para você se sentir mal quando está com ela. Um dos motivos pelos quais nos sentimos assim é porque percebemos que o amor e o investimento naquele relacionamento não é igual, algo que acontece quando o outro começa a ter dúvidas sobre nós. Mesmo que ele não tenha dito nada e continue cumprindo as funções de um parceiro (até e inclusive o fato de o sexo ser bom), é raro que a nossa intuição não consiga identificar quando ele está, ainda que de maneiras que não consigamos decifrar, distante (ou talvez nunca demonstrando o mesmo tipo de comprometimento que demonstramos).

Com exceção dos sociopatas clássicos, as pessoas não terminam umas com as outras por capricho e impulso, no mesmo dia em que informam ao outro que acabou. É um processo interno que pode durar semanas, meses ou anos até o dia em que elas finalmente decidem dividir conosco a sua decisão, em um momento também escolhido por elas. Essa disjunção — entre o que elas pensavam quando estavam sozinhas e como agiam sempre que estávamos por perto — é um dos principais motivos pelos quais o término pode soar tanto como uma traição. Elas estavam se escondendo em seus mundos particulares, nos deixando acreditar que estávamos em um tipo de relacionamento (o qual cultivávamos com tanto comprometimento e intensidade) enquanto estavam em outro completamente diferente (o qual cultivavam com dúvidas e dissimulação).

Perceber que estávamos vivendo em um relacionamento de fantasia com alguém que nunca esteve 100% presente pode ser humilhante. O peso emocional de todos os momentos importantes durante os meses e anos que se passaram desaparece em um único instante. A vida real que você pensava que estava construindo era na verdade um holograma. Isso também explica por que o outro consegue tocar a vida tão rápido: talvez só tenhamos recebido a notícia hoje, mas ele vinha convivendo com ela (de repente até procurando em outros lugares) por meses antes de dizer uma palavra sobre isso.

A nossa intuição consegue perceber que alguma coisa está estranha antes que sejamos capazes de colocar os fatos em ordem. E quanto mais vivemos nessa disparidade, na qual os nossos sentimentos não batem com os eventos da nossa vida cotidiana, mais internalizamos a nossa ansiedade, dizendo a nós mesmos que somos nós que estamos fazendo algo errado, que é loucura da *nossa* cabeça, e nos martirizando por nossa ansiedade inexplicável. Isso rapidamente se transforma no nosso próprio inferno particular de abuso psicológico, onde nos sentimos cada vez mais inseguros com a única pessoa que todo mundo julga ser perfeita para nós.

Em um término típico, temos o instinto de demonizar, de catalogar todos os erros e traições do outro, como se isso facilitasse o nosso processo de seguir em frente. Em vez disso, é mais saudável e mais fácil focar aquilo que essa pessoa nos fazia sentir. E não me refiro ao que sentíamos por ela — tudo o que admirávamos ou amávamos nela. Estou me referindo à maneira como nos sentíamos diariamente na companhia dela, quando nada estava sendo dito: será que nos sentíamos sempre seguros, felizes e amados? Será que éramos amados o suficiente? Ou será que nunca conseguimos nos livrar daquela sensação de que faltava algo, de que a nossa felicidade era uma espécie de palco instável sobre o qual fingíamos que nada acontecia?

A pessoa errada para você não se limita àquela que é "tóxica". Também pode ser alguém com quem não nos sentimos em paz. E você nunca encontrará a paz com alguém que não escolhe você.

Quando perdemos alguém dessa forma, podemos sofrer no início, achando que perdemos a única coisa que queríamos mais do que tudo. No entanto, se nos permitirmos, podemos realmente nos conectar com um novo sentimento de paz. Agora estamos livres da ansiedade constante; livres de sentir que não somos o bastante; livres de tentar assegurar aquilo que não é para ser. Qualquer que tenha sido a sua experiência no relacionamento, não era felicidade, que só aumenta quanto mais você a alimenta, como um jardim orgânico. E, mesmo que ainda não tenha encontrado o amor novamente, você vai perceber que esse sentimento de paz recém-descoberto é sólido e substancial; não há nada de imaginário nele. Quando você encontra o tipo certo de amor, sente uma espécie de continuação dessa paz, e não um desvio dela.

Aceite que você precisará repetir a mesma história várias vezes, e isso não é um problema

Nem uma única conversa com alguém, não importa o quanto ela seja boa, será capaz de resolver permanentemente o seu sofrimento. Ela pode aliviar um pouco a dor, e esse alívio definitivamente é importante. É apenas aquela luz no fim do túnel que pode ser a diferença entre sair da cama e permanecer lá o dia todo. Ouvir as coisas certas, navegar pela dor, é algo que precisa acontecer muitas vezes ao dia. É necessária uma enorme quantidade de repetição, especialmente nos estágios iniciais quando estamos aos poucos tentando escrever uma história diferente e mais positiva sobre o que significa isso tudo. Faça muitos planos com os amigos com os quais consiga ser você mesmo. E conte a eles a verdade sobre o que aconteceu. Às vezes, quando não queremos que algo seja real — principalmente no fim de um casamento que se tornou a base da nossa identidade —, deixamos de contar a verdade para as pessoas que mais nos amam. Mas deixá-los a par do que aconteceu não é só um passo vital para a aceitação como também dá aos nossos amigos o presente de poder nos ajudar.

É importante observar que podemos continuar sofrendo silenciosamente após meses e até mesmo anos depois do fim de um relacionamento. Se sentirmos que cruzamos alguma fronteira invisível, onde não é mais socialmente aceitável falar mais sobre o término, corremos o risco de passar por uma segunda onda de isolamento. Pode ser importante ter terapeutas e *coaches* por perto nessa fase, por nenhum outro motivo além do fato de que pagar pelo tempo de outras pessoas pode nos dar mais liberdade para nos repetirmos centenas de vezes sem que fiquemos inseguros, ou preocupados com quem, dentre os nossos amigos mais próximos e familiares, já não aguenta mais nos ouvir falar no assunto.

Livre-se de tudo que faz você se lembrar da pessoa (contanto que não afete a sua qualidade de vida)

É um passo simples, mas importante: livre-se das coisas que o fazem lembrar da pessoa. Precisamos estabelecer uma diferença entre processar e ficar ruminando o término. O processamento é proativo e nos ajuda a seguir em frente. A ruminação é reativa e rapidamente se torna uma compulsão. Esse processamento pode ser feito com um terapeuta, um *coach*, por meio de uma conversa honesta com um amigo, ou simplesmente se permitindo ter um tempo sozinho para se conectar com a tristeza e decepção que o cercam. É como malhar — você vai para a academia para obter os resultados de saúde que deseja, mas não precisa ficar lá o dia todo. Vá, faça o que tem que fazer e depois continue com o restante da sua vida pelas próximas 23 horas.

E a ruminação? Essas são as horas que perdemos quando somos pegos de surpresa por uma lembrança que surge do nada. Ficamos especialmente vulneráveis a isso se não conseguirmos assumir o controle da nossa mente e do que serve de gatilho para essas memórias. Depois de um término, precisamos ter a frieza de um médico de pronto-socorro limpando um ferimento, eliminando qualquer partícula que possa causar uma possível reinfecção. Precisamos jogar fora tudo que nos faz lembrar dos nossos ex, onde quer que apareça: na nossa mesa (aquele retrato com o pôr do sol no Taiti), no nosso quarto (a luminária que ele nunca desligava), na prateleira de cima da nossa geladeira (o patê mofado), no nosso telefone (por que continuar monitorando o clima no Taiti?). Troque o nome do(a) ex nos contatos do seu telefone, para que você não tenha um reflexo pavloviano toda hora que receber uma notificação de ligação ou mensagem dele(a). (Eu tive uma cliente que trocou o nome de uma pessoa em seu telefone para "Chega", sabendo que, em vez de invocar uma esperança dolorosa, criaria um sentimento de finalidade e empoderamento). Faça uma limpeza na gaveta de medicamentos e debaixo dos bancos do seu carro. Repita o processo nas gavetas da cozinha, na prateleira alta do armário do corredor, na caixa de eletrônicos estragados. Se sobrar qualquer coisa que nos lembre nossos ex, estaremos dormindo no ponto.

Precisamos sistematicamente querer seguir em frente. Depois de fazer essa limpeza completa em sua casa, embalando as fotos, as roupas, as meias que passaram a ser um lembrete dessa pessoa, saia do local. Se possível, fique uns dias fora de casa. Vá para a casa de um amigo, faça uma escalada, visite uma cidade ou um local histórico que sempre quis conhecer. Procure, ao menos, frequentar partes da sua cidade — restaurantes, bares, cafés — que você não associa a essa pessoa. Pense nisso como uma desculpa para visitar novos lugares e conhecer partes da sua cidade aonde nunca tinha ido antes.

Ao mesmo tempo, faça uma limpeza em todas as suas redes sociais. Nem preciso dizer que você deveria parar de visitar o perfil dessa pessoa — mesmo depois de achar que está começando a se sentir melhor; você não precisa saber o que ela está fazendo, e isso só levará você a retroceder. Você pode ir além e criar uma lei para não procurar essa pessoa em nenhuma circunstância. Assegure-se que o algoritmo não a traga até você também. Deixe de seguir ou silencie a pessoa para que ela não apareça mais no seu feed, e faça o mesmo com os amigos dela, até mesmo com os amigos que vocês têm em comum e qualquer pessoa que possa postar algo que reative a dor do término. Lembre-se: a questão aqui não é se preocupar com quem pode se ofender com isso; é uma questão de autopreservação. Você sempre pode ligar para os amigos em comum e dizer a eles: "Oi, só pra você saber, eu silenciei você nas redes sociais, não porque você fez algo de errado ou porque eu quero cortar relações; mas porque ver fotos e *stories* do meu ex realmente me machuca e me impede de seguir em frente". Quando você os encontrar pessoalmente para conversar, sinta-se livre para dizer: "Me ajudaria muito se você não falasse sobre o meu ex. Eu não preciso saber nenhuma notícia nem novidades sobre ele. Adoraria que conversássemos sobre tudo menos isso. Realmente me ajudaria a seguir em frente".

No entanto, alguns relacionamentos de longo prazo se tornam tão entrelaçados com tantos aspectos da nossa rotina — nosso círculo social, nossa moradia, nossa localização geográfica — que para nos livrarmos de qualquer associação com nossos ex precisaríamos banir a nós mesmos. Então, o que podemos fazer quando as lembranças estão por toda parte? Não podemos simplesmente ceder cada parte do nosso mundo para os nossos ex (principalmente aquelas que originalmente pertenciam a nós). Vocês moraram em Chicago juntos? Chicago é território dele agora. Vocês encontraram o seu restaurante favorito de sushi juntos? Ele é o dono do sushi agora. Vocês gostavam de ouvir rock clássico juntos? Desculpa, agora é o dono do rock.

É por isso que acrescentei uma exceção ao título desta seção: Livre-se de tudo que faz você lembrar dessa pessoa, contanto que não afete a sua qualidade de vida. Se vocês moraram na mesma cidade juntos por dez anos, muito dessa cidade fará você se lembrar dessa pessoa. Você realmente quer abrir mão da sua cidade favorita? Se se livrar de tudo que faz você se lembrar dessa pessoa empobrece a sua vida de maneiras inaceitáveis, existe uma estratégia diferente que você pode seguir. É aqui que o soldado do exército que vive dentro de você precisa fazer o trabalho de reconquistar o território que você deseja manter, não só identificando e eliminando aquilo que não quer mais. Como podemos fazer isso quando essas coisas se tornaram tão intrínseca e emocionalmente ligadas aos nossos ex?

Ressignifique tudo aquilo que não quer perder

Um dos motivos que tornam os términos tão opressivos é porque eles causam um curto-circuito na nossa capacidade de raciocinar, ao mesmo tempo que atacam as nossas emoções, o que pode ser desolador e difícil de mudar. Existem muitas coisas que, uma vez compartilhadas com um ex, podem nos jogar em um estado de turbulência emocional sem dar nenhum sinal de alerta. Você nota um par de tênis colorido, sente o cheiro de *paella*, escuta um trecho da música-tema de um show a que ambos assistiram juntos e fica imediatamente cara a cara com os sentimentos poderosos e específicos de uma intimidade à qual você não tem mais acesso.

O cheiro é um gatilho particularmente forte para as emoções, uma vez que os circuitos sinápticos que transmitem o estímulo inicial — o cheiro de cebola e azeite de oliva, ou de manteiga de coco, ou de maré baixa — para o sistema límbico do cérebro, incluindo a amídala e o hipocampo, regiões relacionadas com a emoção e a memória, são o principal caminho para qualquer um dos sentidos: apenas uma ou duas ligações celulares do início ao fim. Uma vez me pediram para conduzir uma sessão de treinamento para todos os funcionários do departamento de beleza de duas das maiores lojas de departamento de Londres: a Harrods e a Selfridges. Uma das funcionárias tinha a função de espirrar os perfumes para as pessoas que vinham até o balcão. Ela sempre gostou dessa parte do trabalho, até o dia em que uma mulher sentiu um daqueles cheiros e começou a chorar, instantaneamente, porque era a fragrância favorita do seu falecido marido.

Sabendo o quanto as emoções podem ser poderosas, tento fazer as pessoas construírem conscientemente gatilhos para engajar emoções positivas. Chamo esses gatilhos de "botões emocionais" — um tipo de estímulo que podemos usar de forma confiável para evocar a emoção que queremos. Quando estou me preparando para subir ao palco e falar com as pessoas, às vezes por horas seguidas, e quero evocar paixão e entusiasmo aos quais as pessoas possam responder, eu recorro a alguns dos meus botões emocionais: pode ser assistindo a alguns minutos de Steve Irwin, O Caçador de Crocodilos — existe um vídeo dele, apoiado atrás de um tronco de árvore, depois de ver um exército de crocodilos devorar uma carcaça de hipopótamo, dizendo: "Inacreditável! Essa foi a coisa mais divertida que eu já fiz na minha vida inteira". Eu vejo esse vídeo e dois minutos depois me sinto reconectado com a paixão que quero incorporar ao meu próprio trabalho; é como tomar uma dose de paixão um pouco antes de conhecer a plateia. Eu passo grande parte do tempo nos meus retiros explicando como os botões emocionais funcionam, porque eu quero que as pessoas sejam capazes de ter uma forma prática de conscientemente programar as emoções que desejam sentir constantemente.

A desilusão amorosa, no entanto, pode destruir todas as defesas que cuidadosamente construímos, exatamente porque cria tantos botões emocionais negativos — estímulos que imediatamente evocam emoções que não queremos. Botões emocionais negativos seriam quase cômicos se não fossem tão perniciosos. Uma mulher com quem trabalhei não podia passar em frente a uma loja da Victoria's Secret sem ficar furiosa, porque tinha encontrado sem querer algumas lingeries no guarda-roupa de seu marido e nenhuma delas chegava perto do tamanho usado por ela. Outra mulher, de repente, passou a odiar um país inteiro ("Foda-se a França!") só porque seu ex tinha sotaque francês. Esses são ótimos exemplos da importância exagerada que um ex pode ter depois de um término: uma única maçã podre pode estragar os outros 67,7 milhões.

Guy Winch, psicólogo e defensor da criação de kits de primeiros socorros emocionais, sugere que as pessoas deveriam desinfetar suas pessoas favoritas e lugares das associações indesejadas com os seus ex e reivindicá-las fazendo visitas em circunstâncias diferentes, para que possam criar novas associações. Essa é uma das formas de reverter um botão emocional negativo. Por exemplo, você não precisa parar de frequentar os seus restaurantes favoritos — volte a eles, várias vezes, talvez junto com amigos que façam você rir até ficar com a barriga doendo, até que as novas experiências possam reescrever os seus sentimentos sobre os fantasmas daquele lugar. Porém, o autor tinha uma regra: você não pode falar sobre o seu ex enquanto estiver lá.

Outra forma de desatrelar os nossos ex de qualquer associação com coisas importantes para nós é nos reconectarmos com uma noção de escala. Uma cliente em um dos meus retiros tinha acabado de sofrer uma desilusão amorosa por causa do fim inesperado do seu relacionamento com um escritor famoso. Ela amava ler antes de conhecê-lo, e os livros eram um dos seus botões emocionais positivos — ou seja, eles tinham uma associação positiva que imediatamente a deixava de bom humor e com um estado de espírito positivo. Todas as outras associações positivas — o cheiro das bibliotecas, procurar por novos livros na sua livraria favorita, os sentimentos deliciosos que um ótimo livro é capaz de causar, permitindo que ela desaparecesse em um mundo ao qual nunca teria acesso do contrário — foram aspectos que a conectaram com seu ex desde o início do relacionamento. Porém, a pior desilusão amorosa da sua vida reverteu essa polaridade, e de repente os livros se transformaram em uma associação dolorosa. Uma das suas coisas favoritas no mundo tinha se tornado um botão emocional negativo. Livrarias a faziam lembrar das conversas sussurradas entre os dois na seção de ficção. Era difícil frequentar as bibliotecas agora, onde ela sempre precisava confrontar os livros dele dispostos em mesas de recomendação de leituras. Às vezes ela encontrava um novo livro sobre o qual só tinha ouvido elogios, só para dar de cara com o nome dele entre os comentários na contracapa. De repente os livros tinham seguido o mesmo caminho dos outros hábitos que os dois criaram juntos: a tradição de ler todo domingo, a rotina de ler na cama de mãos dadas.

No entanto, os livros não pertenciam a ele. O amor que ela cultivara ao longo da vida pelos livros começou bem antes do relacionamento deles. Quantas pessoas — que não se parecem em nada com o ex dela e não têm nada a ver com ele — mantêm a mesma relação com livros? Os livros o antecedem em quantos anos? Para os livros, ele era apenas outra pessoa em uma longa lista de pessoas que gostavam de algo muito maior do que ele e que mentem sobre o quanto leem. Quando se conectou com essa noção de escala, ela conseguiu começar a ressignificar os livros como um botão emocional positivo novamente.

Desafiar pode ser uma postura importante nesse caso. Existem atividades que ninguém pode tirar de você, e você precisa declarar isso: *Ele não tem o direito de ficar com as minhas paixões depois do término; não tem o direito de ficar com meu amor por filmes antigos, árvores ou caminhadas matinais... Ele não vai ficar com a minha pizza!*

Enquanto estamos colocando as coisas em suas próprias escalas, é importante nos lembrarmos que o mundo é muito maior do que os nossos ex. Naquele momento logo após o término, pode parecer que eles e o mundo são a mesma coisa. Entretanto, embora possa parecer que o seu ex é o seu mundo inteiro agora, existem cerca de 8 bilhões de pessoas que nem sabem da existência dele. Eu me lembro de ouvir uma pessoa de quem gosto muito repetir a história do seu divórcio umas cinquenta vezes. Tinha sido bem ruim: o ex-marido estava tendo um caso, e quando confrontado sobre isso, abruptamente terminou o casamento e foi morar com a nova amante sem demonstrar nem um pingo de bondade ou arrependimento. Naturalmente, ela contava isso para quem quisesse ouvir. No início era necessário, mas depois ameaçava se tornar o único assunto sobre o qual ela queria conversar. Além da forma como a traição é vista pela nossa sociedade, isso também teve o efeito de desempoderá-la. Toda vez que repetia essa história, ele parecia se tornar ainda maior na vida dela, e não o contrário.

Um dia, virei para ela e disse:

— Você tem consciência de que ninguém que mora em Paris neste exato momento sabe quem é o seu ex? Na verdade, a Europa inteira está vivendo muito bem sem ele. O seu ex foi uma gota de uma única onda de um oceano inteiro. Se você parar para pensar um minuto, ele também é apenas uma gota no seu oceano particular, porque o seu futuro lhe reserva muitas novas histórias, mais do que você já imaginou viver. Mas você não poderá chegar a nenhuma delas enquanto não abrir mão desta.

Uma das maneiras de lidar com um botão emocional negativo é mudar o significado dele. Digamos que exista uma determinada rua que faz você lembrar de um momento especial que teve com seu ex, e agora, toda vez que precisa passar por essa rua, você sente um enjoo no estômago. Vamos pensar em algo bonito em sua vida com o qual você possa aprender a fazer uma nova associação com essa rua. Talvez desde o seu término, uma das coisas pelas quais você mais tenha agradecido sejam os vínculos profundos que estabeleceu com pessoas com as quais tinha perdido contato, em meio à névoa desse relacionamento. Talvez essas amizades tenham sido a sua salvação e o seu coração se encha de alegria sempre que pensa nelas e no profundo significado que trouxeram para a sua vida. Agora chegou o momento de fazer a conexão.

Toda vez que você andar por essa rua, ligue para um desses amigos, ou mande uma mensagem, seja para ter uma bela conversa com eles ou simplesmente para expressar a sua gratidão. Faça isso sempre que passar por essa rua, até que ela se torne um belo símbolo do amor e da amizade presentes em sua vida... amor e amizade que você só encontrou ou aprofundou como resultado desse término. Esse é mais um exemplo de como pegar o que se tornou um botão emocional negativo e transformá-lo em um botão emocional positivo que lembrará você do tamanho da sua gratidão por esse término.

O aplicativo de notas do meu celular está repleto de arquivos com botões emocionais que uso diariamente. Eu levo isso bem a sério. Se eu suspeitar de que algo se tornou um botão emocional negativo para mim, procuro encontrar formas de fazer com que se torne um botão emocional positivo. Uma das maneiras que encontrei de fazer isso é anotar o pensamento que está funcionando como gatilho para emoções negativas; em seguida anoto uma nova verdade empoderadora que muda o significado inicial desse pensamento. Para que esse processo funcione, eu preciso acreditar genuinamente na validade dessa nova verdade que o está substituindo. Ela precisa realmente me fazer sentir algo, do contrário só estou tentando mascarar superficialmente a minha dor com uma fala positiva vazia. Sempre que encontro uma verdade que funciona, seja por causa de um pensamento aparentemente aleatório que, de repente, me faz sentir melhor, ou de algo que eu vi ou que alguém me disse, eu anoto.

Alguns anos atrás, me vi em um dos momentos mais difíceis da minha vida. Eu estava lidando com múltiplas perdas, todas ao mesmo tempo; sozinhas, teriam o potencial de me derrubar, mas que chegaram juntas em minha vida como um tsunami. Na época, a minha vida parecia um painel de controle no qual todos os botões ao meu redor eram negativos, embora todos levassem a uma versão do mesmo pensamento:

Eu queria que isso não tivesse acontecido comigo. Eu não consigo lidar com o quanto tudo isso é difícil...

Sobrevivendo aos rompimentos

Nessa mesma época, liguei para o meu treinador de boxe, Martin Snow, e conversei sobre esse sentimento. Ele não perdeu tempo. Com sua voz perfeita e grave, carregada com um sotaque do Brooklyn das antigas, disse:

— Precisa ser difícil assim. Se não fosse, não haveria nada de heroico em passar por isso. Você precisa passar por isso ou não será capaz de mostrar para as outras pessoas como voltar a ficar de pé, quando elas precisarem no futuro. As pessoas vão precisar de uma versão sua que conseguiu passar por isso. Continue, rapaz, nós temos um puta trabalho para fazer.

Senti meu peito se encher de ar à medida que Martin falava. Algo no que ele dizia fez sentido. E de uma forma que imediatamente consegui internalizar como uma lógica potente na qual eu podia me apegar. Existem muitas falas positivas que ouvimos durante momentos difíceis que entram por um ouvido e saem pelo outro; são coisas que simplesmente não fazem sentido para o que estamos vivendo. Mas o que Martin disse fazia muito sentido. Porque não importava o quanto as coisas ficassem difíceis, elas só reforçavam na minha cabeça o que ele tinha dito naquele dia... *quanto mais difícil isso ficar, mais fundo eu terei que ir para encontrar a saída, e, quanto mais fundo eu for, mas terei para dar ao final de tudo isso.* Isso se tornou um botão emocional positivo instantâneo para transmutar a minha dor naquele momento. Passei a ver a dor como uma parte necessária do processo para me tornar quem eu precisava ser, para poder ajudar mais pessoas, ou para ajudar uma versão futura de mim mesmo, que encontrasse novos desafios. No fim, Martin estava certo. Sem as inúmeras dores da minha vida, eu não teria escrito este livro; o aprofundamento que consegui fazer aqui não teria sido possível sem elas. Sem essas dores, não existe um Amor à Vida verdadeiro.

Uma breve observação: os seus botões emocionais não precisam fazer sentido para nenhuma outra pessoa neste planeta que não seja você. E geralmente não fazem. Eles serão estranhos demais, específicos demais, ou vergonhosos demais para serem compartilhados. Eu li aquele meu botão emocional para minha esposa e ela me disse: "Esse não funcionaria para mim; eu não faço questão de ser heroica" (estou rindo enquanto escrevo). Nós somos tão diferentes. Mas esse é o objetivo! Esses botões são extremamente pessoais. É por isso que *você* precisa prestar atenção na sua vida — você nunca sabe quando vai pensar ou escutar uma verdade que tem o potencial de se tornar um novo prêmio precioso na forma de um botão emocional positivo. Nos meus piores momentos, os meus botões emocionais me salvaram. Se a nossa casa estivesse pegando fogo, seriam todos os meus dispositivos que contêm os meus botões emocionais que eu pegaria e sairia correndo pela porta. E a minha esposa, é óbvio. Seria o ato de heroísmo que a situação pediria.

A maioria dos meus botões mora no meu telefone e no meu computador, porque, quando eles estão sempre ao meu alcance, não preciso esperar para me sentir melhor, quer seja por meio de uma nova perspectiva, gratidão, empolgação ou uma nova fonte de calma. Eles são o manual de funcionamento para as minhas emoções; uma forma de ter o controle dos meus pensamentos e das minhas emoções em tempo real, por isso não seriam úteis para mim se estivessem enterrados em um caderno esquecido em algum lugar.

Como podemos usar nossos botões emocionais em casos de desilusão amorosa? Como eu disse, não posso escrever os seus botões emocionais por você, porque provavelmente eles não teriam nenhum significado para você. Mas a seguir apresento alguns exemplos de como você pode transformar um botão negativo em um positivo nessa situação. Primeiro você verá o botão negativo, e em seguida a verdade que ofereço como um exemplo para transformá-lo em um novo botão emocional positivo para um término.

BOTÃO EMOCIONAL NEGATIVO: Eu me sinto insignificante. Se eu fosse bom/boa o bastante, ele(a) não teria procurado outra pessoa.

BOTÃO EMOCIONAL POSITIVO: As pessoas fazem coisas erradas o tempo todo, que não têm nada a ver com o real valor de seus parceiros. Se eu sou insignificante, então todos os demais seres humanos incríveis que já foram traídos também são. A falta de integridade dele(a) não é um reflexo do meu valor. É um reflexo dos parâmetros dele(a).

BOTÃO EMOCIONAL NEGATIVO: Eu perdi mais do que poderia suportar perder...

BOTÃO EMOCIONAL POSITIVO: O meu mundo ficou maior depois desse término, e não menor. Consegui me conectar com amigos e familiares de uma forma que eu nunca tinha feito antes. Recebi doses extraordinárias de amor e bondade daqueles que ficaram ao meu lado neste momento doloroso. Descobri quem realmente está do meu lado, o que serviu para me lembrar das pessoas importantes que eu estava negligenciando, bem como me mostrar em quem devo investir mais do meu tempo, energia e amor. Aprendi a valorizar mais a natureza, a tranquilidade e os aspectos fundamentais da vida. Eu não percebia os presentes que me cercavam até que esse término me forçou a enxergá-los; ele me colocou em contato com a abundância que tenho na minha vida e com o tanto que ela é preciosa. Esse término está me permitindo construir o meu mundo de uma maneira que ninguém poderá destruir.

BOTÃO EMOCIONAL NEGATIVO: Ele(a) me fazia tão feliz e agora isso acabou.

BOTÃO EMOCIONAL POSITIVO: Ele(a) não me fazia tão feliz assim, do jeito que eu fico insistindo que fazia. Preciso lembrar de todos os momentos nos quais me sentia invisível, ou que não era uma prioridade. A frequência com que me sentia ansioso(a). Não posso esquecer nunca que grande parte do motivo pelo qual esse relacionamento funcionou por tanto tempo foi a minha capacidade de ignorar todos os jeitos como essa pessoa não supria as minhas necessidades.

BOTÃO EMOCIONAL NEGATIVO: Eu perdi a pessoa certa para mim.

BOTÃO EMOCIONAL POSITIVO: Ninguém pode ser a pessoa certa para mim se não me escolher. Ponto-final. O amor da minha vida é a pessoa que me escolhe para estar em sua vida.

BOTÃO EMOCIONAL NEGATIVO: Eu nunca mais vou me sentir assim por outra pessoa.

BOTÃO EMOCIONAL POSITIVO: Eu pensei a mesma coisa sobre situações e outras pessoas no passado; e mesmo assim as superei, segui em frente e encontrei situações e pessoas melhores. Da mesma forma, um dia vou olhar para trás e sentir um certo rubor quando lembrar da tolice que cheguei a achar que seria o fim do mundo.

Esses são apenas exemplos. Comece o seu próprio arquivo de botões emocionais em seu telefone ou computador hoje mesmo. Assim como foi comigo e com as centenas de pessoas a quem ensinei essa estratégia, ela não só vai ajudá-lo a sobreviver ao que quer de ruim que cruze o seu caminho como, além disso, pode até transformar esses percalços ruins em ocorrências que, por incrível que pareça, você agradecerá no fim.

Faça tudo o que você não faria ou não podia fazer quando estava nesse relacionamento

Não importa o quanto vocês eram próximos ou quanto tempo ficaram juntos, provavelmente existe uma lista de coisas que você costumava fazer antes que vocês dois se conhecessem e que você nunca conseguia fazer enquanto estiveram juntos. Provavelmente também existe outra lista de coisas que você sempre quis fazer, mas sempre encontrou motivos para adiar durante todo o tempo que passaram juntos (sem contar todas as coisas que se forçou a fazer: que alívio poder voltar a ser você mesmo!). Talvez fosse um pequeno prazer que o outro não compartilhava. (Ele odiava musicais? Você agora pode assistir a todos os espetáculos da Broadway.) Talvez fosse algum hobby que você não tinha tempo para praticar porque passavam tanto tempo juntos. (Matricule-se naquela aula de pintura.) Talvez você simplesmente soubesse que o outro não ficaria confortável com você fazendo uma aula de *pole dancing* com a sua melhor amiga. Ou talvez você nunca tenha se sentido confortável para passar horas seguidas lendo com uma xícara de chá do lado. Quer essas proibições fossem explícitas ou o tipo de coisa que você mesmo se negava a fazer, não existe nenhum empecilho agora. Avance naquele projeto tão importante para você. Os relacionamentos errados deixam nossas vidas pequenas, contraem nossas personalidades e impedem o nosso crescimento. Neste instante da sua vida, um mundo inteiro de possibilidades está diante de você.

Pode parecer cruel dizer para alguém que está sofrendo para olhar para o lado bom das coisas, para pensar em um amanhã mais ensolarado. Não é isso que estou fazendo. A minha sugestão é começar um projeto; pode ser um gesto de apoio pequeno e particular em nome da sua versão futura ou um compromisso extremamente ambicioso que exigirá uma reorganização completa da sua vida. Sabe aquela onda de empolgação que sente quando acabou de começar um novo relacionamento e a pessoa com quem está se refere a vocês no tempo futuro? É nesse momento que você está no seu relacionamento consigo mesmo. Celebre as conquistas desse relacionamento à medida que esses gestos positivos de fé que tem em si mesmo se tornam parte do seu dia a dia — lembretes necessários do caminho que você percorreu, da tristeza que sentiu e de todas as coisas boas que criou a partir de tudo isso desde então.

Evite emendar relacionamentos, se puder

Ninguém deseja uma desilusão amorosa para alguém de quem gosta. É uma dor terrível. Mesmo assim, eu não impediria que alguém que amo vivesse essa experiência também, pois acredito que é uma das mais valiosas pelas quais podemos passar na vida. Para que possamos extrair esse valor, precisamos senti-la profundamente, e é por isso que vale a pena evitar emendar relacionamentos logo após um término. Quando emendamos relacionamentos, perdemos a oportunidade de estar presentes com as nossas emoções, de nos redescobrirmos e de perceber o quanto podemos ser fortes, além de aprendermos a desfrutar da nossa própria companhia mais do que imaginamos ser possível, o que é uma das experiências mais bonitas e pouco valorizadas da vida. Além disso, existe um superpoder que se revela quando você sabe, por experiência própria, que pode sobreviver a um final de semana e ficar bem na sua própria companhia.

Por mais incrível que pareça, uma vez que é tão doloroso quando estamos passando por isso, podemos até vir a olhar para o término, depois que a dor diminui, e perceber que sentimos falta de alguma coisa daquele momento. Conversei com um amigo depois de um ano e meio do seu término para ver como ele estava, e ele me respondeu: "Quer saber? Eu sinto falta de verdade do que sentia seis meses atrás. Eu estava tão motivado e focado em fazer coisas novas. E essa energia diminuiu agora". Ele estava bastante saudável no seu momento atual, mas disse que foi muito bom poder ter aquele combustível logo depois do término.

Antes de passar pelo meu pior término de todos, eu sempre emendava os relacionamentos. Porém, quando o meu coração realmente foi partido, foi como se eu não conseguisse nem cogitar essa possibilidade. Eu não conseguia suportar a ideia de magoar alguém da mesma forma que eu tinha sido magoado. Só que era mais do que isso. Era um sentimento visceral, um efeito colateral do meu coração partido, do qual eu sentia um orgulho estranho. De certa maneira, as boas ações que me vi fazendo, para mim mesmo e para outras pessoas, me faziam me sentir bem e melhoravam a minha perspectiva. Eu me sentia conectado com a intensidade com a qual alguém podia se sentir na pior às vezes, e isso me fazia sentir compaixão. Eu gostava desse sentimento, daquela qualidade sensível e delicada que me tornava mais presente e aberto ao mundo. Era como se a dor que eu sentia não fosse apenas minha, e eu iria conhecer outras pessoas que dividiriam esse sentimento comigo. Eu não queria sujar essa percepção do mundo pulando imediatamente em algo novo.

Uma palavra final sobre a desilusão amorosa

No fim do dia, procure se lembrar de que estamos falando da sua vida, e não da vida dos nossos ex. Os términos só permanecem dolorosos se continuamos permitindo que eles sejam protagonistas do filme que estamos assistindo sobre a nossa vida. É normal dar importância demais aos nossos ex. Por um lado, nós os glorificamos e os transformamos em anjos dentro da nossa cabeça; por outro, por causa da dor que eles nos causaram, nós os odiamos e os transformamos em demônios. Em ambos os casos, estamos dando a eles poder demais.

Somos condicionados desde a infância a escalar alguém para o papel de "amor da nossa vida". É como se o nosso cérebro estivesse procurando um alvo no qual projetar uma vida inteira de ideais românticos. Geralmente, quando encontramos alguém que representa cerca de 50% daquilo que procuramos, as nossas esperanças e imaginação trabalham para criar os outros 50% por meio dessa projeção. Depois precisamos viver o luto de perder essa pessoa que nos convencemos ser perfeita para nós, sem perceber que a nossa mente simplesmente encontraria um alvo diferente se não tivéssemos encontrado aquela pessoa em nossas vidas. Não é um pensamento cético; pelo contrário, é um pensamento otimista... Significa que você pode, e vai, se sentir dessa forma de novo desde que esteja disposto a abrir mão da história anterior que vinha contando para si mesmo sobre o que aquela pessoa representava para você. Por isso, vamos tirá-la desse pedestal e colocá-la em seu devido lugar — um ser humano mortal que ficou no nosso passado, não uma presença sobrenatural ou assombrada que vai seguir conosco no futuro.

Na verdade, assim que o término aconteceu, a vida dessa pessoa, suas escolhas, sucessos, os romances e amores que encontrar, se tornaram extremamente irrelevantes para você. Agora que você não está mais com ela, com quem ela namora, ou o que está fazendo não é mais importante do que quem um barista qualquer está namorando em uma cafeteria que você nem frequenta. Ela é só uma pessoa vivendo a própria vida. Você é o herói desta história, e não há momento melhor para ser heroico do que quando as coisas estão ruins. Nós amamos o personagem do Rocky Balboa não porque ele era um vencedor, e sim porque ele era um lutador, então lute. LUTE.

15

CONFIANÇA INTERIOR

No início da minha carreira, percebi que as pessoas têm diversas definições para confiança: uma hora é um olhar, às vezes é um jeito de agir, outras vezes parece ser um sentimento que carregamos dentro de nós. Mas, se não conseguimos claramente definir o que é confiança, como podemos alcançá-la? Se não estivermos de acordo sobre o destino, é impossível criarmos um mapa do caminho.

Geralmente, quando falamos sobre confiança, estamos nos referindo a algo incrível, por vezes inspirador, na maneira como uma pessoa anda, fala, se apresenta ou age. Chamo isso de "camada superficial da confiança", e grande parte dela cresce a partir de pistas físicas que sinalizam uma confiança interior: a tranquilidade na sua postura, a graça nos seus movimentos, as dinâmicas da sua voz. Prestar atenção nessas pistas me ajudou a passar uma imagem convincente no palco, em frente às câmeras e em um auditório. Aprendi as minhas primeiras lições sobre esse assunto lendo o livro *Como fazer amigos e influenciar pessoas*, de Dale Carnegie, aos onze anos. Cheguei a ensinar os pontos principais em um programa chamado Impact [Impacto, em tradução livre], que focava essas pistas físicas que determinam a maneira como os outros nos veem. Embora eu a chame de camada superficial da confiança, não é no sentido figurado. Warren Buffett, um dos maiores investidores norte-americanos, atualmente com 94 anos, diz que a coisa mais valiosa que realizou para o seu futuro sucesso foi fazer um curso sobre como falar em público quando tinha 21.

Mesmo assim, existem limites para os resultados que podem ser alcançados quando priorizamos esse aspecto da confiança. Se a nossa confiança física não for sustentada por algo mais profundo, vai desmoronar ao primeiro sinal de resistência que encontrar em outra presença forte, ou em outras forças impessoais da vida. Dar o próximo passo exige uma camada mais profunda de confiança, que eu chamei de *identidade de confiança* no capítulo anterior. A identidade de confiança é a base da confiança que projetamos na camada superior. Fortalecemos essa camada por meio de experiências intencionais, dedicando mais tempo e energia para os quadrados existentes em nossa matriz de identidade, ou diversificando a nossa matriz, investindo mais nos novos quadrados que acrescentamos. De acordo com o dicionário, a marca registrada desse estilo de confiança é:

O sentimento de confiança em si mesmo que surge da valorização das próprias habilidades ou qualidades.

Mas aqui também existe uma fragilidade inerente: a nossa psique se deteriora, o mercado de ações quebra, o nosso parceiro vai embora, as nossas habilidades são questionadas. Confiar demais na matriz de identidade para construir a nossa identidade nos deixa vulneráveis às mudanças causadas pelo acaso. Se a nossa confiança depende de tudo dar certo, inevitavelmente corremos o risco de estar em uma posição mais frágil no futuro. Isso não quer dizer que estamos fingindo; é uma espécie de arte conseguir viver com satisfação dentro da nossa área de competência. Entretanto, as coisas inevitavelmente mudam.

Ninguém de nós sabe o quanto realmente estamos seguros até que as coisas das quais dependemos para sustentar nossas certezas são tiradas de nós. Ninguém está a salvo de ficar temporariamente abalado quando grandes mudanças acontecem. No entanto, se esses contratempos ou perdas serão catastróficos para a nossa confiança ou demandarão apenas uma reorganização vai depender do trabalho que tivermos feito na camada mais profunda da confiança, que eu chamo de "confiança interior".

O dicionário também apresenta dois outros aspectos que são as bases da confiança:

O sentimento de certeza sobre a veracidade de algo.

O sentimento ou crença de poder confiar em alguém ou algo: confiança absoluta.

Alguns sentimentos são experimentados mais intensamente na sua ausência. Se já teve dificuldade para estabelecer confiança em um relacionamento com alguém que mais de uma vez se mostrou não ser digno de confiança, você sabe exatamente qual é o sentimento quando esse tipo de confiança não existe. Quando alguém, com frequência, mente, trai ou desrespeita você, pode ser difícil não internalizar as emoções que essas atitudes lhe causam. Você se martiriza por se sentir ansioso e inseguro, ao mesmo tempo que deseja ser capaz de invocar mais confiança em si mesmo. Mas, se a confiança é um sentimento de certeza, os seus problemas com ela são justificados. Você está tentando localizar um sentimento de segurança em uma situação essencialmente de insegurança. Enquanto você depender de alguém tão indigno de confiança, qualquer sentimento real de confiança será impossível.

É por isso que mudar a fonte da nossa certeza pode ter um efeito imediato na nossa confiança. Paramos de tentar encontrar certezas confiando em alguém que sabemos não ser confiável e percebemos que, se alguém tão próximo a nós nos trair assim, já provamos ser capazes de sermos fortes o bastante para ir embora e ficar bem. Essa mudança simples transfere o nosso sentimento de confiança da camada de identidade para a interior. A camada de identidade diz: "Eu sou confiante (em parte) porque tenho um relacionamento". A camada interior diz: "Eu tenho confiança de que ficarei bem mesmo se não estiver em um relacionamento, incluindo o meu relacionamento atual".

O relacionamento mais inabalável em nossas vidas é aquele que temos conosco. A confiança interior é a forma como abordamos esse relacionamento. Os ajustes que fazemos na camada superficial da confiança alteram a maneira como nos percebemos. Mas a confiança interior não é algo que começa e termina com slogans. Se alguém perguntar como é o nosso relacionamento conosco, muitos de nós teremos que admitir que é complicado.

O seu relacionamento consigo mesmo

Para onde quer que você olhe, parece sempre ter alguém pronto para lhe dizer que o segredo da vida é amar a si mesmo. Nas redes sociais, esse conselho parece menos um segredo e mais uma espécie de câmara de eco. Porém, se é tão óbvio e onipresente que é isso que precisamos fazer, o que está nos impedindo de realmente fazê-lo? A verdade é que, como acontece com todo conselho, amar a si mesmo é um conselho muito difícil de seguir na prática.

Apaixonar-se, do jeito que se faz com outras pessoas, parece não exigir nenhum esforço. A parte mais difícil (se é que este livro provou alguma coisa) é aprender a pisar no freio, para não assustar o outro ou acelerar em uma direção que não deveríamos. No mito grego, Narciso olhou uma vez para si mesmo em uma fonte de água e se apaixonou imediatamente. Enquanto isso, aqui estamos nós, lutando para simplesmente tentar gostar de nós mesmos. Para muitos de nós, é extremamente desconfortável ficar sozinho em um lugar, sem falar em ter que, de alguma forma, amar a pessoa que estamos condenados a ter por perto pelo resto da vida.

Conselhos que parecem impossíveis de serem seguidos nos irritam.

Podemos sorrir e dizer "Sabe que você tem razão?", mas internamente estamos pensando *Idiota, você acha que eu já não tentei? É simplesmente impossível.* O manual de instruções sobre *como* realmente alcançar esse tipo de amor parece que foi escrito em um pergaminho esquecido em uma caverna em algum lugar próximo a um oceano que nunca visitamos. É assim que sempre me senti. O problema da balela do "ame a si mesmo" — assim como o do mantra de desenvolvimento pessoal, "acredite em si mesmo" — é que ele nos faz sentir ainda mais inadequados quando nos mostramos incapazes de fazê-lo, apesar das nossas inúmeras tentativas. Então, quando ouvimos os outros pregando sobre amar a si mesmo, suspeitamos que estão mentindo ou que existe algo de errado conosco, ou as duas coisas.

Tentando em vão amar a nós mesmos

Quando pergunto para a plateia dos meus eventos ao vivo "Por que devemos amar a nós mesmos?", costumo receber como resposta alguns segundos de silêncio. As pessoas podem reconhecer que deveriam fazer isso, mas pensar em motivos reais para responder em voz alta é uma tarefa muito mais difícil.

Por fim, alguém diz "Porque sou uma boa pessoa", ou "Porque sou incrível", ou "Porque nós merecemos". Observe que a terceira resposta simplesmente substitui um chavão pelo outro, levando à pergunta "E por que merecemos amar a nós mesmos?". Agora estamos de volta à estaca zero, com as pessoas respondendo "Porque sou gentil". Ou leal. Ou generoso(a)... Trabalhador(a)... Altruísta.

O problema com cada uma dessas justificativas é que elas sugerem o inverso: se merecemos o amor com base nas nossas boas qualidades, isso significa que deixamos de merecê-lo nos nossos dias ruins? Quando somos cruéis, desleais, egoístas ou preguiçosos, somos indignos de amor? Essa lógica — que nos faz sentir dignos de amor quando nos sentimos virtuosos — apenas alimenta nosso sentimento de alienação sempre que não estamos bem, que é exatamente quando precisamos do amor que todos dizem que deveríamos estar sentindo.

É como se só amassemos nossos filhos quando eles tiram boas notas nas provas — um tipo de amor condicional, direcionado a um objetivo, que leva a uma obsessão pela excelência no futuro, baseada no desejo de *continuar* sendo digno de amor. E ainda há o problema de que, não importa quantas boas qualidades tivermos, existe sempre alguém com mais qualidades.

Nesse momento, as pessoas na plateia estão começando a perceber que essa pergunta é cheia de armadilhas, das quais elas tentam desviar com respostas vagas:

— Nós merecemos o amor porque somos especiais — elas dizem.

— Então, vocês estão dizendo que somos todos especiais? — eu pergunto.

— Com certeza!

— Mas se somos *todos* especiais então acaba que ninguém é especial, não é?

Não importa quantas pessoas tentem defender essa ideia, sabemos que nem todo mundo conquista uma medalha de ouro — enquanto outras conquistam dez. Já assistimos a maravilhas da genética atraírem toda a atenção. Fomos testemunhas das vezes que pessoas mais inteligentes que nós fizeram a excelência parecer fácil. Já vimos grupos de pessoas herdando milhões, enquanto outras pulam etapas graças às vantagens oferecidas pela sua raça ou gênero. Vimos pessoas conquistando mais paz e alegria do que jamais conseguimos conquistar. Ninguém é capaz de nos convencer de que oportunidade, dinheiro, status, aparência ou saúde mental são distribuídos igualmente. Não importa o quanto dizemos a nós mesmos que somos especiais, parece evidente que os melhores resultados estão reservados para um pequeno grupo, e são resultados que fazem uma diferença substancial na qualidade de vida.

Quando provoco as pessoas dessa forma, não estou intencionalmente tentando ser difícil. Só estou espelhando o diálogo interno que impede que esses aforismos nos façam nos sentir melhor sobre nós mesmos.

Quando uma criança chega em casa da escola arrasada porque foi a última a ser escolhida para praticar um esporte no qual ela não é boa, seus pais podem tentar consolá-la lhe dizendo que ela é especial de outras formas. "Você é tão inteligente!", eles a relembram. Mas a criança responde "Isso não me torna boa no basquete, e ser ruim no basquete foi o que me fez ser a última a ser escolhida". E até mesmo uma garota inteligente inevitavelmente se verá em uma sala cheia de pessoas onde a sua inteligência superior não parece ser tão especial assim; algo que o meu irmão Stephen vivenciou quando chegou à Universidade de Oxford para fazer seu doutorado. Então, estamos de volta à estaca zero.

Na nossa vida adulta, as pessoas que amamos podem nos dizer que somos especiais para elas — que merecemos o melhor —, mas existe uma criança esperta dentro de nós para quem essa fala não faz muito sentido. Além disso, depois de adultos já passamos por decepções reais e acumulamos arrependimentos pelos quais ainda nos martirizamos. Então, quando alguém diz "Você é especial e merece encontrar o amor", internamente estamos dizendo "Ah, tá bom. Agora me dê algumas dicas que vão me ajudar com esse aplicativo de namoro no qual me sinto completamente invisível".

Estou dizendo tudo isso porque eu paro de prestar atenção no momento em que um conselho me soa condescendente. Essas são conversas que tive comigo mesmo anos antes de tê-las em voz alta com a plateia. O que fazemos quando a nossa beleza acaba, quando perdemos o emprego, quando tiramos 7, 6 ou 5 na escola ou na vida? Como podemos aprender a amar a nós mesmos quando quem somos parece ser insuficiente? Qual a justificativa para amarmos a nós mesmos?

Como posso demonstrar "amor por mim mesmo"? Com um banho de espuma e velas? Comendo mais salada? Não trabalhando tanto? Ou tão pouco? E o que acontece quando os nossos melhores esforços não fazem nenhuma diferença? Não importa o quanto trabalhamos duro na nossa matriz de identidade tentando nos tornar a versão mais atualizada e completa de nós mesmos, ainda assim nos pegamos olhando no espelho com vergonha da pessoa que nos encara de volta. Mesmo quando esses esforços geram resultados reais e começamos a parecer confiantes para o mundo exterior, ainda vivenciamos um sentimento crescente de síndrome do impostor — a desconfiança de que a qualquer momento seremos descobertos por não sermos a pessoa que nos mostramos ser. Esse é um sentimento que só aumenta à medida que conquistamos mais coisas e alcançamos mais sucessos. Agora estamos encurralados — o principal problema da nossa inadequação não está sendo resolvido pelos nossos melhores esforços, mas não podemos parar, porque temos medo de perder a fonte primária da nossa validação.

Não se preocupe se você ainda não descobriu qual é o significado de amar a si mesmo. Poucos descobriram. E muitos que alegam ter descoberto estão enganando você sobre como conseguiram. Esse assunto tem sido uma obsessão para mim, porque é uma das coisas com as quais sempre tive dificuldade. Pode parecer que por quinze anos tudo o que eu fiz foi para ajudar pessoas a lidar com as suas vidas amorosas, mas construir esse mapa para mim e para as outras pessoas tem sido o meu objetivo principal, principalmente porque não podemos ter uma vida amorosa feliz e sustentável sem isso.

Nesse meio-tempo, aprendi duas coisas importantes: a primeira é que a confiança interior é a resposta para como sobreviver aos piores reveses em nossas vidas. É a resposta para os níveis mais profundos de insegurança e inadequação que nos atormentam ao longo da nossa existência — que nos impedem de arriscar, que nos levam a tomar as piores decisões, que roubam a nossa paz e a nossa felicidade. A segunda coisa é que as pessoas confundem fundamentalmente o significado do termo *amor-próprio*. O amor-próprio precisa de uma repaginação.

Começar de novo com amor-próprio

Nas próximas páginas vamos tentar repaginar o amor, tirá-lo do mundo do sentir e plantá-lo firmemente no território do fazer. É a diferença entre amor, o substantivo, e *amar*, o verbo; uma mudança que de tão importante está sempre presente neste livro. Essa mudança nos ajuda a deixar de lado os nossos *sentimentos* por uma pessoa e, em vez disso, olhar para o que ela está realmente fazendo — quanto ela está investindo em nós e o que está fazendo para desenvolver, cultivar e proteger o relacionamento?

Essa mudança também é necessária quando o assunto é amar a nós mesmos. Frequentemente, o amor romântico é usado como modelo para nos amarmos, e é exatamente por isso que não está funcionando.

Nós entendemos errado. Amar a si mesmo não é o objetivo; é a ação. Amor-próprio é a linha de partida. A confiança interior não é uma epifania única; é uma prática, com aplicação imediata e diária. Na verdade, é algo no qual você pode melhorar.

Por que o modelo do amor romântico não funciona para o amor-próprio? Segundo Esther Perel, psicoterapeuta e especialista em relacionamentos, o desejo é o catalisador do amor em relacionamentos íntimos. O desejo vem primeiro, nos aproximando de alguém, enquanto o sentimento de amor nos faz aprofundar o nosso envolvimento. Porém, à medida que a intimidade cresce, o desejo desvanece. O mistério evapora com a proximidade, a necessidade da conquista diminui e o véu (ou a ilusão) da perfeição é tirado. É nesse momento que as pessoas começam a se perguntar se estão no relacionamento certo. As correntes do desejo deixaram de levá-las até aqueles sentimentos oceânicos de amor. De repente, o amor requer ação. A maré vira, e agora as correntes puxam as pessoas na direção de, bom, outras pessoas, que não têm a chave do seu apartamento e ainda mantêm aquele ar de mistério e empolgação. Outras pessoas que, observadas a uma boa distância, agora parecem perfeitas. *Com certeza*, você pensa, *esses estranhos glamorosos nunca vão...* bom, é aqui que você insere um inconveniente aleatório do seu amor mais recente.

Olhando por essa lente, é fácil entender por que o amor-próprio parecia tão impossível até agora. Qual relacionamento é mais comum do que o que temos conosco? Nós dividimos a mesma cama durante todas as noites das nossas vidas. Conhecemos todos os nossos defeitos. Se a familiaridade leva ao desprezo, então haveria espaço para qual outra emoção que não essa? Ao final de todo dia, chegamos em casa e encontramos a nós mesmos sem dar valor a isso. Somos abusivos conosco, porque quem mais nunca vai embora?

No mundo do amor romântico, começamos gostando de uma pessoa e depois nos apaixonamos por ela. Sabemos que esse processo começou quando duas palavras em uma mensagem dela nos injetam uma dose de dopamina, e rolar na cama com ela nos inunda de oxitocina. Mas, quando paramos de pensar no amor em termos de ondas hormonais de sentimento e passamos a pensar no amor como verbo, podemos parar de nos preocupar com gostar de nós mesmos como uma precondição para o amor-próprio. Amar a nós mesmos vem primeiro.

"Amar a si mesmo" é proativo nesse caso. Nessa repaginação, precisamos começar a ver a palavra *amar* nessa frase como intercambiável com "cuidar de", "investir em", "incentivar", "cultivar" e "proteger". O *amor-próprio* é um verbo.

A pergunta-chave agora é como, depois de uma vida de arrependimentos, fracassos e autodepreciação, podemos nos motivar a "amar/ cuidar de/investir em/incentivar/cultivar/ defender" a nós mesmos.

Reconceituando o amor-próprio

Se estamos descartando o modelo do amor romântico, precisamos de um novo para substituí-lo. Para facilitar, vamos começar com um modelo que já conhecemos, o do relacionamento entre pais e filhos. Lembre-se da pergunta que confundiu muitas das minhas plateias: "Por que você deveria se amar?". Vamos refazê-la no contexto do relacionamento entre pais e filhos. Imagine perguntar para um pai: "Por que você ama o seu filho?".

Já fiz essa pergunta a alguns pais, e não me lembro de receber como resposta uma lista de qualidades que fazem daquela criança uma ótima pessoa. Eles raramente dizem "Porque ela é inteligente, amorosa, engraçada, bonita e só tira nota boa na escola", como se o filho estivesse concorrendo ao Prêmio Criança do Mês. Alguns até podem responder isso, mas não são a maioria, porque o amor deles não está baseado nessas qualidades. Eles podem responder isso quando pergunto por que têm *orgulho* dos seus filhos, mas não como resposta para por que os *amam*. E o amor deles realmente não é baseado em gostar dos filhos também. Talvez existam dias nos quais seus filhos dificultem a tarefa de gostar deles, mas seus pais ainda os amam.

Assim, qual resposta os pais dão quando perguntados por que amam seus filhos? Geralmente: "Porque eles são meus filhos". O tom da resposta deixa claro que é uma pergunta boba. Essa foi uma pista enorme quando comecei a pesquisar sobre quais seriam as raízes da confiança interior.

Irmãos costumam ter uma conexão parecida. A minha mãe tem uma irmã gêmea idêntica. Quando perguntei por que ela ama a irmã, simplesmente respondeu: "Porque ela é minha irmã gêmea". Outra pista.

Esses relacionamentos, com os pais, irmãos ou irmãs, não dependem de que a pessoa faça qualquer coisa. Eles não exigem que ela seja boa ou que tenha feito o seu melhor. Essas são coisas que podem ser esperadas e com certeza contribuirão para o relacionamento, mas pergunte para um pai amoroso se ele continua amando o seu filho nos piores dias, e ele vai rir da pergunta.

Essa foi uma descoberta emocionante. Parecia ser a essência do amor-próprio, e eu comecei a procurar por ela em todos os lugares. Veja o jeito como uma criança fala sobre seu coelhinho de pelúcia: "*MEU* coelhinho". Eu o desafio a dizer para o pequeno Eddie que você tem uma versão mais bonita, nova e cara do Luigi, o coelhinho de pelúcia que ele leva para todos os lugares. O Luigi pode não ter um olho, estar todo sujo, descosturado e perdendo o enchimento, mas nada disso é suficiente para separar Eddie do Luigi. Por quê? Porque ele não é só um coelho de pelúcia, é o coelho de pelúcia *do Eddie*. Isso não tem nada a ver com o que o coelho pode oferecer e tudo a ver com o que o Eddie decidiu que o Luigi significa para ele. Luigi é o coelho do Eddie. Você nem precisa de uma criança para fazer esse teste. Na próxima vez que sair, procure pelo cachorro desgrenhado, de olhar desvairado, com três pelos arrepiados no topo da cabeça e a língua permanentemente pendurada no canto esquerdo da boca e tente oferecer ao adulto que está segurando a coleira a oportunidade de trocar o seu *gremlin* peludo por um cachorro mais fofo e imponente. Todos instintivamente já sabemos qual será a resposta.

Isso acontece porque a razão fundamental por trás do amor em todos esses relacionamentos é a mesma: "Eu os amo porque eles são meus". Essa descoberta fez a tarefa de me amar, com todas as minhas falhas e vergonhas, meus arrependimentos e ressentimentos, todo o enchimento que escapa pelos meus buracos, deixar de ser um ideal impossível para se tornar algo que eu sabia exatamente como fazer.

Reivindicando a si mesmo

Pode parecer estranho questionar isso, mas será que realmente pensamos em nós mesmos como sendo uma pessoa? Logicamente sabemos que existimos, que somos alguém no mundo, com um tamanho de sapato, um CPF e lugares nos quais precisamos estar. Mas, tipicamente, essa não é a maneira como vivenciamos a nós mesmos. Em vez disso, a nossa vivência é a de uma mente a bordo de um corpo que vestimos, espreitando o resto da vida e as *outras* pessoas. Estamos de olho nas *outras* pessoas, é com elas que conversamos, nos relacionamos, de quem cuidamos, para quem pedimos café e por quem passamos nas ruas. Mas *eu? O que você quer dizer?*

Veja quanto tempo passamos nos preocupando com outras pessoas e o modo como as tratamos. Será que fui educado o bastante? Será que falei demais? Será que minha gorjeta foi boa? Espero que o que eu disse ontem não tenha chateado a minha irmã. Preciso ligar para aquele amigo para ver como ele está. Enquanto isso, mal consideramos a forma como nos tratamos. Talvez valorizemos ser gentil com os outros, mas com que frequência pensamos na gentileza como sendo algo que deveríamos estender para a pessoa na foto da nossa carteira de motorista? Monitoramos cuidadosamente o que pedimos aos nossos colegas de trabalho para fazer para, em seguida, criarmos uma lista de afazeres para nós mesmos, lotada de tarefas e impossível de ser concluída no prazo que temos. Incentivamos nossos amigos porque sabemos que isso os ajuda a prosperar, mas nos martirizamos quando o nosso rendimento é baixo. Enchemos as pessoas de gratidão pelas coisas que fazem por nós e mal reconhecemos a coragem e o sacrifício necessários para que chegássemos a este ponto em nossas vidas. Em vez disso, sempre que temos a oportunidade, revivemos os exatos momentos da nossa história pessoal nos quais falhamos conosco e com os outros.

Muitos de nós chegamos a esse estado de desumanização inconscientemente. Isso poderia ser relevado se fôssemos assim com todos — pelo menos seria um comportamento consistente. Mas demonstrar que nos preocupamos com as pessoas enquanto sistematicamente nos excluímos dessa mesma consideração? Isso é cruel. Só que, assim como a maioria das crueldades, ela acontece longe do campo de visão dos outros, onde não há ninguém por perto para nos oferecer qualquer clemência ou nos defender.

Para todo mundo, somos claramente uma pessoa. Nenhum dos nossos amigos nos considera uma espécie de entidade especial que merece receber um tratamento sub-humano. Se afirmamos amar as pessoas, então somos candidatos perfeitos a receber esse amor. Não existe motivo para aplicar um conjunto de leis diferentes e mais duras a nós mesmos. Somos uma pessoa, um cidadão do mundo, um ponto fixo em um lugar, um rosto conhecido; então, será que realmente podemos dizer que nos importamos com as pessoas enquanto constantemente singularizamos uma única pessoa, ignoramos suas necessidades e a maltratamos de um jeito que nem ousaríamos fazer com alguém diferente?

Se a sua compaixão não inclui a si mesmo, ela é incompleta.
— Jack Kornfield

Saber disso deveria nos impulsionar na direção da dignidade básica. Podemos continuar reconhecendo que erramos, fizemos coisas erradas, magoamos pessoas, decepcionamos a nós mesmos e aos outros, de um jeito que é doloroso admitir. No entanto, todos fazemos isso, e a maioria de nós não acha que, por isso, merece ser excluída de receber um tratamento gentil e digno. Portanto, pare com essa isenção especial. Seja gentil — ou pelo menos decente — consigo mesmo. Pode não ser amor-próprio ainda, mas é um começo.

Um breve resumo: estabelecemos algumas coisas importantes até aqui...

- Se nos amamos por causa dos nossos pontos fortes e qualidades, isso nos torna vulneráveis ao argumento de que não deveríamos nos amar nos dias ruins, quando essas qualidades estão ausentes (ou quando alguém com mais qualidades está presente). Isso significa que precisamos encontrar motivos mais profundos para amar a nós mesmos.
- O modelo do amor romântico não ajuda quando o assunto é amar a nós mesmos. É difícil "se apaixonar" pela pessoa que você conhece melhor do que ninguém — você mesmo. Você precisa enxergar o amor como uma ação, e não como um sentimento.
- Podemos encontrar algumas pistas sobre como amar a nós mesmos

em outros modelos de amor, por exemplo, no relacionamento entre pais e filhos.
- Quando entendemos a noção de que nós também somos uma pessoa neste mundo, percebemos que todos os valores de dignidade, gentileza, respeito e compaixão que aplicamos em nossos relacionamentos com outras pessoas devem ser estendidos a nós também.

Poderíamos parar por aqui. Se as pessoas simplesmente seguissem essa lógica, começariam a tratar a si mesmas pelo menos tão bem quanto tratam os outros. E não só pessoas: uma vez convidei o meu treinador de boxe, Martin Snow, para dar uma palestra em um dos meus retiros na Flórida — um convite arriscado, uma vez que era impossível saber o que ele iria dizer —, e ele perguntou para a plateia: "Vocês alimentam os seus cachorros com porcarias, álcool e drogas? Não? Então por que fazem isso consigo mesmos?". No entanto, precisamos dar mais um passo para compreender completamente o que o amor-próprio realmente significa.

Aqui está a principal verdade: existem 8 bilhões de pessoas na Terra. Você é uma delas. Isso não só faz com que seja importante cuidar de si mesmo tão bem quanto cuida dos outros como torna essa missão ainda mais importante. Porque, entre todos esses 8 bilhões de pessoas, existe apenas uma pessoa pela qual você sempre foi responsável.

Imagine se alguém lhe perguntasse por que você se ama e você balançasse a cabeça igual ao pai que diz "Porque ele é meu filho". Isso não tem nada a ver com o quanto você é incrível. Nenhuma característica, atributos ou conquistas são necessários. "Porque eu sou a minha pessoa", você responde, como se fosse completamente óbvio. E, quando paramos para pensar, realmente é óbvio.

Como você trataria a si mesmo se pudesse entender isto: "Eu sou a pessoa que pertence a mim"? No nascimento, você recebe — da natureza, de Deus, ou do que quer que você acredite — uma pessoa para cuidar pelo resto da vida. No início, você não era capaz de cumprir essa função, por isso outras pessoas tiveram que começar a tarefa de criá-lo. Talvez elas não tenham se saído bem, mas, lá atrás, manter você vivo era uma obrigação de outras pessoas. Elas estavam lá para serem seus guardiões até que você chegasse à fase na qual descobrisse quem é a pessoa que em última instância tem a sua custódia: *você*.

A maioria de nós nunca sequer pensou sobre isso dessa forma. Talvez vivenciássemos um sentimento de responsabilidade por outra pessoa — um filho, um parente doente, um irmão —, mas nunca por nós mesmos. Quando nos tornamos adultos, procuramos em outras pessoas o cuidado que recebemos ou esperávamos receber: em uma figura paterna, em um mentor, em um interesse romântico, em um pequeno grupo de amigos. A maioria de nós ainda está buscando alguém para assumir o papel de proteger e cuidar de nós. Queremos que essas pessoas confirmem que somos bons o bastante, inteligentes o bastante, desejáveis o bastante, e dignos de amor. Embora seja verdade que a construção de uma comunidade na vida adulta é essencial para nosso bem-estar, isso está mais para uma transferência de responsabilidade. É como viver a vida tentando passar para outra pessoa uma obrigação que deveria ser nossa. E a obrigação nesse caso é simples: amar e cuidar de nós mesmos ativamente.

Quando ignoramos esse dever fundamental, abandonamos o nosso posto. Fazemos como Simba em *O Rei Leão*, o herdeiro por direito que renunciou a essa honra por acreditar que alguém mais capaz cuidaria dos demais — protegeria, alimentaria e tomaria as melhores decisões por eles. Mas a nossa obrigação é nossa. É por isso que precisamos levar mais a sério a tarefa de amar a nós mesmos, em vez de ficarmos esperando sentir esse amor por nós mesmos. Precisamos tomar a decisão de nos amar como se isso fosse uma obrigação... porque é uma obrigação. Não é que *ninguém* virá nos salvar; somos *nós* que temos que nos salvar.

Por que passar a vida preocupado com o fato de que alguém tem algo que não temos? Tudo isso é ego, e é uma distração. Sim, existem 8 bilhões de pessoas neste mundo, e em diversos aspectos podemos não ser os melhores nisso ou naquilo. Mas nada disso importa. O que importa é a nossa única obrigação: cuidar de um único indivíduo entre os 8 bilhões. Comparar a nós mesmos com outras pessoas não faz sentido quando enxergamos a vida dessa forma; não podemos nos substituir por outro ser humano. Só temos *este* aqui, e a nossa obrigação é dar a essa criatura a melhor vida que pudermos.

Eu não conheço você, o que fez de errado na vida, a quem magoou, quais arrependimentos o assombram, quais vergonhas, privadas ou públicas, o atormentam, quais são as suas fraquezas. Também não sei quais são os seus pontos fortes ou o que faz de você um ser humano excepcional. Mas não preciso saber o que existe de incrível em você. É esse o argumento. Eu só sei que você precisa se amar todos os dias, com toda a sua força, porque ninguém mais tem tempo para fazê-lo.

Durante anos eu me maltratei, nunca sentindo que estava fazendo o suficiente, me matando de trabalhar, me martirizando todas as vezes que não conseguia e raramente sendo gentil comigo mesmo. Eu achava que esse era quem eu era, a minha natureza. Mas hoje em dia, nos momentos em que estou prestes a ter um *burnout*, exausto de me martirizar por um erro que cometi, sendo incapaz de ter um pingo de compaixão comigo mesmo, penso: *Você tinha uma única obrigação! Onde você estava?*

Amar a si mesmo é mais do que um sentimento; é uma estratégia. É fazer coisas difíceis por si mesmo e defender a si mesmo motivado por um sentimento de dever e responsabilidade. Precisamos parar de procurar recompensas para a autoestima de curto prazo. A confiança interior é um investimento de longo prazo. Quando um pai investe no filho por dezoito anos, muitos dos frutos desse investimento — a maioria deles, na verdade — vêm mais tarde. À medida que a criança se torna um adulto, passa a valorizar as muitas coisas que seus pais fizeram por ela, e o relacionamento se enriquece e se enternece cada vez que isso acontece. Nunca é tarde demais. Cuidar de nós mesmos é um projeto de longo prazo semelhante que pode começar em qualquer idade. Podemos nos ver cuidando do nosso adolescente desajeitado interior aos sessenta anos. Porém, como acontece com qualquer adolescente, não espere que esse amor seja retribuído logo de cara. As recompensas demoram a vir, mas elas serão reais.

Ter uma boa opinião sobre nós mesmos não é necessário para esse tipo de amor-próprio. (E pode até atrapalhar.) Mas é possível desenvolver um afeto por nós, nascido da empatia e da compaixão. O ponto de partida dessa empatia e compaixão é nos perdoarmos pelo passado.

Perdoar-se

O arrependimento, com a repetição constante dos nossos piores momentos, nos cega para o momento presente e as pessoas com quem o dividimos. Se não formos capazes de nos perdoar — por nossas fraquezas, nossos erros, nossas falhas, nossos fracassos e nossas omissões —, nunca vamos encontrar nenhum tipo de alegria verdadeira no presente que temos, nem seremos capazes de invocar a energia para o futuro que queremos.

Existe uma coisa que todos nós compartilhamos: um passado repleto de erros. Cada um de nós já fez alguma coisa que nos custou caro. Em alguns casos, os custos são tão altos que é difícil imaginar como vamos conseguir nos perdoar e seguir em frente por:

- não ter terminado com alguém antes;
- não ter cuidado da nossa saúde;
- ter permitido que os nossos padrões destrutivos arruinassem um relacionamento;
- ter procrastinado fazer algo importante até que fosse tarde demais;
- ter tomado decisões ruins — especialmente uma decisão que mudou a nossa vida inteira;
- magoar alguém, ou muitas pessoas, incluindo as que mais amamos;
- não ter aprendido uma lição importante e repetido o erro;
- sentir que desperdiçamos as nossas vidas.

Quando realmente fazemos uma lista das coisas pelas quais nos arrependemos, podemos acabar nos odiando. É difícil não odiar alguém que nos traiu, mas, quando essa pessoa somos nós, o rancor pode ser difícil de ser dissipado.

Todas essas decisões ruins e traições pessoais nos fazem sentir como se tivéssemos fracassado na nossa única chance de nos dar uma vida melhor. E o ciclo sem fim do sentimento de culpa costuma nos deixar com sentimentos de raiva e desgosto por nós mesmos, transformando os nossos momentos mais privados naqueles mais envenenados. Quando esses sentimentos persistem, podemos sentir que livrar o mundo do nosso veneno seria algo que beneficiaria a todos.

Por favor, pare agora. Aqui está um choque de realidade para ajudar você a evitar essa queda livre. Responda a este teste em duas partes sobre como você trata a si mesmo:

- Quando faz algo certo, você separa um tempo para reconhecer as suas contribuições e celebrar essa conquista?
- Quando faz algo errado ou idiota, quanto tempo você gasta se martirizando por isso?

Fiz essas duas perguntas ao redor do mundo, e a maioria das pessoas responde que gasta entre trinta segundos e 24 horas celebrando uma conquista, para depois passar dias, semanas, anos e às vezes a vida inteira se martirizando por seus erros.

Eu já fui uma dessas pessoas. Desde que consigo me lembrar, sempre me martirizei ao extremo. Era exaustivo e às vezes me adoecia. Foi por isso que eu pensei tanto sobre esse assunto — para poder resolver a minha própria crise pessoal de ruminação obsessiva. Depois de me martirizar com tanta frequência e tão intensamente a vida inteira, eu finalmente entendi que não teria qualidade de vida até que desenvolvesse um modelo consciente e robusto para praticar o autoperdão. Foi assim que eu fiz:

Responsabilidade x culpa

Quando era criança, eu amava o filme original da franquia *Jurassic Park — O parque dos dinossauros*. Eu me lembro de assisti-lo pela primeira vez aos sete anos, com os olhos arregalados na cena inicial do rangido da jaula com o velociraptor dentro. Saí do cinema com uma opinião apropriada para a minha idade: os dinossauros são incríveis. Depois de reassisti-lo pelo que talvez fosse a vigésima quinta vez, já um adulto que sofria com o sentimento de culpa, uma fala do filme que eu nunca tinha notado de repente chamou a minha atenção. Ela me abriu os olhos para uma forma diferente de lidar com o meu passado.

O Dr. John Hammond, o dono do parque, está conversando com um membro da sua equipe que cometeu um erro. O Dr. Hammond (interpretado pelo já falecido Richard Attenborough) diz para o seu funcionário: "Eu não culpo as pessoas pelos seus erros, mas peço que elas paguem por eles". Acredito que essa fala nos dá o caminho para que possamos nos perdoar pelo passado e nos empoderar para nos sentirmos mais confiantes no presente. Ela também se baseia numa distinção necessária: a diferença crucial entre culpa e responsabilização.

A responsabilização, de qualquer ponto de vista, faz sentido. Ela nos empodera para consertar algo, para fazer o que podemos para corrigir o nosso erro. Ela cria um sentimento de responsabilidade pelos erros que cometemos e nos faz perceber que existe um preço a ser pago por tê-los cometido. Por meio da responsabilização, aprendemos que existem consequências com as quais teremos que viver e nos adaptar. Tornarmo-nos adultos tem a ver com nos apropriarmos, e nos responsabilizarmos é uma forma de nos apropriarmos do que fizemos até agora, bem como de assumir a responsabilidade por consertar os nossos erros. É uma forma de melhorar as coisas.

A culpa, por sua vez, não tem nenhuma utilidade. Na verdade, nos martirizarmos incessantemente por aquilo que fizemos não só não serve a nenhum propósito como também passei a acreditar que é algo que não faz nenhum sentido. E o motivo é...

Se você pudesse fazer diferente, teria feito

Pense em um momento da sua vida do qual você se arrepende; algo que tem dificuldade para se perdoar. Provavelmente já reviveu esse cenário milhares de vezes, vendo exatamente o que deveria ter feito diferente. É um exercício enlouquecedor que faz você desejar ter uma máquina do tempo para poder voltar atrás no que fez, e fazer o que deveria ter feito no lugar.

Eu já joguei esse jogo milhares de vezes apenas para chegar à conclusão recentemente de que eu nunca poderia ter feito nada diferente. A ideia de que eu poderia é pura ficção científica. Digamos que você se culpe por continuar em um relacionamento abusivo por duas décadas a mais do que deveria e agora acredite que "desperdiçou a sua vida". Você se odeia por não ter tido forças para ir embora, e nunca perde a oportunidade de relembrar essa fraqueza. Ao fazer isso, porém, está ignorando uma coisa: na época, você não tinha o que precisava para ir embora. Não tinha os recursos. Você não sabia o que sabe agora, ou, se sabia, não tinha as ferramentas para agir. Para ter empatia e compaixão por si mesmo, o primeiro passo essencial para se perdoar, é preciso entender que o que você fez em qualquer situação era exatamente o melhor que poderia fazer naquele momento. Talvez isso soe estranho para muitos de nós, provavelmente porque carregamos um ideal imaginário do que seria realmente o nosso melhor, imaginando que o nosso melhor é equivalente ao nosso esforço máximo, ou à nossa melhor resposta, no nosso dia mais efetivo, uma expectativa que, inevitavelmente, nos coloca como perdedores de uma corrida sem fim contra o nosso melhor. Não é isso que a expressão *fazer o nosso melhor* realmente significa. O nosso melhor em qualquer momento é a atitude que fomos capazes de tomar considerando onde estávamos naquele dia (e sermos capazes de nos perdoar por isso depois, se não tiver sido necessariamente a atitude certa). Fazer o nosso melhor não significa fazer algo bom. O nosso melhor pode não ser admirável, mas, para o bem ou para o mal, o nosso melhor é simplesmente o que podemos fazer no momento.

A cura do filósofo para o autoperdão

Como vimos no Capítulo "Como reprogramar o seu cérebro", o ego é mais do que apenas soberba, um senso de identidade inflado. O ego pode declarar: "Eu mereço a minha riqueza, e a minha boa aparência, e os meus filhos incríveis, e as minhas criptomoedas nas ilhas Caimã!". Mas o ego também trabalha na direção contrária. Se você acredita ser especialmente ruim (vil, condenável, indigno de confiança, malicioso, entre outros) e que não merece ser feliz porque traiu o seu melhor amigo, e arruinou a festa de Ano-Novo, e fez a pior escolha matrimonial possível, isso é ego também. Em ambas as versões de ego aparece mais o pronome "Eu" do que no trava-língua "Alice disse que eu disse".

Encontrei uma filosofia útil que podemos usar para lidar com ambas as situações: o determinismo absoluto. (Não se preocupe, o determinismo brando vem depois!) É uma interpretação da realidade observável segundo a qual todo evento é completamente determinado por causas preexistentes e não poderia ter acontecido de nenhuma outra forma. É uma interpretação tão popular na Associação Americana de Psicologia que eles possuem a própria definição aplicada à psicologia: a posição de todos os comportamentos humanos resulta de antecedentes causais específicos e eficientes, tais como estrutura ou processos biológicos, condições ambientais ou experiências prévias.

Em outras palavras, a nossa infância, o nosso biotipo, os nossos hábitos mentais, a cidade em que crescemos, as lições que aprendemos lá, os abusos que sofremos, os mentores que nos acolheram (e aqueles que não), tudo isso forma um coquetel de variáveis que nos levam diretamente para a próxima decisão que estamos prestes a tomar. Essa interpretação traz desconforto para alguns porque não deixa muito espaço para o livre-arbítrio. É por isso que existem os "deterministas brandos", os bons policiais que contrapõem os policiais durões do determinismo absoluto, que, embora concordem que, sim, tudo o que fazemos é causado por uma ação prévia, argumentam que essas ações podem ser determinadas pela escolha humana na mesma intensidade que pelas forças externas. De qualquer forma, brando ou absoluto, o determinismo é útil quando o assunto é se perdoar, porque nos ajuda a renunciar a essa noção egocêntrica de que, de alguma forma, não merecemos o perdão.

Tive um cliente, Randall, que me procurou depois de anos trabalhando para um narcisista. O seu chefe, Mark, mentia para ele de maneira patológica, quebrava promessas, abusava do seu tempo e boa vontade, manipulava-o para que ele se achasse incapaz de trabalhar em qualquer outro lugar, e assim o convencia de que ficar seria o melhor para ele porque o Mark "cuidaria dele". E o pior é que, para Randall, a relação entre eles era mais do que uma relação de trabalho. Mark tinha se tornado uma figura paterna, uma figura paterna controladora. Randall admirava Mark, e não só se sentia inspirado por ele como parecia que o chefe estava mais presente em sua vida do que seu pai jamais estivera. O pai de Randall era ausente e indisponível emocionalmente, nunca o abraçava, não dizia que o amava, muito menos chegou a passar o tempo com ele quando era pequeno. Agora que Randall tinha a própria família, o pai demonstrava a mesma falta de interesse pela sua esposa e filhos. Randall tinha passado a vida adulta inteira até então tentando preencher aquele vazio deixado pelo pai.

Quando Mark apareceu, Randall só era capaz de enxergar que o chefe estava lhe dando mais do que o pai tinha dado. Assim, quando Mark não o pagava no dia, fazendo com que ele praticamente tivesse que implorar para receber seu salário todo mês, quando Mark chegava horas atrasado para as reuniões (ou nem aparecia), ou quando dizia que as coisas tinham sido feitas quando não tinham e vice-versa, Randall dizia para si mesmo: "Ele não faz por mal, e posso contar com ele". Randall aguentou duas décadas de maus-tratos antes de me procurar para finalmente colocar um ponto-final na relação tóxica de trabalho com o chefe e poder encontrar outro emprego.

Infelizmente, abandonar o chefe narcisista não pôs um fim à autodepreciação que Randall sentia por ter permitido que essa situação continuasse por tanto tempo. Ofereci a ele a perspectiva determinista, tentando fazê-lo perceber que o efeito dominó tinha começado no dia em que ele nasceu, graças ao desprezo de seu pai e à sua própria combinação de genética e circunstâncias. Na verdade, tinha começado mesmo antes de ele nascer, com a mistura de influências que fizeram com que seu pai tratasse o próprio filho com tanta indiferença.

Em cada estágio, entre o pai ausente e o chefe manipulador, Randall fazia o que podia com as ferramentas que tinha. E essa era uma época em que ele não tinha tantas ferramentas com as quais trabalhar. O que ele realmente possuía, assim como eu e você, era um sistema nervoso que ele não escolheu, que havia sido inconscientemente programado desde cedo para lidar com aquilo que estava vivendo na época e sobreviver com isso. E esse sistema nervoso o levou diretamente ao Mark. No entanto, com novas ferramentas, Randall foi capaz de adotar uma nova perspectiva que permitiu que ele saísse daquele emprego. É uma sensação semelhante à de testemunhar um pequeno milagre quando alguém com quem estou trabalhando consegue fazer os dominós de sua vida caírem em uma direção diferente. E valorizar o quanto isso é realmente difícil de fazer — desviar da nossa programação — é a chave para se perdoar. Randall sempre tinha feito o seu melhor, e agora, devido ao esforço que estava dedicando a si mesmo, o seu melhor hoje era melhor do que antes. Isso é lindo.

Essa é uma das formas pelas quais você pode transformar o amor-próprio em verbo: diga a si mesmo que você sempre fez o seu melhor. Você pode não ter gostado do seu melhor muitas vezes, e ele pode não ter sido suficiente para alcançar o resultado que queria, mas o seu melhor era exatamente o que você estava fazendo. Ficar ruminando o que você poderia ter feito diferente transforma a introspecção em ficção científica. Talvez exista, em algum lugar em algum multiverso infinito, uma versão sua que tomou uma decisão diferente, mas isso não aconteceu nesta versão. Aqui, o seu melhor, para o bem ou para o mal, era o que você fez.

Como argumenta o escritor e neurocientista Sam Harris, pelas lentes do determinismo, sentir ódio por nós mesmos não faz sentido.

Por essa lente, se alguém comete um crime, tudo na sua experiência e genética o estava conduzindo até aquele momento. Podemos escolher odiar essa pessoa pelo seu crime, mas poderíamos facilmente redirecionar esse ódio para cada evento prévio e influência genética que contribuiu para que agisse assim. A pessoa pode até precisar ser presa e tirada do convívio em sociedade (responsabilização), mas odiá-la (culpa), dentro dessa perspectiva, não faz sentido.

Adotar essa perspectiva pode nos fazer sentir que não temos controle em nossas vidas. Se o que estou prestes a fazer é predeterminado, então como posso mudar alguma coisa? Mas é importante lembrar que a pessoa que nos levou até onde estamos hoje é um modelo antigo. O modelo novo tem configurações novas — novos pensamentos, novas perspectivas, novos pontos de referência. Este livro que você está lendo agora é uma nova perspectiva, e cada nova perspectiva traz a possibilidade de novas decisões — decisões que darão origem a novas realidades.

Não culpe o modelo antigo

Você já teve uma das primeiras versões do iPhone? Ou de um iPod? Você se lembra dos bugs? Lembra que eles travavam e desligavam? Lembra dos problemas de mau funcionamento que pareciam ter sido pensados para convencer você a comprar um novo aparelho? Quando finalmente comprava aquele novo modelo, por acaso você tirava o seu iPhone novinho em folha de dentro da caixa elegante e gritava com ele por causa de todos os problemas que seu antigo iPhone tinha dado? Com certeza não. Você está feliz por ter o modelo mais recente. O seu antigo iPhone de repente ficou no passado. Por que não conseguimos fazer a mesma coisa conosco?

Vamos tentar outra analogia: eu gosto de pensar na minha vida inteira como uma corrida de revezamento. Em uma corrida de revezamento olímpica de verdade, são quatro corredores, cada um correndo um quarto da volta. O primeiro corredor faz a largada, com o bastão na mão, e corre a melhor prova que é capaz. No final da primeira parte do percurso, o primeiro corredor entrega o bastão para o próximo, que inicia a sua corrida. Cada corredor tem a função de correr a sua melhor corrida individual dentro de uma corrida maior.

Agora, digamos que o segundo dos quatro corredores tropece na sua parte do percurso e isso custe alguns segundos à equipe. É frustrante. Incomoda os outros corredores, principalmente o terceiro e o quarto, que agora precisam tentar compensar o tempo que o segundo corredor custou à equipe. Não há dúvidas de que consequentemente eles têm uma corrida mais difícil para fazer agora. Porém — e esse é o meu argumento —, nós estranharíamos se ouvíssemos falar que esses outros corredores, frustrados com a performance do segundo corredor naquele dia, voltaram para casa e gritaram consigo mesmos em frente ao espelho. Nós acharíamos que essa raiva estava mal direcionada, porque o erro não pertencia a eles; pertencia ao segundo corredor.

Imagine a sua vida assim, dividida em séries de percursos em um revezamento. A cada ano, quando o relógio bate meia-noite em 31 de dezembro, o corredor daquele ano entrega o bastão para um novo corredor, que correrá o próximo percurso da corrida, durante os próximos doze meses, a partir do primeiro dia do Ano-Novo. Ou você pode imaginar como eu imagino: todo dia, um novo corredor acorda, com o bastão que lhe foi entregue pelo corredor do dia anterior. Todo dia, a função do novo corredor é fazer a melhor prova de que é capaz por 24 horas.

É verdade que alguns dos corredores anteriores pegaram atalhos, acabaram saindo dos limites e cometeram alguns erros graves pelo caminho. Eles magoaram pessoas e a si mesmos, perderam tempo, tomaram decisões ruins, disseram coisas que não queriam, se sabotaram, perderam a oportunidade de serem corajosos, deixaram de se arriscar. Pode ser frustrante, e até mesmo irritante, a maneira como eles dificultaram a nossa vida atual de inúmeras formas. (As nossas finanças, por exemplo, ou a nossa vida amorosa.) Assim como o segundo corredor na corrida de revezamento olímpico, esses tropeços nos custaram tempo e nos renderam uma corrida mais difícil para correr hoje. Xingá-los por isso é compreensível. Mas xingar o corredor de hoje não faz sentido nenhum.

Cada corredor começa do zero, livre de culpa ou bagagem. Afinal de contas, nós esperamos muito dele. A nossa função é poupar a energia dele o máximo possível para que ele possa correr a sua melhor prova, sem preocupações, até que seja a hora de entregar o bastão para o novo corredor. A corrida de hoje já é difícil o suficiente sem ter que carregar a bagagem dos erros do passado. Viaje com pouco peso.

Nada disso tem a ver com diminuir a responsabilidade. O corredor de hoje é responsável por consertar os erros do passado — como disse o Dr. Hammond, essa é a nossa forma de pagar pelos nossos erros. Não podemos evitar essa responsabilidade, porque, no final, estamos todos correndo a mesma prova, no mesmo time. Se não aceitarmos a responsabilidade de colocar a corrida de volta nos trilhos hoje, então, como os corredores de hoje, estamos cometendo um erro que é só nosso. Mas, se assumirmos a responsabilidade de correr a nossa melhor prova hoje, devemos sentir orgulho neste novo dia de corrida, em vez de nos sentirmos sobrecarregados pela culpa do passado. Essa é a essência da distinção entre culpa e responsabilização.

Nos nossos retiros, quando percorro com os participantes esse caminho de conceitualização do perdão, eles percebem que a parte mais difícil da corrida não é consertar os problemas de ontem, e sim acabar com a identificação inútil e sufocante com o corredor que os criou. Assim que essa bagagem desaparece, é incrível o quanto passamos a correr mais rápido. E como até mesmo as corridas difíceis se tornam mais prazerosas.

Agora que estamos a postos na linha de partida, depois de nos perdoarmos e preparados para viajar com pouco peso, existe mais um passo que devemos dar que vai nos ajudar a nos libertarmos do ódio que sentimos por nós mesmos, bem como permitir que enxerguemos que a maneira como a nossa vida se desenrolou até aqui é de fato uma coisa boa. É um projeto corajoso e criativo. E, mais importante do que isso, nos traz um sentimento de realização. Não é que a história positiva é verdadeira e a negativa não é; é você quem decide qual é o significado das coisas. É isso que torna os seres humanos especiais em sua habilidade de mudar suas emoções e direcionar seu futuro.

Reformulação, otimização e celebração de seus ingredientes

Eu realmente não acredito que alguém possa crescer se não for amado por ser exatamente como é.
— *Mr. Rogers*

Assim que ouvi a premissa do reality show de TV *Chopped* — sobre uma brigada de chefs competindo para fazer a melhor refeição de três pratos, usando cestas idênticas de ingredientes misteriosos —, eu sabia que o programa tinha identificado dois fundamentos da confiança interior: aceitação e desenvoltura.

Realmente, no primeiro episódio a que assisti, os chefs tiveram que preparar entradas com os seguintes ingredientes: caranguejo-rei do Alasca, carne-seca de algas marinhas, água salgada e limão caviar. Todos os participantes amaram um dos ingredientes — não é difícil adivinhar qual foi —, mas o prato tinha que incluir todos os ingredientes. Com vinte minutos para empratar suas criações, eles precisavam aceitar os fatos e trabalhar com o que tinham, e rápido.

Preocupar-se com os ingredientes que recebeu e não pode trocar não é o objetivo do programa, e sim usar os ingredientes com criatividade. E não sobra tempo para que os participantes sintam pena de si mesmos. Assim que os chefs reconhecem os ingredientes, precisam começar a pensar em seus pratos, sabendo que serão julgados por suas soluções únicas para a charada dos ingredientes, a velocidade e a confiança que demonstram ao trazer o resultado para a mesa.

O gancho do programa são os ingredientes obscuros e praticamente impossíveis de serem combinados que os participantes recebem. Mas as coisas surpreendentes que eles fazem com esses ingredientes são o que nos motiva a continuar assistindo: para ver alguém transformar uma impossibilidade em um triunfo durante uma corrida contra o tempo.

Todos precisamos de um pouco disso. É muito fácil acreditar que o sucesso ou a felicidade dependem dos nossos ingredientes — nossa aparência, nossa inteligência, nossa família, nossas vantagens ou desvantagens — enquanto nos esquecemos que o show do qual somos protagonistas tem a ver com os pequenos milagres que podemos realizar usando apenas o que temos.

Frequentemente temos dificuldade de ter confiança porque estamos dando atenção à coisa errada. Perdemos tempo preocupados com os nossos ingredientes, que consideramos inferiores. No entanto, quem pode nos culpar? É difícil ignorar a mensagem. Às vezes ela é curta e grossa; outras é sutil e redundante. Mas está em todos os lugares. As redes sociais fazem com que nos comparemos com um padrão impossível (e artificial) centenas de vezes por dia. Por isso, quando alguém nos diz que é loucura nos sentirmos inseguros com a nossa aparência ("Não seja bobo(a), você é muito bonito(a)!"), pode parecer uma forma de manipulação psicológica (*gaslighting*), porque toda vez que pegamos o nosso celular somos confrontados por um algoritmo de beleza com o qual claramente não temos nenhuma correspondência. Na internet podemos mergulhar no oceano dos bumbuns perfeitos, para depois olhar para o nosso e nos sentirmos como um pedaço de carne-seca de algas marinhas.

"O seu nariz é lindo!", dizemos a uma amiga que está cogitando fazer uma cirurgia plástica para corrigir um atributo característico seu que ela passou a odiar — porque todo nariz perfeito que ela já viu é claramente o oposto do dela. Seria ela realmente insegura ou alguém que presta atenção?

No entanto, quando o assunto é a aceitação e a desenvoltura, não precisamos gostar dos nossos ingredientes igualmente. Nem precisamos gostar deles. Na verdade, se obrigar a gostar de um ingrediente é simplesmente entrar um beco sem saída e correr o risco de transformar em fetiche a importância que esse único ingrediente assume sobre os outros. Entre os nossos ingredientes existe um pouco de caranguejo-rei do Alasca e de carne-seca de algas marinhas. Podemos até aprender a amar carne-seca de algas marinhas, mas de uma coisa eu tenho certeza: qualquer chef que é capaz de fazer algo incrível e inesperado com carne-seca de algas marinhas é fácil de ser amado.

Você não é os seus ingredientes; você é o artista que faz uso deles

Quando alguém é um grande chef, não vê apenas um limão caviar, ou uma carne-seca de algas marinhas ou uma cenoura. Ele vê o *potencial* do limão caviar — todas as maneiras como pode se destacar ou se misturar. Quanto mais habilidosos nos tornamos como chefs, mais desenvolvemos um apreço e até mesmo uma empolgação pelos nossos ingredientes. Descobrimos um orgulho em exibir ingredientes que outras pessoas considerariam inúteis ou prejudiciais. Em vez disso, fazemos os nossos ingredientes funcionarem *para* nós — e a nossa desenvoltura, um elemento central da confiança interior, cresce. Na camada da identidade, a nossa confiança cresce sempre que as coisas estão funcionando e nos favorecendo. Quando entramos em contato com a nossa confiança interior, confiamos na nossa camada de desenvoltura para fazer qualquer coisa funcionar. Desenvoltura requer criatividade. Onde os outros enxergam um obstáculo, precisamos enxergar um novo ingrediente, uma nova oportunidade para demonstrar a nossa astúcia e habilidade.

BJ Miller é um médico especializado em cuidados paliativos que aparenta ser sábio e confiante no palco. Ninguém que assistir ao seu TED Talk pode negar o seu carisma enquanto ele conta como um evento trágico na sua juventude se tornou o trampolim para a sua carreira e para a sua compaixão. Em 1990, no segundo ano na Universidade de Princeton, ele estava na rua com os amigos depois de uma festa quando subiu em um trem de transporte que estava parado; assim que levantou o braço, uma descarga de 11 mil volts de um fio suspenso, de repente, atravessou o seu corpo. Os danos causados por aquela descarga momentânea foram sérios: ele sofreu queimaduras graves, teve as duas pernas amputadas abaixo do joelho, bem como o antebraço esquerdo. Ele acordou, uma semana depois, para descobrir que o que achava ter sido um longo pesadelo era na verdade a sua imutável realidade. Tudo isso por causa de um único momento irreversível em sua vida — uma decisão, um erro.

Mesmo assim, Miller diz que não se arrepende do que aconteceu. Nem mesmo das lesões. Segundo ele, "Muita coisa boa resultou disso. Eu não estava inclinado a seguir carreira na medicina antes do acidente, e acho que não seria um médico especialista em cuidados paliativos tão bom se não tivesse passado por aquela experiência. O presente foi me fazer perder o hábito de ficar pensando sobre o futuro e me comparando com os outros. O acidente me forçou a ficar no momento presente. Tenho a maior gratidão por isso. Encontrei uma nova confiança".

Depois de sofrer um trauma tão extremo, Miller poderia ter facilmente aceitado a ideia de que a sua vida como a conhecia tinha acabado. Mas, em vez disso, ele viu a possibilidade de uma nova história que focava o que aquele evento tinha dado. Isso é a reformulação — pegar as circunstâncias não negociáveis da vida e se apropriar delas — em sua melhor forma. Eu amo não só o fato de que Miller claramente se perdoou e correu uma prova incrível apesar desse evento catastrófico em sua vida, como também de que ele realmente aponta esse evento como sendo o catalisador da direção positiva que sua vida seguiu desde então.

Essa é uma parte importante da reformulação: reconhecer as nossas partes que nunca vivenciaríamos se não fosse pela única coisa que desejamos que não tivesse acontecido. Não podemos deletar os nossos erros na vida sem deletar elementos cruciais e valiosos da pessoa que nos tornamos. Você pode passar anos na terapia tentando desfazer os danos causados por seus pais, e isso é admirável; porém, também vale a pena considerar as partes valiosas de si mesmo que você só desenvolveu porque seus pais eram do jeito que eram. Talvez exista algo extremamente útil que você tenha aprendido com eles apesar de tudo, ou talvez tenha desenvolvido o seu próprio contragolpe em resposta às coisas pelas quais os odiava ou aos sofrimentos que eles o fizeram passar. Até mesmo a ausência de um dos pais pode produzir qualidades com as quais teríamos medo de mexer. Isso não quer dizer que consideraríamos as piores partes das nossas vidas um remédio útil para o que as outras pessoas precisam. Mas sei que, no meu caso, eu não as mudaria por medo de perder algumas das coisas pelas quais mais sou grato atualmente.

Porque, se pudesse voltar atrás e desfazer os seus erros, as suas tragédias e dores, você provavelmente se apagaria. A riqueza, a complexidade e a profundidade do seu caráter hoje não só foram forjadas nesses incidentes como são alimentadas pelas suas conquistas. Você não pode ter uma sem a outra. Se você retira o trauma, retira o tesouro também — as coisas que o fazem ser você. Isso também é verdade agora: os seus problemas hoje estão moldando a pessoa da qual você se orgulhará de ser amanhã. Toda vez que um problema surgir no seu dia, pergunte-se: "Quem eu preciso me tornar para poder lidar com isso?". A resposta para essa pergunta dá significado para o problema imediatamente.

É um superpoder único que temos como seres humanos essa habilidade de criar significado e depois usá-lo para redefinir as nossas vidas. Existem aqueles que dizem que tudo *tem* um significado, mas eu acho essa definição menos interessante. Tentar localizar o significado de alguma coisa difícil ou terrível em nossas vidas é uma atitude reativa. Criar significado é uma atitude proativa. É contar uma história. Essa é a essência da reformulação. É a essência de usar os seus próprios ingredientes. Mel Abraham, um amigo que foi diagnosticado com câncer há alguns anos, me disse: "Eu percebi, depois de passar o primeiro ano procurando pelo significado, que o significado não estava no passado, e sim no futuro". Em outras palavras, Mel iria criar significado com o que fizesse depois. Ele se tornaria alguém e faria algo que faria esse diagnóstico ter significado.

Decida uma coisa agora mesmo: que, de agora em diante até o fim dos seus dias, você focará toda a sua energia na sua desenvoltura, em vez de se julgar pelos ingredientes com os quais deve trabalhar. Lembre-se: todos os dias, uma nova versão de você acorda, e a sua versão de hoje tem a tarefa de fazer o melhor que pode, nas circunstâncias que tem para trabalhar. Você tem algum ingrediente difícil e estranho com o qual trabalhar? Ótimo! É uma excelente oportunidade de mostrar o tipo de artista que você é.

Entretanto, você pode alegar que a vida não é um programa de televisão; na vida real as pessoas são recompensadas por acordar com um tigela de caviar. Pessoas bem-apessoadas conseguem os melhores empregos. Depois do trabalho, a vida social delas é bastante agitada. A criança criada em um bairro bom, herdeira de uma marca de sucesso, nada em uma piscina de conexões poderosas. Tudo isso é verdade.

É por isso que o único juiz é você. Só você sabe o que teve que superar — os seus pais complicados, os momentos formadores nos quais sofreu abusos ou foi traído; as suas batalhas com a aparência ou o corpo; a luta contra o vício, a falência ou pela saúde mental; a perda de alguém que você ama, ou as oportunidades que perdeu para ter os relacionamentos que imaginou para si mesmo. Só você sabe o que fez com tudo o que tinha para trabalhar.

Você pode conquistar um ótimo diploma de confiança pela sua disposição para encarar os desafios do futuro, mas nunca deve perder de vista a desenvoltura que já colocou em prática durante as circunstâncias difíceis do seu passado. Será que você já não fez algo bonito com aquilo que tinha disponível para trabalhar? Pense em todas as coisas que você cozinhou — começando praticamente do zero. Pense em tudo aquilo pelo qual você nunca se deu o crédito porque estava levando em consideração a opinião de pessoas que não tinham ideia de como a sua vida realmente era.

Considerando que o nosso cérebro antigo e padrão vem programado para escanear o horizonte em busca de ameaças, existe um instinto poderoso de tentar superar rapidamente as melhores refeições que já preparamos, não importa o quanto tenham sido perfeitas. Mas é bom lembrar, sempre que você pensar nas suas improvisações mais inspiradas, que, quando as inventou, você era bem menos habilidoso do que é hoje. Você é um chef melhor agora — mais sábio, mais astuto, até mesmo, ouso dizer, melhor preparado. E é provavelmente por causa das habilidades que aprendeu desde cedo, das ferramentas e recursos que adquiriu pelo caminho, que hoje você tem um conjunto de técnicas ainda melhor do que tinha no passado.

É por isso que você deve ter consciência de quão longe chegou e se lembrar de que essa enorme distância faz parte da sua rotina diária de confiança interior. Todos nós temos o hábito de ficar agarrados à lateral da montanha, olhando para cima para ver o quanto falta para chegar ao topo — ou quanto mais para cima da montanha as outras pessoas estão. Poucos de nós praticamos olhar para baixo, regularmente, para ver o quanto tivemos que subir para chegar onde estamos.

Ninguém conhece a sua vida como você. Conecte-se com a grandiosidade de sua trajetória até o momento, independentemente de qualquer outra pessoa considerá-la impressionante do ponto de vista dela. Para uma pessoa que se recupera de um acidente que a paralisou, conseguir sustentar o próprio peso nas duas barras paralelas, suando para dar um pequeno passo à frente durante a fisioterapia, é extraordinário. E o fato de que a maioria da humanidade está andando por aí com facilidade sem nem pensar duas vezes não gera nenhum impacto na escala dessa conquista. Precisamos cultivar uma consciência sobre o poder tremendo daquilo que construímos trabalhando dentro das nossas circunstâncias. As conquistas que somente nós podemos medir formam a base da nossa confiança, não importa o que elas representam para qualquer outra pessoa. Às vezes, o fato de que ninguém consegue medir essa conquista nos dá uma vantagem. A única forma de usar essa vantagem é aprender a apreciar a vista de onde estamos.

16

FELIZ O SUFICIENTE

Não faz muito tempo, fiz uma pergunta bastante direta para os meus seguidores no Instagram: "Qual é o seu maior medo para o futuro, aquilo que mais o preocupa?". Na última contagem, 3.145 seguidores tinham comentado, a maioria demonstrando um nível extraordinário de vulnerabilidade. Mas um comentário de uma mulher chamada Danni chamou a atenção, e não só a minha. Seu comentário se tornou o mais relevante, com 2.202 curtidas e 184 respostas:

[O meu maior medo é] Ficar solteira pelo resto da vida... eu sei que pode parecer superficial ou algumas pessoas podem achar que existem coisas piores que isso... Eu sei que vão dizer que preciso me amar primeiro. E eu me amo, me amo de verdade. Mas também tenho muito amor para dar e eu amo o amor! Eu tenho uma vida que me satisfaz, com um emprego legal, amigos incríveis e todos os dias vivo a vida para mim. Estou planejando uma viagem sozinha etc., então a minha vida não está parada enquanto espero pelo "cara certo". Mas o meu maior medo é nunca encontrar "a pessoa certa". As pessoas podem dizer o que quiserem, mas o amor romântico preenche espaços em nossos corações que os outros tipos de amor simplesmente não conseguem.

A maioria dos comentários era alguma variação do comentário da Danni. ("Envelhecer e morrer sozinha"; "De nunca encontrar a pessoa ideal e passar a vida solteiro.") Mas alguma coisa na fala dela resumiu bem a questão para todos os que responderam, que era o fato de que, não importava o que estivesse acontecendo no resto de suas vidas, isso não conseguia compensar a dor de estar sem um parceiro. A resposta honesta dessa mulher parecia questionar o conselho-padrão dado a alguém que tem dificuldade de estar solteiro: encontre um propósito, estabeleça amizades, aprenda a desfrutar da sua própria companhia.

No livro *Cartas para um jovem poeta*, Rainer Maria Rilke escreve para um rapaz cujas preocupações o lembraram das suas próprias alguns anos antes. Rilke recomendou as virtudes de cultivar a solitude na vida:

> Existe apenas uma solitude, e ela é grande e não é fácil de suportar... As pessoas são atraídas para o que é fácil e para o lado mais fácil daquilo que é fácil. Mas está claro que precisamos nos manter naquilo que é difícil.

Eu aposto, porém, que até mesmo Rilke teria se atrapalhado com o comentário da Danni. Posso até ouvi-la dizendo: "Claro, eu entendo, Rainer, mas eu já fiz isso. Você vai encontrar férias comigo mesma marcadas na minha agenda, e vários momentos de leitura e banho de banheira sozinha nos finais de semana. Eu continuo pronta para encontrar uma pessoa agora".

A solitude é profundamente importante, mas não é uma prescrição para a felicidade com resultados imediatos, muito menos resolve a necessidade daquela faísca específica, encontrada apenas em uma conexão romântica. E quantos de nós já não nos perguntamos, assim como a Danni, se conseguiríamos ser completamente felizes sem ela?

Na série *The Crown*, existe uma cena comovente na qual a princesa Margaret explica para a sua irmã, a rainha Elizabeth II, a quem ela se referia como Lilibet, as coisas que não pôde ter quando foi proibida de se casar com o grande amor da sua vida, o capitão da guarda Peter Townsend; e todas eram coisas das quais a rainha pôde desfrutar nos seus muitos anos com o príncipe Philip. A conversa tinha um peso porque foi a própria

Lilibet, exercendo o seu papel de rainha, quem proibiu a irmã de se casar com Peter, uma vez que ele não só era divorciado como também um plebeu que estaria se casando com alguém "acima da sua posição".

> Margaret: Sem o sol e a água, as plantações não vingam, Lilibet. Me permita uma pergunta: quantas vezes o Philip fez algo? Interveio quando você não podia intervir? Foi forte quando você não foi capaz de ser? Demonstrou raiva quando você não podia demonstrar? Foi decisivo quando você não podia ser? Quantas vezes você agradeceu em silêncio por tê-lo e pensou: "Se eu não o tivesse, eu não conseguiria fazer isso?". Com que frequência? O Peter era o meu sol. A minha água. E você me negou o direito de tê-lo.

Quantos de nós nos sentimos como a princesa Margaret e a Danni, como se estivéssemos sentindo falta do sol e da água em nossas vidas, seja por causa do amor que perdemos, ou pelo amor que nunca encontramos?

Muitos anos atrás, senti essa perda quando acordei de um sonho no qual, por um breve momento, vivenciei o tipo de amor que eu desejava um dia encontrar. Não sou o tipo de pessoa que acorda e diz "Deixa eu te contar sobre o sonho que tive". Mas esse sonho breve e aparentemente sem grandes acontecimentos ficou marcado.

Eu estava em um elevador ao lado de uma mulher. Nós dois tínhamos acabado de escapar de algo — algo perigoso — juntos. À medida que o elevador desacelerava, ficava a sensação de que, o que quer que estivéssemos prestes a encontrar, nós enfrentaríamos juntos. Quando as portas se abriram, a mulher agarrou a minha mão, não por medo, mas de um jeito reconfortante, como se quisesse que eu soubesse que íamos ficar bem, apesar de tudo, porque tínhamos um ao outro. Eu me senti ao mesmo tempo protetor e protegido.

Embora não tenha visto o rosto dela, eu sabia que ela era a minha pessoa. Era como se o sonho tivesse criado um espaço para que essa pessoa se tornasse qualquer pessoa — não um rosto a ser identificado, mas um sentimento a ser realocado. Eu nunca me senti tão em casa. O que quer que *aquilo* fosse, eu o tinha encontrado; não tanto o amor, mas tudo que o amor oferecia: tudo de que eu precisava para enfrentar o mundo, um sentimento que eu nunca abandonaria e que nunca me abandonaria. Então as portas do elevador se abriram, a luz entrou e eu acordei.

Eu estava magoado por causa de uma pessoa de quem inicialmente me senti muito próximo para imediatamente perdê-la, no momento seguinte. Minha vontade era estar de volta naquele sonho, com aquele sentimento de certeza e a pessoa que o dividia comigo. Tentei dormir de novo, na esperança de encontrar o meu caminho de volta, mesmo que por mais alguns minutos somente. Ainda assim, mesmo que eu nunca tivesse aquele sonho outra vez, aquele sentimento tinha me marcado. O sonho revelou um vazio que existia na minha vida e o ampliou.

O desespero para voltar ao sonho reflete a falta de controle que costumamos sentir em nossas vidas amorosas. Em outras áreas pelo menos conseguimos identificar coisas que podemos fazer para nos aproximarmos de um resultado desejado. Quando queremos perder peso, precisamos mudar a nossa dieta e fazer mais exercícios. Se queremos mais dinheiro, poupamos ou investimos. Mas é incrivelmente frustrante que os nossos esforços no amor não consigam produzir resultados previsíveis ou retornos permanentes. Você poderia ter quatro encontros por semana durante um ano e mesmo assim não encontrar alguém com quem queira ficar e que queira ficar com você também. Mesmo que encontre, e você ame, respeite e seja leal a essa pessoa, não há garantias de que ela não vai trair, mentir ou deixar você.

Para muitos de nós, essa incerteza e falta de controle é intolerável. Por isso, exercemos controle onde podemos — nos vícios em trabalho, academia, comida e bebida, bem como em nossas amizades e relações familiares. Às vezes rejeitamos completamente o mundo do amor, para que ele não possa mais nos rejeitar. Porém, o desejo de nos sentirmos vistos, aceitos e amados não desaparece tão facilmente. Enquanto escrevo este livro, estamos começando a ouvir falar sobre relacionamentos com inteligência artificial, com as pessoas usando softwares para criar companheiros ideais — um lembrete de que a necessidade de conexão é universal e de que as pessoas farão o que for necessário para satisfazê-la.

O que a inteligência artificial pode oferecer que uma vida amorosa na vida real não oferece? Controle. Um companheiro criado por inteligência artificial não vai nos abandonar ou trair. Temos a garantia de que estará lá quando precisarmos, pronto para nos ouvir e demonstrar empatia (especialmente se as suas capacidades de ter empatia puderem ser programadas por psicólogos clínicos). Ela, se estou usando o gênero correto, oferece um lugar de visibilidade para aqueles de nós que se tornaram invisíveis pela idade, pela deficiência, pelo divórcio ou por mudanças em nossas circunstâncias de vida.

Será que podemos ser culpados por desistir de namorar do jeito mais difícil — pessoalmente, com pessoas de verdade — e recorrer ao que Rilke chamou de "lado mais fácil daquilo que é fácil"? Quer seja se abstendo de relacionamentos no geral, explorando as opções de inteligência artificial, namorando exclusivamente por meio de uma tela via aplicativo de namoro ou simplesmente levando em banho-maria a pessoa com a qual temos "um pouco de diversão" e nenhum futuro — esse conforto, não importa o quanto seja imperfeito, geralmente parece melhor do que nada, o que com frequência é a única alternativa. Quanto tempo alguém mantém os seus padrões elevados e espera por algo melhor quando esse algo melhor nunca parece chegar?

Quando estou no palco ou na internet aconselhando uma pessoa a dispensar o parceiro casual que não está lhe dando o que deseja, costumo sentir como se estivesse tirando dessa pessoa a única fonte de conforto que a ajuda a sobreviver. Então me lembro de quantos desses cenários já vi desenrolar que deixaram as pessoas em situação pior do que estavam quando começaram: como um viciado em drogas que inicialmente só usava para sentir um barato, depois precisava usar para não se sentir péssimo e acabou tendo que lidar com a agonia do vício e da abstinência.

No entanto, quando algo tão importante para a nossa felicidade, como o amor romântico, está ausente, como sobrevivemos? Aprendendo a ser "felizes o suficiente".

Eu gosto de estar feliz o suficiente. Gosto já faz alguns anos. Alguns podem ver esse estado emocional como um novo nome para "acomodação" — uma forma de desistir do que realmente queremos. Para mim, feliz o suficiente não só funcionou como um modo essencial de sobreviver às inevitáveis decepções e perdas da vida como criou o alicerce para um profundo sentimento de paz — um tipo de paz que serviu como base para que eu me arriscasse mais, me envolvesse mais e obtivesse melhores resultados.

Feliz o suficiente começa aceitando radicalmente o lugar onde estamos agora e depois concluindo que, se nada mudar, nós realmente ficaremos bem. Isso não quer dizer que não existem coisas pelas quais lutar, e sim que não estamos partindo de um lugar de escassez, mas de um lugar de paz. Isso, agora, é o suficiente.

Uma versão mais jovem minha, com a minha personalidade ambiciosa e competitiva, teria refutado esse tipo de conselho por considerá-lo uma espécie de mentalidade de perdedor. No entanto, quanto mais sucesso eu tinha, mais me via rodeado por pessoas cujas filosofias de vida pareciam ser baseadas no lema "nunca é o suficiente". Cheguei a testemunhar essas pessoas tendo que passar, muitas vezes junto com as suas famílias, por um sofrimento constante para conseguirem mais. Eu penso nisso como se fosse "a doença". Toda vez que vejo alguém que não consegue parar, eu penso *Hum, ele pegou a doença*. Toda vez que me pego correndo para conquistar a próxima coisa só pela conquista em si, digo para mim mesmo: "Hum, Matthew pegou a doença agora".

Feliz o suficiente não é aceitar menos; é uma filosofia baseada na gratidão e na aceitação. Este momento, esta vida, este corpo, esta mente, isto é suficiente para que eu seja feliz. Eu posso escolher tentar conseguir mais, porque mais pode ser divertido, pode proporcionar mais conforto à minha vida, pode levar a novas experiências, pode criar novas conexões, mas não tentarei fazer isso partindo de um lugar de falta, e sim de um lugar de calma. É impressionante o quanto essa mentalidade permite que você tente mais, porque, de repente, você não tem nada a perder. Se aquilo que estávamos tentando conquistar não for possível, não arriscamos ou perdemos a nossa felicidade quando não conseguimos. Quando pensamos em alguém que não tem nada a perder, geralmente pensamos nisso com uma conotação negativa, por exemplo, alguém que não tem nada. No entanto, quando estamos felizes o suficiente, não temos nada a perder porque podemos olhar para as nossas vidas hoje e perceber que já temos o suficiente.

A partir dessa perspectiva, podemos sentir que seria incrível ter um relacionamento. Podemos nos empolgar com a possibilidade. Podemos até reconhecer que encontrar o relacionamento certo pode nos fazer ainda mais felizes do que estamos hoje. Entretanto, a ausência de um relacionamento não nos impede de ser felizes o suficiente para desfrutar da vida que temos. Isso é um poder. Não um poder que vem de uma postura defensiva ou cínica, mas um poder que é resultado de sermos agentes da nossa própria felicidade; uma atitude que coexiste com uma abertura e um senso de infinitas possibilidades de uma vida vivida com curiosidade.

Feliz o suficiente é a sustentação de todos os parâmetros. Quando estamos felizes o suficiente podemos tranquilamente dizer "não" para os maus-tratos, para o desrespeito e para um comportamento que simplesmente não se encaixa na cultura da nossa vida. Podemos dizer "não" para alguém que tem intenções diferentes, independentemente de termos ou não um outro alguém para substituí-lo. Se você colocar um barco em um lago, a água vai temporariamente se deslocar para criar espaço, mas basta removê-lo para que a água volte ao seu nível natural. Não existe um vazio que precisa ser preenchido.

Feliz o suficiente não precisa de uma opção de substituição para que você possa dizer "não", porque dizer "não" não deixa um vazio. A vida, como ela é, é suficiente; por isso, qualquer pessoa ou qualquer coisa que seja convidada para entrar em nossa vida deve torná-la melhor ou será deixada para trás. Pessoas infelizes dizem "sim" para aqueles que as fazem infelizes porque acreditam que elas ou a sua vida não têm valor sem o outro. Pessoas que estão felizes o suficiente podem avaliar objetivamente se algo é digno do seu tempo, em vez de se sentirem prisioneiras sem nenhuma outra opção. Feliz o suficiente é a liberdade para dizer "não".

Entretanto, como podemos conseguir ser felizes o suficiente se estamos tomados pela dor e pelo sofrimento? Pode ser a dor de uma enorme desilusão amorosa, de circunstâncias trágicas da vida, ou a profunda e permanente dor da solidão. Sentir como se estivéssemos presos à nossa dor faz parecer impossível nos conectarmos com a ideia de ser felizes o suficiente.

Lidando com a dor

Escrevi anteriormente nestas páginas sobre a minha própria luta contra a dor crônica. Raramente falava em público sobre o quanto as coisas estavam ruins. Eu sentia como se pudesse desmoronar a qualquer momento, por isso lidava com a dor reservadamente. Já comentei aqui que foi por isso que comecei a fazer terapia: não motivado por nenhum desejo de crescimento, e sim pela necessidade desesperada de não me afogar. Eu me sentia fora da minha própria vida, incapaz de me conectar com qualquer coisa ou qualquer pessoa. A distância poderia parecer que as coisas estavam indo bem, mas eu estava com problemas. Eu entendia como as pessoas que conviviam com a dor incessante e a desesperança poderiam enxergar a morte como uma forma de alívio.

Uma manhã, durante a terapia, as primeiras palavras que saíram da minha boca foram:

— Decidi que só vou viver pelas outras pessoas, porque não sinto prazer em mais nada na minha vida. Eu só consigo pensar na minha dor. — Essa foi uma das declarações mais sombrias da minha vida.

— Matthew — meu terapeuta respondeu —, essa é a sua depressão falando.

Talvez a minha depressão fosse circunstancial, com origem na minha dor crônica física, mas era uma distinção que não fazia diferença: o resultado mental e emocional era o mesmo.

— A dor — o meu terapeuta explicou — é extremamente centralizadora. Isso é especialmente verdade quando é uma dor na sua cabeça, porque parece estar muito mais próxima.

Ele usou a palavra perfeita: *centralizadora*. A dor tinha tomado conta de todos os aspectos da minha vida, como um buraco negro. (Embora eu seja a única pessoa que acharia que uma dor na cabeça é mais centralizadora do que a dor em seu coração.) Entretanto, embora eu tenha levado anos para perceber, a dor realmente me ensinou uma lição importante. Apesar de ter sofrido com a dor, aprendi sobre as ferramentas para que pudesse ser feliz o suficiente, mesmo nos momentos mais difíceis. Ser feliz o suficiente fez com que os momentos difíceis ficassem mais fáceis.

As ferramentas

Cada uma das ferramentas a seguir é baseada na única coisa que eu apendi com a dor: a coisa mais dolorosa sobre a dor não é a dor em si, mas a nossa relação com ela. Por isso, antes de mais nada, vou falar um pouco sobre essa relação.

A minha relação com a dor era tóxica. Quando sentia fincadas na cabeça e um zumbido no ouvido, eu não experimentava apenas uma sensação física. A dor desencadeava uma reação em cadeia inteira de pensamentos catastróficos, que tinham como destino final sempre alguma versão de "Estou ferrado". Veja alguns exemplos dos meus típicos pensamentos catastróficos:

- Você nunca mais vai aproveitar a vida por causa dessa dor. Nada que você ama sobre a vida vai ser o mesmo.
- Nenhuma mulher vai querer você depois que descobrir essa sua fraqueza, que o torna patético, ruim e nada atraente. As mulheres querem um homem forte e capaz, não uma criatura delicada e frágil que sempre está a uma fincada de distância de desmaiar. Isso te fez perder a confiança que antes o tornava desejável.
- E o que você esperava? Foi você que fez isso consigo mesmo. Não cuidou de si mesmo; alimentou o estresse e a ansiedade, e agora está estragado sem possibilidade de conserto. O único culpado disso é você.
- Você nunca vai conquistar todas as aquelas coisas que queria conquistar, porque essa dor vai dominar a sua vida. E, se você não conquistá-las, não terá nenhum valor.

Às vezes ficava bem pior, mas deu para ter uma ideia.

Observe a completa ausência de autocompaixão. Quando eu precisava de um amigo mais do que qualquer outra coisa, eu me tornava o inimigo que imediatamente transformava a minha experiência diária em uma fonte de vergonha. A minha relação *com* a minha dor, essa espiral de autorrecriminação, era multiplicadora, tornando a dor infinitamente pior. Nas páginas a seguir você vai encontrar as ferramentas que aprendi pelo caminho e que transformaram a minha relação com a minha dor e, ao fazerem isso, me permitiram ser feliz o suficiente. Na verdade, agora estou feliz o suficiente para compartilhar tudo isso com você, algo que eu nunca teria sido capaz de fazer quando estava perdido na dor. Ser feliz o suficiente nos dá a habilidade de voltar a fazer a diferença.

Estou confiante de que estas ferramentas vão funcionar para você também. Eu não as inventei, mas transformei o que aprendi em diferentes fontes em ferramentas que compõem um kit bastante completo para lidar com a dor, que eu uso diariamente.

Deixe de drama

Eu me lembro de conversar com a minha mentora no auge dos meus sintomas físicos. Contei a ela que comer certos alimentos ou ingerir bebida alcoólica parecia piorar os meus sintomas. Eu tomava um gole de vinho e imediatamente começava a sentir dor, tontura, e o zumbido no ouvido ficava mais alto. Nunca fui de beber muito, mas amo comida, uma taça de vinho e um bom coquetel. Associo essas três coisas a algumas das minhas melhores experiências na vida, como viagens e aventuras. Expliquei a ela em um tom de voz completamente derrotado — que era basicamente o meu estado emocional naquele momento — que nunca mais poderia consumir aquelas coisas de novo por causa dos meus sintomas. Nunca vou esquecer do que ela me disse: "Olha, nós não sabemos quais serão os seus sintomas daqui a um ano, muito menos daqui a cinco anos; por isso vamos deixar de drama, com essa conversa de 'nunca mais vou poder fazer isso', que nem sabemos se é verdade, e vamos focar o que é melhor para você agora. Como algumas dessas coisas parecem causar dor, então vamos parar de consumi-las por enquanto, até que as coisas melhorem um pouco".

Quando ela me disse para "deixar de drama", estava na verdade me dizendo para parar de pensar de maneira catastrófica, o que estava me deixando bem mais infeliz do que a realidade de que eu não poderia tomar uma margarita de jalapeño naquela noite. A mesma lógica se aplica à nossa vida amorosa. Quando estamos sozinhos, nossa mente costuma caracterizar a situação de forma extrema. ("Eu vou morrer sozinho!") E é esse o pensamento que nos leva ao pânico e à depressão. Deixe de drama!

Tudo muda

O corolário para o conselho da minha mentora para deixar de drama é o simples fato de que você realmente não tem mesmo nenhuma ideia de como vai se sentir daqui a um ano, ou como a sua vida vai mudar. A dor, como tudo na vida, muda. Às vezes ela diminui ou desaparece por completo. Às vezes continua ali, mas não nos afeta da mesma forma, porque aprendemos a mudar a nossa relação com ela e a lidar com ela de um jeito diferente. Em algum momento, não seriam a mesma coisa? Não julgue o seu futuro com base no jeito como você se sente agora. Tudo muda, e muda o tempo todo.

Na próxima vez que começar a escrever o roteiro do seu futuro inteiro com base no que está acontecendo hoje, lembre-se: a sua única obrigação é lidar com a situação hoje, da melhor forma que consegue, enquanto se mantém aberto às surpresas que o futuro inevitavelmente reserva.

Renda-se

Como Eckhart Tole disse, "aceitar o inaceitável é a maior fonte de graça neste mundo". Enquanto o futuro pode reservar surpresas, ficar parado desejando e esperando por elas é uma péssima ideia. A única forma de viver é aceitando as nossas circunstâncias atuais. Eu aprendi o quanto era contraproducente para mim acordar todos os dias esperando que os meus sintomas mudassem. Isso não significava que eu deveria desistir de procurar formas de aliviá-los com o passar do tempo. Mas eu tinha tentado tantas coisas e ficado tão arrasado todas as vezes que elas não funcionavam que a própria esperança começou a se tornar corrosiva. Para contrabalançar o meu ceticismo e desespero, aprendi a dizer para mim mesmo: "Talvez daqui a alguns anos eu não tenha mais esses sintomas, mas por enquanto eu os tenho, e a vida é curta demais para não aproveitá-la enquanto isso; então, vou aceitá-los e aprender a aproveitar a vida enquanto eles ainda estão aqui".

Algo sobre essa aceitação imediata diminuiu o controle que a dor exercia sobre mim. Eu não estava mais lutando contra ela. Existe uma história na mitologia grega sobre o príncipe Ilus, fundador da cidade de Troia. Ele cometeu o erro de olhar para um objeto sagrado enviado pelos deuses e foi cegado por ele instantaneamente. No reconto feito por Stephen Fry dessa história, ele escreve: "Ele [Ilus] sabia o suficiente sobre os Olimpianos para não se desesperar. Ficando de joelhos, ele lançou preces de agradecimento aos céus. Depois de uma semana de devoção inabalável, foi recompensado com a restituição da sua visão".

Muitos podem não enxergar tanto aprendizado assim nessa história, que descreve um milagre pouco realista, mas eu vejo uma das lições mais importantes que já aprendi. Para mim, o príncipe Ilus representa a pessoa que aprendeu que pode ser feliz o suficiente mesmo se não voltar a enxergar. Talvez ele até saiba instintivamente que com certeza vai aprender com essa nova experiência que a vida lhe deu, por isso agradece. Ele encontrou a gratidão em meio à calamidade. A recompensa pela sua reação a esse infortúnio é a graça. A sua visão é restituída. Não é esse milagre, no entanto, o que eu acho interessante nessa história. Ele já via com clareza quando lidou com a situação partindo de um lugar de gratidão e redenção.

Render-se nem sempre reverte as nossas circunstâncias, mas transforma o nosso relacionamento com elas. O estado de espírito do príncipe Ilus é muito mais importante do que as circunstâncias da vida dele. Quando nos rendemos, transformamos as lentes por meio das quais enxergamos a vida. Aceitamos a realidade como ela é, mesmo que isso signifique seguir pelo caminho que os outros rejeitam. Ao fazer isso, criamos um novo relacionamento com a situação em si; um relacionamento que já não causa mais a dor que costumava causar. A aceitação nessa escala não é passiva. É uma ação consciente que requer decisão. Ela diz: "Vamos fazer as pazes com O Que É, e depois fazer o que pudermos para fazer O Que É Melhor". Quando dizemos para nós mesmos "É o que é; não poderia ser outra coisa", ficamos livres para perguntar "Como posso tirar o melhor dessa situação?". Quando desistimos de lutar contra a situação, finalmente liberamos energia que pode ser usada para explorar os seus benefícios ocultos.

Escolha a sua dor

Eu me lembro de o psicólogo Guy Winch me contar de um experimento feito com ratos, que ocorreu mais ou menos assim: O Rato A tinha permissão para rodar na rodinha o quanto quisesse, e o outro, Rato B, ficou preso a uma rodinha que estava conectada na rodinha do Rato A. Toda vez que o Rato A escolhia correr, o Rato B era forçado a correr involuntariamente. Depois de correr, o Rato A demonstrava todos os efeitos positivos do exercício — diminuição do estresse, maior liberação de serotonina —, enquanto o Rato B demonstrava um aumento significativo de cortisol, o hormônio do estresse. Ambos estavam fazendo a mesma quantidade de exercícios. Então, por que um teve uma resposta neurológica positiva e o outro uma negativa? O Rato A escolheu correr, o Rato B, não.

A dor que *escolhemos* nos beneficia. A dor da qual permanecemos vítimas nos machuca. Isso nos dá uma pista de como podemos renegociar o nosso relacionamento com a dor. Podemos ir além de nos render e escolher a nossa dor nós mesmos.

Podemos não ter escolhido estar solteiros, sofrendo ou solitários, mas podemos agir como se tivéssemos escolhido estar assim, descobrindo quais seriam os benefícios únicos que resultam de estarmos assim. Essa é uma espécie de escolha retroativa que nos transforma de Rato B em Rato A. Nos tornamos gratos pelo exercício que a vida nos obrigou a fazer. Eu me dei conta de que, ao aprender a lidar com a minha relação com a minha dor física, eu tinha criado um modelo para lidar com a minha relação com a vida que me ajudaria em todas as partes da vida e do meu futuro. Eu nunca teria conquistado isso se tivesse conseguido simplesmente fazer a minha dor desaparecer. Essa lição se tornou um dos meus bens mais preciosos.

Imagine que você recebeu um cardápio com todos os tipos de situações da vida que causam sofrimento. Ao lado de cada uma dessas situações está uma lista de bens e benefícios que podem ser conquistados se você passar por essas situações difíceis. Agora, imagine identificar a sua situação no cardápio, aquela que lhe causou uma dor imensa. Você olha para a coluna seguinte e vê a lista de todos os benefícios que essa dor lhe proporciona, as maneiras como ela fez você ficar mais forte, mais interessante, mais capaz, mais resiliente, mais sensível, mais equipado para lidar com outras dificuldades. Agora, conecte-se com o fato de que esses tesouros já são seus e de que existem mais tesouros a serem descobertos nessa situação. Você pode não tê-la escolhido de início, mas, agora que escolheu, imagine-se escolhendo-a retroativamente pelo cardápio por causa dos incríveis benefícios únicos... benefícios que você não conseguiria de nenhuma outra forma.

As pessoas escolhem a dor pelo cardápio da vida o tempo todo: elas literalmente escalam montanhas, vão à academia, tentam construir um negócio, escolhem escrever um livro (!). Algumas dessas escolhas passam a impressão de que têm objetivos mais óbvios do que o sofrimento pelo qual estamos passando agora na vida. Mas não é esse o caso. Os benefícios da dor que enfrentamos não são inerentemente mais valiosos do que os benefícios que nos são concedidos por meio das dificuldades criadas pelas nossas circunstâncias na vida. Pela minha perspectiva, preciso argumentar que o valor que recebi pela dor que inicialmente não escolhi é bem maior do que o valor que eu persegui com a dor que escolhi.

Quando escolhemos enxergar as nossas dificuldades pelas lentes dos seus benefícios únicos, nós reescrevemos a história e o significado da nossa dor; e, ao fazer isso, nos transformamos de Rato B em Rato A.

Preste atenção às modulações da sua dor

Existem dias ou horas nos quais a sua solidão atingirá um nível de intensidade 10 em uma escala de 0 a 10. Outros dias, ela vai estar no nível 3. É uma grande diferença. Eu sei que, quando estou sentindo uma dor de intensidade 10, corro o risco de perder a objetividade. Nos picos de dor, tendemos a não lembrar bem dos momentos recentes nos quais realmente estávamos bem. Essa cegueira temporária pode nos deixar incapazes de perceber que o nosso pico máximo de dor imediata é temporário. Damos muita importância para os nossos momentos ruins, o que nos leva diretamente de volta para os pensamentos catastróficos e, em seguida, ao desespero.

Veja uma previsão razoável: às vezes você vai se sentir um pouco melhor. Outras vezes, se sentirá bem melhor. Manter um registro dessas variações é importante. Ele vai lembrá-lo de que como você se sente no seu pior momento não é nenhum tipo de verdade absoluta, e que se sentir melhor é possível. Além disso, um registro também ajuda porque lhe oferece um relatório daquilo que você fez que o ajudou a se sentir melhor do que normalmente se sente durante os seus piores momentos. Saber como reduzir a sua dor de um nível 10 para um 7, ou de um 7 para um 4, muda a sua vida. E, quando você tiver algumas dessas fórmulas à sua disposição, pode replicar aqueles resultados.

Eu pensava na minha dor 24 horas por dia. Depois comecei a notar momentos em que eu não pensava nela por pelo menos dez minutos. Não é muito para alguém que não está com dor, mas é significativo quando a dor é constante. Isso me fez perceber que realmente existiam momentos em que eu conseguia viver sem pensar na dor. Se eu conseguia fazer isso por dez minutos, então com certeza conseguiria fazer por vinte minutos, talvez até por uma hora! Quando cheguei em uma hora, o meu objetivo era simples: aumentar essas horas. No caso dos piores términos, você pensa nisso 24 horas por dia também. Mas um dia você consegue ficar uma hora sem pensar naquela pessoa. Reconhecer isso é como ter esperança, o que o ajuda a se concentrar em aumentar essas horas. No mínimo, da próxima vez que entrar em desespero, você vai se lembrar dessa uma hora que virá, durante a qual você não vai pensar na pessoa, e esse simples pensamento pode ser suficiente para que você deixe a luz entrar, respire fundo e se acalme.

Pratique o máximo de autocompaixão

Com certeza, se sentir mal já é ruim o bastante. Então, por que pioramos esse sentimento com todas as histórias que nos contamos, do tipo "Foi tudo culpa minha", "Para começar, foi idiotice minha me colocar nesta situação", "Estou recebendo o que eu mereço", ou "Ninguém me quer porque não presto para nada"? É nesse exato momento que precisamos praticar o tipo de autocompaixão sobre o qual falamos no capítulo anterior sobre confiança interior.

Autocompaixão é dizer para nós mesmos: "Estou mal/triste/magoado/solitário/sofrendo. Isso por si só já é ruim. É bom eu cuidar de mim hoje para me ajudar a me sentir melhor". Nos dias em que a minha dor física estava em seus piores níveis de intensidade, eu me sentia incapaz de fazer qualquer coisa. Eu me torturava por não estar sendo produtivo naquele dia, depois me fazia sentir vergonha de estar sentindo dor e tentava encontrar um meio de me culpar por ter criado as condições em minha vida para que ela ocorresse. Tudo isso contribuía para uma mensagem sufocante: "Você não vai conseguir fazer nada hoje. Isso quer dizer que está ficando para trás na vida. E a culpa é toda sua".

Precisei aprender a falar comigo de uma forma completamente diferente, o que significou descartar todas as histórias apocalípticas que eu tinha criado sobre essa dor para, no lugar, enxergá-la como um fato daquele dia específico, o que era péssimo para o Matthew.

Meu novo monólogo, que levei um tempo para aprender, era assim: "O Matthew está sentindo dor hoje. Isso é muito difícil para o Matthew, principalmente porque ele tem muita coisa para fazer. Como eu posso ajudar o Matthew hoje? Posso criar mais intervalos para que ele possa descansar? Será que consigo encontrar alguém para ajudar com o trabalho dele? Talvez eu possa dar a ele permissão para atrasar ou até mesmo deixar de fazer algumas coisas hoje, enquanto damos a ele o descanso que precisa para ter uma chance de estar melhor semana que vem. Ou talvez não seja verdade que não vamos terminar nada hoje.

Talvez com um pouco de incentivo e gentileza possamos terminar algumas coisas importantes, ou só algumas coisinhas".

É assim que a autocompaixão funciona na prática. Na próxima vez que se sentir sozinho, diga a si mesmo: "A solidão é um sentimento ruim, por isso me sinto mal que o(a) [insira o seu nome aqui] esteja se sentindo tão sozinho(a) hoje. Isso é muito difícil para ele/ela. Como eu posso ajudar [seu nome de novo] a se sentir melhor? O que ele/ela precisa para ter um dia melhor amanhã? Como eu posso ajudar mais [seu nome de novo!] enquanto ele/ela estiver se sentindo assim?". Procure se ver como um amigo que você está ajudando a superar a dor. E, idealmente, dizer o seu próprio nome várias vezes o ajuda a ter perspectiva o suficiente para tratar a si mesmo como um amigo.

Se uma abelha o picasse inesperadamente agora, iria doer, mas você não atribuiria nenhum significado especial a essa dor. Seria apenas uma sensação dolorosa. E na verdade é isso que a dor sempre é. Uma dor emocional, como a solidão, é só mais uma variação de sensação. Se descartarmos todas as histórias que usamos para nos envergonharmos e nos culparmos, o que sobra para tratarmos é simplesmente uma sensação complexa no corpo. Esse pequeno ajuste torna ainda mais fácil praticar a autocompaixão que nos tira ou nos afasta dessa sensação.

Redefina as suas expectativas

Um componente-chave da autocompaixão é estar disposto a redefinir as expectativas que criamos para nós mesmos de acordo com a situação atual. Isso é especialmente verdade durante os momentos difíceis. Sendo uma pessoa que costuma estabelecer objetivos de maneira compulsiva, uma das coisas mais difíceis que tive que aprender foi fazer as pazes com o que eu não conseguia cumprir nos meus dias mais difíceis. Precisei começar a abrir exceções para os dias ruins e a ajustar as minhas exigências sobre mim mesmo de acordo com elas. Às vezes eu precisava desacelerar. Outras vezes, precisava fazer menos coisas. E em alguns dias eu precisava não fazer nada.

É difícil fazer isso se estivermos sempre comparando o nosso resultado com o que vemos (ou achamos que vemos) outras pessoas fazendo, que podem ter ou não os mesmos problemas. Similarmente difícil é quando a pessoa com a qual estamos nos comparando é uma versão nossa de quando não estávamos sofrendo com o que estamos sofrendo agora, ou de quando tínhamos menos responsabilidades.

Esqueça o que todo mundo está fazendo, ou o que você já foi capaz de fazer em outro momento. O progresso significa coisas diferentes dependendo da sua situação. Para quem está profundamente deprimido, sair da cama de manhã é um ato heroico. Precisamos definir o que representa um dia bom para nós, e parar de nos preocupar se o nosso dia, ou a *nossa vida*, no caso, se compara à de outra pessoa.

Mantenha a perspectiva

Sam Harris disse uma vez: "Se você acha que as coisas não podem piorar, isso é apenas falta de imaginação". As suas circunstâncias hoje podem ser um sonho se comparadas ao que poderia dar errado em sua vida e não deu. Se você não tivesse o seu grande problema em sua vida agora, não há garantias de que não teria um problema igualmente difícil ou pior em outra área. Todo mundo tem problemas. Quantos casais que pareciam ter o casamento perfeito estão agora passando por um divórcio? Quantas pessoas sofrem acidentes que mudam suas vidas, forçando-as a aprender maneiras completamente novas de se relacionarem com seus corpos? Quantos jovens têm uma doença e não chegam nem perto dos anos que você ainda tem para sair e encontrar um relacionamento?

Sempre haverá incertezas, e uma nova dor com a qual você terá que aprender a coexistir. Não leve isso tão a sério. Mesmo nos momentos em que a sua dor está mais intensa, isso não quer dizer que tem alguma coisa de errado com você. A nossa dor não é a única; é apenas o nosso próprio cubo mágico que precisamos solucionar. Aproprie-se dela, domine-a, veja o que pode aprender com ela, e isso será o trampolim para tudo que você se vai tornar e do que mais se orgulhará em si mesmo.

Ironicamente, enquanto escrevo esta seção, os meus sintomas físicos estão particularmente ruins. É um sentimento familiar. Uma tensão atrás do olho direito, uma fincada no ouvido, acompanhada de um zumbido que está mais alto do que o normal, uma pressão em todo o lado direito da cabeça. Dificuldade para me concentrar. Não sei bem por que está pior esta manhã. Como todo mundo que tem uma dor crônica sabe, coisas diferentes podem ser gatilhos: se eu for ficar doente, começa na cabeça e no ouvido, como um detector de tempestade. Pode ser que eu esteja estressado demais sem perceber, e a minha cabeça e ouvido estão me avisando. Nesta época do ano eu também posso ter alergia, outro gatilho. Não sei o que está causando essa dor de grau 8 de 10 hoje, em vez de uma bastante administrável de grau 2 ou 3. E, de certa forma, não importa. Aprendi a ficar feliz o suficiente com um grau 8 também, usando as mesmas ferramentas que apresentei neste capítulo.

Em momentos como esse, antes eu ficava totalmente desmoralizado e chegava a entrar em pânico. As histórias vinham de uma vez: "Eu nunca vou superar isso. Isso vai me assombrar pelo resto da vida. Achei que estava melhor, mas voltou com força total. Não tem jeito. Não consigo". Esta frase, "Não consigo", era a mais perigosa de todas. Demonstrava que eu estava completamente sobrecarregado, o que me fazia desligar totalmente. No passado, ela me fazia desistir do que quer que eu tivesse que fazer naquele dia, voltar para a cama e cair em um abismo emocional porque não conseguia enxergar uma saída. Não que tenha alguma coisa errada com voltar para a cama (às vezes é exatamente o que precisamos!), mas, graças às ferramentas que eu mencionei, essa não é mais uma parte necessária da minha resposta à dor agora.

Primeiro, eu noto a dor como uma sensação independente, sem atribuir nenhum significado a ela — não tento me envergonhar nem me culpar por ela. (De todo modo, mesmo que eu tivesse feito alguma coisa para criá-la, o *eu* que fez isso foi um corredor antigo, não o Matthew que acordou hoje.) Não começo a pensar de maneira catastrófica em todas as coisas que terei dificuldade para fazer hoje. São apenas os fatos: o Matthew está com dor hoje. É isso.

Em segundo lugar, eu fico calmo. Calmo porque já passei por isso antes e sobrevivi. Eu sei que a dor tem suas modulações, com dias bons e ruins, horas boas e ruins. Por isso, ela não vai ficar grau 8 para sempre. Houve uma época, antes da dor de cabeça, quando o zumbido nos ouvidos sozinho me fazia entrar em pânico e depois em um buraco negro de uma dormência depressiva. Hoje em dia, eu raramente penso nele. Às vezes eu até gosto um pouco — não é estranho? Durmo com o ventilador ligado na maioria das noites, ou com algum tipo de ruído branco; mas às vezes, quando estou viajando, eu não tenho acesso a um e fico deitado na cama à noite e os meus ouvidos estão zumbindo e o silêncio do quarto o faz parecer estar realmente dentro da minha cabeça, e a sensação é quase aconchegante para ficar ali ouvindo. É como um velho amigo que me ensinou tanto, e eu digo: "Ah, aí está você, velho amigo. Puxe uma cadeira; venha sentar comigo".

Fiquei bastante familiarizado com os meus sintomas. Nós passamos por muita coisa juntos. Eles foram meus professores e me fizeram um *coach* e líder melhor. Eles têm sido uma aula continua e inevitável de empatia, e uma janela crucial para a vida daqueles que estão em situação muito pior. Muito do que eu mais valorizo em mim mesmo eu aprendi com esse velho amigo. Por isso, me sinto grato.

Então, a partir desse estado eu começo a fazer as coisas que podem ajudar. Você se exercitou nos últimos dias? Não? Bom, isso é parte do problema, seu pateta. Você tem comido bem? Não? Certo. Então, vamos colocar um pouco de comida boa para dentro hoje. Você tem se estressado muito e ficado ansioso com esse livro? Sim? Ok. Bom, é só um livro, não vamos levar as coisas tão a sério. E o mais importante de tudo: eu avalio se estou fazendo as coisas com os punhos cerrados; se estiver, eu relaxo as mãos. Eu digo para mim mesmo que o que for feito, bem, e o que não for feito, amém; isso é o melhor que eu consigo fazer agora.

Em seguida faço um agradecimento para mim mesmo:

Obrigado, Matthew, por ter chegado tão longe nos últimos sete anos, apesar do tanto que você se sentiu mal durante grande parte desse tempo. Obrigado por todos os dias em que você saiu da cama quando isso era difícil; por todos os meios que você ainda assim encontrou de ajudar as pessoas e a sua família; por todas as maneiras como escolheu crescer a partir dessa experiência; por todas as vezes que não desistiu; pela força de caráter que demonstrou ao aprender a conviver com isso; pela versatilidade que mostrou ao reconhecer que esse era um momento para aceitação em vez de luta. Obrigado, Matthew, meu amigo, por cuidar de nós nesta era, por fazer tudo o que podia para não deixar a sua vida desmoronar, e por realmente usar essa experiência para se tornar um ser humano mais rico e com mais coisas para dar do que antes.

Um dos motivos pelos quais eu não gostava de falar sobre a minha dor publicamente era porque as pessoas sentem a necessidade de vir com soluções. Elas ficam desesperadas para nos dar uma solução que possa acabar com a dor. Mas o que elas não percebem é que eu já consegui administrar a minha relação com essa dor de maneira bem-sucedida, e é por isso que não preciso que elas me encontrem uma solução.

O que eu espero que você tire disso tudo é que a dor crônica que você sente em função da sua desilusão amorosa, ou o seu anseio de ter um parceiro, não só é administrável como pode ser um dos seus professores mais esclarecedores, além de uma imensa fonte de força e gratidão. É essa a verdade dessa dor. A sua função é se conectar com ela. E se você precisar de ajuda, a seguir apresento algumas verdades sobre a dor de buscar pelo amor, para que você possa começar:

VERDADE: Estar em um relacionamento também não é garantia de felicidade, e existem inúmeras pessoas que parecem estar felizes em público, mas que estão sofrendo imensamente na vida particular. Relacionamentos não equivalem automaticamente à felicidade.

VERDADE: Estar em um relacionamento que o faz feliz não garante que você nunca ficará sozinho de novo. Nós podemos encontrar a pessoa pela qual sempre procuramos apenas para que a vida a tire de nós. O caminho para estar junto não é linear. O único relacionamento que temos garantido até o dia da nossa morte é conosco.

VERDADE: Você aprendeu muito com essa dor. Teve que se tornar mais forte sozinho. Precisou aprender a vivenciar a solitude para valer. Teve que aprender a se acalmar. Estabeleceu amizades mais profundas na ausência de um relacionamento romântico. Precisou cuidar de si mesmo. E, caso não tenha feito nenhuma dessas coisas ainda, a sua dor o trouxe até um ponto no qual você agora consegue começar, ao ler este livro (e olha, você já está quase acabando!), uma jornada que você nunca teria começado se não sentisse essa dor.

VERDADE: Você tem acesso a um nível completamente diferente de empatia em relação aos outros que vivenciam esse tipo de dor. Então, agora, você pode expressar o tipo de sensibilidade e compaixão que os outros podem não ser capazes de expressar. Você pode se conectar com as pessoas que estão sofrendo (praticamente todos nós, algo que você agora tem mais facilidade de perceber) e ajudá-las de verdade.

VERDADE: Você está aprendendo a ser feliz o suficiente com ou sem um relacionamento, e isso é uma forma de invencibilidade. Isso é confiança interior na sua essência, saber que você será feliz o suficiente não importa o que mude na sua matriz de identidade. Se a pessoa errada cruzar o seu caminho, você vai ser capaz de dizer "não" a ela. Quando alguém promissor aparecer, você estará presente o bastante para desfrutar de verdade, em vez de ficar sofrendo com a ansiedade constante de que essa pessoa pode um dia ir embora e levar a sua alegria com ela. Ser feliz o suficiente é o que permite que você realmente desfrute da felicidade do relacionamento que está vivendo.

VERDADE: A sua vida é incrível, do jeito que ela é. Existem muitas coisas pelas quais ser grato — incluindo as queixas que você não tem por causa das coisas terríveis que não lhe aconteceram. Tudo é um bônus.

Ser felizes o suficiente nos torna atraentes

Com o auxílio das ferramentas e verdades apresentadas nas seções anteriores, você pode criar uma lente completamente diferente para sua vida do que a maioria das pessoas possui. Isso não só resulta em maior capacidade de amar mais a vida como transforma a maneira como você é visto pelas outras pessoas. O problema da dor crônica, seja ela emocional ou física, é que ela programa o nosso cérebro para a negatividade, a ansiedade, o pânico, o ressentimento, a sobrecarga e a desesperança. Esses estados emocionais têm um efeito duplamente negativo: eles nos proporcionam uma experiência negativa de vida, que, por sua vez, nos altera de um jeito que fica muito mais difícil atrair as pessoas que queríamos em nossas vidas. Quando estamos constantemente de luto pelo que não conseguimos na vida, ansiosos ou apavorados com aquilo que não podemos mudar ou completamente preocupados com tentar lidar com a nossa dor, exalamos uma energia que afasta as pessoas.

Isso torna mais difícil encontrar o que quer que estejamos procurando. Não é culpa nossa termos tido que lidar com todas essas coisas: nós não escolhemos a nossa aparência, a nossa genética, as nossas influências, os padrões de relacionamento que nossos pais nos passaram, o abuso que sofremos nas mãos de um péssimo parceiro. E, depois, descobrimos que como recompensa passamos a despertar menos interesse dos outros sempre que a dor que ainda sentimos nos aflige. Esse é o tipo de ciclo que cria um enorme ressentimento e rancor.

Por isso é comum, e compreensível, que as pessoas entrem em uma espiral negativa. Porque a vida é difícil. É preciso ter coragem para escolher ser criativo e tentar criar algo incrível a partir desses ingredientes. No entanto, existem recompensas especiais para aqueles que conseguem; porque, como vimos anteriormente, a vida dá um jeito de recompensar os grandes chefs. Não controlamos muito, mas sim uma coisa: a nossa energia. E ela é um dos maiores recursos que temos para atrair outras pessoas. Fazer com que fiquemos felizes e aproveitemos o melhor da nossa situação é a forma mais poderosa e bonita de atrair outra pessoa.

As ferramentas que mencionei podem nos ajudar a alcançar uma relação com a nossa dor que é administrável e até mesmo positiva. Quando tivermos chegado lá, podemos fazer o tudo que as pessoas incríveis fazem: criar mágica.

Onde mora a magia

A maioria das pessoas passa a vida procurando pela magia. Esses caçadores de magia estão sempre atrás da carreira dos sonhos, do parceiro do sonhos, da casa do sonhos, do país do sonhos para viver. O que quer que eles imaginem que lhes trará a magia que procuram se torna aquilo que passam a buscar.

Os meus pais me levaram pela primeira vez aos Estados Unidos quando eu tinha treze anos. Como a maioria dos britânicos que consegue economizar o suficiente para viajar para lá, fomos para Orlando, na Flórida. Destino: a Universal Studios e o Walt Disney World.

Se você for mais sofisticado do que eu era (e ainda sou, honestamente), pode ser que ache aqueles parques temáticos gigantes bregas e comerciais. Eu me diverti como nunca! Tanto que fiquei completamente deprimido quando embarquei no avião de volta para a Inglaterra, e prometi a mim mesmo que voltaria.

Isso não foi um desejo que eu superei. Quando estava lá, senti algo dentro de mim despertar. Em meio a todo aquele escapismo sintético e manufaturado, encontrei um tipo de magia que me tocava em um nível profundo, desde a maneira como os funcionários ("membros do elenco", como a Disney os chama) vinham me cumprimentar até os cenários complexos que me transportavam para novos mundos. Lembro que visitei a Noite de Horrores do Halloween da Universal Studios e fiquei impressionado com todo o esforço dedicado para criar aquelas casas assombradas e imersivas, e ruas cheias de atores fantasiados de tudo, de demônios a palhaços maníacos, garantindo um susto a cada esquina.

Realmente somos a mais estranha das espécies.

Fiquei profundamente tocado. E claramente é o que acontece com as muitas pessoas que viajam meio mundo para visitar esses lugares, mesmo que existam parques temáticos perto de suas casas que elas poderiam visitar. Porém, enquanto os outros podem oferecer brinquedos, esses dois lugares criam o seu próprio mundo. Eles fazem isso contando grandes histórias e se preocupando com os menores detalhes que criam uma experiência imersiva completa, algo que você nunca conseguiria ver em nenhum outro lugar. Maya Angelou (que algum tempo depois gravou a narração para o Corredor dos Presidentes da

Disney) estava certa quando disse que "as pessoas vão esquecer o que você disse, as pessoas vão esquecer o que você fez, mas as pessoas nunca vão esquecer como você as fez sentir".

Tenho tanto carinho por aquele menino que não queria ir embora. Não era só porque eu preferia muito mais ficar andando nos brinquedos em um parque temático ensolarado a voltar para a escola na molhada e triste Inglaterra. Parte de mim tinha acordado. Eu havia sentido algo que não queria perder: empolgação e conexão emocional. Por que tudo na vida não causava esse sentimento?

A magia tinha criado raiz naqueles lugares. À medida que a Flórida foi desaparecendo debaixo da minha poltrona na janela, quando o avião decolou, eu estava arrasado por ter que voltar para o meu mundo. Quantos de nós já nos sentimos assim — que, ao perdermos um relacionamento, a magia em nossas vidas estava desaparecendo? Quantos de nós passamos meses depois de um ótimo encontro fazendo de tudo por alguém que não tem nenhum interesse em recuperar aquela mágica?

Todos já caímos na armadilha de buscar a mágica. Mas em algum momento precisamos deixar de ser caçadores de magia para nos tornarmos autores de magia. Isso requer uma mudança de foco: de deixar de procurar pela magia fora de nós para nos tornarmos uma fonte dela. Quando somos autores de magia, nos tornamos a magia na vida de alguém, pela maneira como ele se sente quando está perto de nós e no nosso mundo.

Existem tantas formas de criar magia: quando pegamos uma situação ruim e encontramos um significado bonito nela; a maneira como um grande chef transforma um ingrediente complexo; quando ajudamos alguém que está em uma situação difícil a descobrir o potencial de transformá-la em algo incrível; quando paramos de tentar copiar a marca registrada de carisma, confiança e atributos de outras pessoas e procuramos descobrir e criar a nossa própria; quando expressamos as nossas paixões para o mundo; quando criamos algo por amor, quer seja um livro, uma obra de arte, um quarto em nossa casa; uma bela amizade, ou um forte no sofá para as crianças; quando reconhecemos o que existe de especial nos outros e dizemos a eles; quando sorrimos para alguém ou o fazemos rir: todas essas são formas de criar magia.

Uma das melhores maneiras de ser um autor de magia é por meio da generosidade de espírito. Quando entramos em contato com alguém via mensagem ou telefone, reconhecemos seus esforços, notamos o que ele tem de especial ou incentivamos o seu potencial, mostramos a esse alguém que, em um mundo que se move em uma velocidade desconcertante, existe alguém que realmente o enxerga, que está testemunhando a sua jornada. Se você deixar as pessoas melhores do que as encontrou, você é uma fonte de mágica neste mundo. Isso é diferente de tentar agradar as pessoas, que é baseada no medo. Nesse caso é dar amor em abundância e, ao fazê-lo, nos sentirmos preenchidos por ele. Não estamos mais buscando a magia; nós somos a magia.

Conheço pessoas que nunca ficarão satisfeitas com um hotel se existir um melhor no qual elas poderiam ter se hospedado; nunca estarão felizes com o parceiro que têm se houver a possibilidade de que um mais bonito entre no salão; nunca estarão felizes com o dinheiro que têm se puderem ganhar mais. Esses são os tipos de "nunca é o suficiente" sobre os quais escrevi anteriormente. Uma das melhores maneiras de ser feliz o suficiente é ser feliz *com* o suficiente.

Meu primo Billy é uma das melhores pessoas que eu conheço. Deixa eu contar sobre o chapéu dele, que é o que ele faria se conhecesse você. Ele uma vez comprou um chapéu "Kwik-E-Mart", em homenagem à famosa loja do desenho *Os Simpsons*. Billy usava aquele chapéu o tempo todo. E, quando o assunto era aquele chapéu, ele não tinha vergonha de mostrar seus sentimentos. ("Todo lugar que eu vou, Matt, eu sei que não existe chapéu melhor. É um chapéu tão incrível.") Qualquer amigo do Billy sabe: ele é um autor de magia. Participei da sua despedida de solteiro recentemente em Madri, na Espanha. Todos os vinte amigos que ele convidou ficaram em um hotel três estrelas no centro da cidade. O hotel tinha um pequeno terraço, com uma piscina gelada em que a maioria dos caras não foi corajosa bastante para entrar, e algumas cadeiras que colocamos em círculo no piso de concreto para que pudéssemos sentar e conversar. Existem pessoas que se hospedam no Four Seasons em Madri e reclamam que não é tão bom quanto o Mandarin Oriental, que fica a seis minutos de distância. Esses são os caçadores de magia. Billy é um autor de magia. Ele circulava por aquele terraço, enquanto todos nós estávamos sentados conversando, e dizia: "A gente teve a maior sorte, né? Este terracinho é ótimo! As cadeiras no sol, a vista da cidade, a piscina para quando bater o calor. Deu supercerto". Eu amo o Billy. Essa sempre foi e provavelmente sempre será a qualidade dele que eu mais admiro. Como todos que o conhecem, ele me faz querer estar perto dele. Billy não apenas aprendeu a ser feliz com o suficiente; estar perto dele faz o suficiente parecer ser mais. É comum ouvir as pessoas dizendo que o Billy é o cara mais sortudo que conhecem, porque as melhores coisas sempre parecem cair no colo dele. Não tenho dúvidas de que a energia que ele traz para a sua vida dá um jeito de fazer mais coisas incríveis cruzarem o seu caminho. Mas eu ainda acho que essas pessoas não entenderam... porque o verdadeiro truque de mágica do Billy, aquele que ele faz tanto nos dias especiais quanto nos dias comuns, é que tudo parece incrível quando visto pelos olhos dele. Esse é o chapéu mágico do Billy.

Ser um autor de magia é essencial para uma vida romântica, porque nada do lado de fora da vida é garantido. Pessoas vêm e vão. Carreiras mudam. Perdemos pessoas que amamos. Enfrentamos doenças repentinas. Precisamos nos mudar da casa que era nossa fonte de orgulho e alegria. Perdemos coisas que nunca imaginamos que perderíamos. Mas a nossa magia é algo que controlamos — é uma garantia desde que façamos um compromisso para seguir sendo seus autores.

A qualquer momento podemos tomar a decisão de parar de esperar a magia chegar em nossas vidas e começar a criá-la. Todos podemos nos tornar a magia em nossa própria vida. E nos tornar essa magia geralmente acaba sendo a maneira indireta de obtermos os resultados que queríamos em primeiro lugar. A minha paixão pessoal por pegar as ferramentas que estavam me ajudando e transformá-las em vídeos a que eu nem sabia se alguém assistiria me levou para os Estados Unidos. A minha esposa, que sempre sonhou encontrar o amor, passou anos desenvolvendo a sua paz interior, uma bela mentalidade e valores sólidos, que acabaram sendo as coisas que fizeram com que eu me apaixonasse por ela. Isso corrobora o que o professor da Universidade de Oxford, John Kay, argumenta no seu livro *A beleza da ação indireta*: que os nossos objetivos na vida são mais bem conquistados indiretamente.

Também é importante se conectar com a magia que você já tem. Nem tudo tem a ver com o que você vai criar no futuro — às vezes, para nos sentirmos confiantes, só precisamos nos conectar com o que já temos, algo de que nos momentos mais difíceis das nossas vidas acabamos nos esquecendo. Sempre que vejo as pessoas passando por um término difícil, eu sei que elas acreditam que perderam a coisa mais valiosa em sua vida. Por isso, preciso lembrá-las que 50% daquilo de que elas sentem falta no relacionamento são elas. Pense no seu último rompimento. Quanto do que fazia aquele relacionamento especial era você? As suas concessões; toda vez que você aparecia e dava atenção aos detalhes daquele relacionamento para torná-lo especial; os seus presentes; as suas surpresas; o modo como você antecipava as necessidades do outro; as perguntas que fazia, que criavam momentos de vulnerabilidade e forjavam um vínculo profundo entre vocês dois; os momentos nos quais você cuidava do outro e o fazia se sentir seguro e amado; o fato de que você o amou com tanta pureza que ele se sentiu aceito até por suas partes que não eram fáceis de ser amadas (talvez ao ler isso você esteja percebendo que era muito mais do que 50% do relacionamento). Na dor, tendemos a supervalorizar o que o outro trouxe para o relacionamento, enquanto deixamos de enxergar o quanto o nosso esforço contribuiu para o porquê de o relacionamento ser tão especial, ou simplesmente durar o tanto que durou. Essa é apenas outra forma pela qual colocamos o nosso poder fora de nós mesmos. Será que a magia da qual você sente falta do seu último relacionamento (ou do relacionamento que gostaria de ter tido) não é na verdade a *sua* magia que ainda está com você? Você pode ter perdido uma pessoa, mas não perdeu a magia. A magia é você. E você não precisa de desculpas para libertá-la novamente.

"Morrer será uma grande e incrível aventura"

Ser feliz o suficiente não é só uma filosofia para aqueles de nós que ainda não encontraram o que estavam procurando. É um modelo de trabalho essencial para aqueles que encontraram. Mesmo se estivermos em uma temporada de nossas vidas na qual temos as coisas que queremos, não há garantias de que elas não serão tiradas de nós. Na verdade, é praticamente certeza que algumas delas serão. Quando isso acontecer, vamos precisar aprender a amar nossa vida de novo.

Uma certeza da vida é que vamos morrer. Enquanto estamos vivos, e não só uma vez, mas muitas vezes, a desilusão amorosa é a morte do futuro que contávamos ter com alguém. O divórcio é a morte de uma promessa bilateral. A decepção é a morte de uma ideia cultivada. A infertilidade é a morte do modo pela qual se planejava formar uma família. O fracasso e a rejeição são a morte do ego. Você e eu já vivenciamos algumas dessas mortes. Outras estão por vir.

Se você leu *Peter Pan*, de J. M. Barrie, o livro que inspirou os filmes e peças, sabe que é uma leitura difícil para um adulto. Diversas vezes enquanto eu lia os meus olhos marejavam, mas há uma fala em particular que me marcou. A batalha contra o Capitão Gancho deixou Peter ferido estirado sobre uma pedra em uma lagoa com a corrente subindo. Barrie escreve sobre Peter contemplando a sua morte iminente:

> Peter não era como os outros meninos, mas ele estava com medo finalmente. Um tremor o atravessou, como um arrepio passando sobre o mar; mas no mar um arrepio segue o outro até que são centenas deles, e Peter sentiu apenas um. No

momento seguinte ele estava de pé na pedra novamente, com um sorriso no rosto e uma batida de tambor dentro dele. Ela dizia: "Morrer será uma grande e incrível aventura".

Qual morte você vivenciou recentemente ou está vivenciando agora? A morte de um relacionamento? A morte de um ideal cultivado sobre como a sua vida seria neste momento? A morte de uma identidade à qual você se apegava até agora? A morte do seu ego? Como poderiam essas mortes ser a chave para sua próxima aventura?

Às vezes a perda nos abre para algo ainda melhor, algo que nunca poderíamos ter visto em nossas vidas anteriores. Perdemos um relacionamento que acreditávamos que não suportaríamos ficar sem, e essa perda abre caminho para alguém ainda melhor. Outras vezes a dor nos recompensa com a pessoa que nos tornamos. A dor é a maior modificadora. A nossa antiga versão morre, uma versão maior volta. No *Senhor dos Anéis*, Gandalf é puxado para as profundezas de Moria, e temos certeza de que ele morreu. Estamos certos, mas não da forma que achávamos. Gandalf, o Cinzento, se foi, mas Gandalf, o Branco, voltou. No coração da confiança está essa conscientização de que nós de fato sobrevivemos a essas fraturas. Somos vasos quebrados que ainda funcionam.

Nada disso significa que não podemos ficar de luto pelas mortes que vivenciamos na vida. A tristeza faz parte da nossa vida e não deveria ser descartada como experiência, e até mesmo uma experiência desejável. Quem nunca assistiu a um filme ou ouviu alguma música sabendo que o resultado seriam lágrimas ou melancolia? E quantas vezes você se pegou pensando em meio às lágrimas: "Finalmente… que alívio!". A vida não acontece apenas nos momentos bons. A experiência é vivida, e os momentos difíceis são apenas outras experiências. Tudo conta.

Ainda assim, devemos ter cuidado com a necessidade de transformar a tristeza em fetiche, como se a perda que vivenciamos fosse uma das verdades irredutíveis da nossa vida. Na verdade, assim que uma história termina, inúmeras outras se enfileiram, prontas para ser contadas. Será que podemos criar espaço o bastante entre nós mesmos e a nossa tristeza para enxergá-las? Abrir mão da nossa tristeza não cria um vazio; abre espaço. Ser feliz o suficiente não é algo passivo. Você não está aceitando a vida que recebeu; está se acomodando na vida que tem e decidindo viver essas novas histórias, cujos pontos de partida podem ser localizados exatamente onde você está agora.

Não há como saber as formas como a sua vida poderia mudar antes que o próximo ano acabe. Quer você tenha encontrado um amor ou não, você pode estar contando uma história bem diferente. É por isso que a curiosidade é a força por trás de ser feliz o suficiente. É verdade que ser feliz o suficiente nos deixa satisfeitos com o que temos no momento presente. Mas a curiosidade não nos permite pensar que tudo o que temos é este minuto e que ele será tudo que teremos. A curiosidade diz: "Espere aí, eu não sei mesmo! Não tenho ideia do que está por vir!". Eu não sei quem eu vou ser ano que vem, ou daqui a cinco anos. Não sei o que vou sentir sobre essa grande desilusão daqui a seis meses, talvez até daqui a uma semana. Não sei quais oportunidades estão vindo em minha direção, e que eu nem consigo imaginar. Não é meio fascinante *não* saber?

Onde quer que estejamos agora, não vamos perder tempo desejando o tipo de mudança que não existe, como uma espécie de começar do zero. Será que alguma vez começamos do zero? Nós começamos com a bagunça que nossos pais nos passaram, parte dela com certeza passamos adiante, praticamente sem nenhuma alteração, para a próxima geração. Começar do zero acaba sendo apenas mais uma miragem do ego — assim como o currículo sem manchas e a pontuação perfeita. A vida sem erros e arrependimentos é impossível. Mas você pode confiar no progresso, que é confuso e precisa ser batalhado milímetro a milímetro. Muito pouco na vida é fácil. Quando tentamos amar a vida, ela nem sempre retribui. Apesar disso tudo, permaneça comprometido com essa relação e com a que você tem consigo mesmo. Ambas são relações nas quais você estará presente até o final. Experimente com a vida, e com aquelas velhas suposições sobre si mesmo. Tente novas formas de ser. Divirta-se no processo. Transforme a sua bela confusão em algo do qual se sinta um pouco de orgulho a cada dia. As mudanças de hoje podem ser modestas, mas os resultados com o tempo serão milagrosos... Assim como já são milagrosos: veja pelo que você passou, tudo o que teve que superar. Tudo isso e você ainda está aqui; você ainda é a pessoa que deveria ser. O que mais uma pessoa assim poderia fazer?

AGRADECIMENTOS

Em primeiro lugar, agradeço à minha esposa, Audrey. Eu me considero muito sortudo por ter me casado com Audrey não porque esperava que ela estivesse comigo nos momentos difíceis, mas porque tenho certeza absoluta de que ela já esteve. Obrigado por fazer o meu foco se voltar para o que realmente é importante na vida desde o dia em que nos conhecemos. E por ter sido paciente comigo enquanto eu lidava com o estresse desse processo, e com a vida que acontecia em meio a ele. Este livro, e a organização por trás dele, não poderia ter sido o que foi sem a sua habilidade extraordinária de ler o comportamento humano, demonstrar empatia e criar ideias que ajudam as pessoas. Obrigado por ser uma grande defensora de tudo o que eu faço. Você torna tudo melhor, tanto o meu trabalho como a minha vida.

Obrigado à minha editora e querida amiga Karen Rinaldi e à sua equipe apaixonada na Harper Wave, incluindo as maravilhosas Amanda Pritzker, Kirby Sandmeyer e Tina Andreadis. Karen publicou o meu primeiro livro há mais de dez anos, pelo que na época era o seu novo selo. Todo ano desde então, Karen me perguntava quando viria o próximo livro, e todo ano ela esperava pacientemente enquanto eu lhe dizia que eu ainda não estava pronto. Obrigado por esperar, Karen. Obrigado por acreditar em mim lá atrás. E obrigado por me amar o bastante para ter conversas francas comigo sempre que você sabia que eu podia fazer melhor. Já são dez anos de caminhada, amiga. Estou ansioso pelos próximos muitos anos dividindo nossas alegrias e também nossas feridas de guerra, e rindo de tudo juntos.

Obrigado ao meu editor e mentor de escrita Kevin Conley, que trabalhou arduamente comigo pelos últimos dois anos para criar um livro do qual ambos nos orgulhamos muito. Sem a sua orientação, eu jamais teria escrito no nível em que escrevi. Obrigado não só por ter sido um parceiro de verdade neste processo, mas por ter generosamente me ensinado a ser um escritor melhor. Ao fazer isso, você me deu um presente que levarei comigo para além deste livro.

Obrigado a Michele Reverte, que me ajudou desde o primeiro dia na compilação do material, na edição, na revisão (sempre de última hora!), e pelo seu apoio entusiasmado durante este processo. Eu não poderia ter uma amiga mais incentivadora trabalhando comigo.

À minha equipe na minha empresa, a 320 Media LLC, sou muito grato a todos vocês pelo trabalho duro que fazem todos os dias, que nos possibilita reerguer pessoas ao redor do mundo e ajudá-las a encontrar novas perspectivas e estratégias para que possam amar suas vidas um pouco mais a cada dia. Um agradecimento especial para a minha equipe executiva, Audrey Le Strat Hussey, Chet Gass, Lauren McNeill, Daniel Hyde e Suzanne Willis, por toda a sua dedicação nesses últimos dois anos; a Jameson Jordan, por sua lealdade e seu amor e pelo trabalho duro e criatividade necessários para criar os muitos vídeos que produzimos juntos nos últimos dez anos; e a Stephen, Harry, Billy, Celia, Courtney, Charlotte e Vic, por todas as formas que vocês encontraram de liderar suas equipes e criar mágica nesta empresa. Obrigado à minha querida assistente e amiga Annik, por sempre estar presente tanto por mim quanto pela minha família, e por pensar em tudo em que eu não penso. Eu não teria conseguido sem você.

Obrigado ao meu conselheiro, amigo e CEO Dan Hyde. De vez em quando alguém aparece na sua vida, e, quando você olha para trás, não consegue imaginar o que teria feito se essa pessoa não estivesse lá. Dan foi essa pessoa para mim. Existem aqueles que nos dão a sabedoria da qual precisamos e aqueles que nos ajudam a executar essa sabedoria. Dan foi as duas coisas para mim. Sou grato pelo seu apoio todos os dias e tenho orgulho de chamá-lo de amigo — você fez o possível e o impossível por mim de maneiras que eu jamais me esquecerei. Um agradecimento especial também ao meu amigo James Abrahart, que

Agradecimentos

foi uma luz no meu caminho durante momentos sombrios e sempre estava presente quando eu mais precisei.

Um muito obrigado a outros amigos: Lewis Howes, que trouxe mais amizades para a minha vida ao me convidar para lugares que eu não frequentava antes, que tem sido generoso com os seus recursos duramente conquistados e que teve inúmeras conversas importantes comigo em várias saunas pelos Estados Unidos. Jesse Itzler, pela perspectiva, pela sabedoria e pela Colina. Dra. Ramani, por acreditar em mim, por suas percepções especializadas sobre as pessoas e por sua presença como professora em meus programas.

Obrigado à minha família, que é um lembrete constante de que, se você tem amor no centro de sua vida, o resto é só um bônus, ou só ego. O amor permite que você corra grandes riscos na vida porque em casa você já se sente seguro. Obrigado por me fazer sentir como George Bailey, o "homem mais rico da cidade".

À minha mãe: talvez você não saiba disso, mas o seu crescimento neste estágio da sua vida tem sido a minha maior inspiração nos últimos dois anos, e a maior validação que eu poderia receber por ter escolhido o caminho que escolhi. Você é a prova de que nunca é tarde demais para crescer e aprender novas formas de ser. E esse crescimento não é só um ato de coragem, é um ato de amor pelos outros que nos cercam. Estou muito orgulhoso de você, mãe. Nunca deixarei de agradecer pelo amor incondicional que você demonstrou durante toda a minha vida, mas é um enorme privilégio hoje poder ser grato pelo amor que você está demonstrando por si mesma.

Por fim, eu gostaria de dizer "muito obrigado" a todos vocês que fazem parte da minha plateia e que me acompanham pelos últimos quinze anos, tanto os antigos quanto os novos membros. A vocês que comparecem aos meus eventos, assistem aos meus vídeos, apoiam meus programas e me incentivam. Obrigado por serem gentis o bastante comigo e por me darem amor, mesmo quando é o que vocês estão procurando para si mesmos. Muitos de nós somos amigos há muito, muito tempo já. Nós crescemos juntos. As histórias e perguntas que vocês vulneravelmente compartilharam me ajudaram a transformar este livro no que ele é hoje. Vocês foram pacientes comigo enquanto eu crescia e mudava e fazia descobertas sobre mim mesmo. É difícil crescer quando ao mesmo tempo os seus pensamentos já são públicos há tantos anos. Mas vocês sempre me incentivaram e foram generosos comigo todas as vezes que eu me dispus a voltar para o quadro de planejamento da minha própria vida. Sou muito grato pelo nosso relacionamento, e estou ansioso por poder continuar crescendo com vocês por muitos anos mais.

RECURSOS PARA A SUA JORNADA

O que você deveria ler a seguir?

Significa muito para mim que você tenha dedicado tempo para ler o meu livro. Eu mesmo não leio rápido; então, terminar de ler qualquer livro demonstra um investimento real do seu tempo, por isso sou muito grato por você ter escolhido passar o seu tempo comigo. Tenho um compromisso de tornar essas perspectivas, ferramentas e conselhos livres e acessíveis a todos. Então, se você gostou do livro e gostaria de ler mais do que eu escrevo, vou lhe fazer um convite.

A minha newsletter semanal gratuita contém meus textos e conteúdos mais recentes; inscrevendo-se para recebê-la, você fica sabendo primeiro sobre os meus novos projetos.

Para começarmos de um jeito divertido, quando você se inscrever vai receber um capítulo especial, não publicado. Esse capítulo não foi incluído no livro por questões de espaço, mas é um conteúdo que significa muito para mim.

Você pode se inscrever em:
matthewhussey.com/newsletter

Entre para o Love Life Club

Neste livro, você leu algumas das histórias de membros do nosso Love Life Club. Se você quiser saber mais, o Love Life Club é a minha comunidade on-line, que conta com um programa de membros no qual eu atuo como *coach* todos os meses. Este livro é um ótimo ponto de partida, mas, se você quiser receber mais suporte e orientação para colocar tudo em prática, saiba que o clube foi criado com esse propósito. É uma comunidade construída como base em princípios saudáveis, no crescimento e no apoio amoroso.

Você pode entrar para o clube agora em: matthewhussey.com/club

Venha me ver ao vivo

Uma das minhas maiores paixões sempre foi, e provavelmente sempre será, fazer eventos ao vivo. Eles são uma oportunidade para que todos nós (incluindo eu mesmo) possamos sair da rotina, tentar algo novo que nos mude e fazer mais do que simplesmente aprender — criando uma memória. Nada se compara à experiência de um evento ao vivo, e nós passamos anos desenvolvendo uma atmosfera e uma cultura em nossos eventos que é unicamente nossa. Eu planejo meus eventos para que sejam do mesmo jeito que eu espero que este livro tenha sido — repletos de entretenimento, perspectivas e um lugar onde todos possam se sentir em casa.

Temos realizado tanto eventos presenciais quanto virtuais ao vivo já há quase duas décadas. Quero convidá-lo para participar de um, e estou ansioso pela possibilidade de poder conhecer você.

Registre-se para participar dos próximos eventos em: matthewhussey.com/live

SUA OPINIÃO É MUITO IMPORTANTE

Mande um e-mail para **opiniao@vreditoras.com.br**
com o título deste livro no campo "Assunto".

1ª edição, nov. 2024
FONTES Adobe Garamond Pro Regular 12/16pt
        Ringside Thin 24/26pt
PAPEL Polen Bold 70g/m²
IMPRESSÃO COAN
LOTE COA081024